Entscheidungen

des

Ober-Seeamts und der Seeämter

des

Deutschen Reichs.

Herausgegeben

im

Reichsamt des Innern.

Fünfter Band.

3. Heft.

Hamburg.

Druck und Verlag von L. Friederichsen & Co.

1884.

Inhalt.

(Fortsetzung folgt auf der dritten Seite des Umschlags.)

31. Spruch des Seeamts zu Stralsund vom 9. Februar 1883 und Entscheidung des Kaiserlichen Ober-Seeamts vom 4. October 1883, betreffend den Zusammenstoß der Brigg „Adolph et Emma“ von Stralsund mit dem schwedischen Schooner „Florida“.

Der Spruch des Seeamts lautet:

daß der Seeunfall, bei welchem die Brigg „Adolph et Emma“ von Stralsund am 21. October 1882 Morgens 4 Uhr bei Grundkaller-Grund-Feuerschiff mit dem Dreimastschooner „Florida“ von Helsingborg zusammengestoßen, dadurch verursacht worden ist, daß die Positionslichter der „Florida“ zu spät auf dem „Adolph et Emma“ bemerkt worden sind, daß in dieser Hinsicht den wachthabenden Steuermann Chr. Christen ein Verschulden trifft, daß aber keine Veranlassung vorliegt, demselben das Schiffer- oder Steuermanns-Patent zu entziehen.

Gründe. Die Brigg „Adolph et Emma“ von Stralsund, Unterscheidungssignal JMKT, vermessen zu 454,5 cbm = 160,43 britischen Register-Tons Netto-Raumgehalt, befand sich am 21. October 1882 Morgens mit einer Ladung fichtener Bretter auf der Reise von Gefle nach Wismar. Die Besatzung bestand aus den beiden Schiffern auf großer Fahrt, Adolph und Christopher Christen, zwei Brüdern, von denen der erstere als Schiffer, der letztere als Steuermann fungirte, und 5 Mann. Seit dem Abend des 20. October lavirte die Brigg bei steifer Brise von SzO, unruhiger, hochlaufender See, bedeckter aber feuersichtiger Luft in Peilung des Grundkaller-Grund-Feuerschiffs. Um Mitternacht war über Steuerbordbug gehalst; an Segeln wurden geführt: die Fock, die doppelt gerefften Marssegel, das einfach gereffte Briggsegel, Gaffelsegel und Vorstengestagsegel, Großsegel und Klüver waren fest. Die Fahrt betrug 2 bis 2½ Knoten bei 2 bis 2½ Strich Abtrift. Das Schiff lag SWzW an. Die Seitenlichter brannten hell. Um 4 Uhr Morgens bemerkte der wachthabende Steuermann, welcher sich auf dem Achterdeck befand, während der Matrose Fensch vorne an der Leeseite auf Ausguck und der Halbmann Schultz am Ruder stand,

4 bis 5 Strich in Lee ungefähr 5 Schiffslängen entfernt das rothe Licht eines Gegenseglers. Auf seinen Ruf sprang der gerade auf dem Wege nach hinten mittschiffs befindliche Matrose Fensch ans Ruder, und der Schiffer an Deck. Letzterer commandirte sofort „Abhalten", das Commando wurde auch von Fensch befolgt und fiel das Schiff ungefähr einen Strich ab; gleich darauf gab der Schiffer das Commando „Anluven", das Schiff gehorchte auch sofort dem Ruder. Nun fuhr der Gegensegler, welcher sich später als der Dreimastschooner „Florida" von Helsingborg erwiesen hat, mit dem Klüverbaum von der Steuerbordseite her in die Fock der Brigg, wobei der Klüverbaum brach und das Segel zerriß; das Bugspriet der „Florida" ging dann weiter durch die Fockwanten und die Vorstengepardunen in das Gaffelsegel. Die „Florida" setzte nun in der hochgehenden See mehrere mal auf die Brigg nieder, so daß die Regeling derselben brach; nach einigen Minuten drehte sich die „Florida" und beide Schiffe kamen von einander frei. Während der Collisionen war der Jungmann Jülich von der Brigg auf den Schooner übergesprungen. Beide Schiffe verloren sich bald in der Dunkelheit aus Sicht. Die „Florida", welche SOzS angelegen und kurz vor der Collision lose Segel gehabt hatte, hat einen Schaden von 1100 Kronen liquidirt, sich aber von dem Schiffer Christen mit ungefähr der Hälfte dieser Summe abfinden lassen. Der Schaden der Brigg ist mit einem Aufwande von 400 M. reparirt. Beide Schiffe haben nach der Collision ihre Reise fortgesetzt und beendigt.

Diesen Sachverhalt hat das Seeamt auf Grund des ordnungsmäßig geführten Schiffsjournals der Brigg „Adolph et Emma", der von einem Theile der Schiffsbesatzung beschworenen Verklarung und der eidlichen Aussagen des Matrosen Fensch und des Halbmanns Schultz feststellen können.

Das Seeamt hat als Ursache des Seeunfalls die Nichtbefolgung der zur Verhütung des Zusammenstoßens von Schiffen auf See in der Kaiserlichen Verordnung vom 7. Januar 1880 erlassenen Vorschriften von Seiten der Brigg „Adolph et Emma" erachten müssen.

Die beiden unter Gefahr des Zusammenstoßens sich nähernden Segelschiffe befanden sich in derjenigen Situation, welche der Artikel 14 der angezogenen Verordnung unter lit. b voraussetzt. „Adolph et Emma", welche mit Backbordhalsen beim Winde segelte, war ohne Zweifel verpflichtet — und diese Verpflichtung hat Schiffer Christen auch in der Verhandlung anerkannt — der „Florida" aus dem Wege zu gehen. Dieser Pflicht ist die Brigg nicht nachgekommen und es lag deswegen dem Seeamt die Beantwortung der weiteren Fragen ob, weshalb dies unterlassen ist, eventuell ob hierfür Jemanden ein Verschulden trifft.

Die Wache an Deck hatte der Steuermann; der Ausguck war durch einen erfahrenen Matrosen besetzt und der Steuermann selbst hielt auf dem Hinterdeck dwars hin- und hergehend Ausguck. Er selbst hat auch das Backbordlicht der „Florida" zuerst, freilich erst auf höchstens 5 Schiffslängen Entfernung bemerkt. Darnach muß angenommen werden, daß der auf Ausguck befindliche Matrose nicht seine Pflicht gethan hat, sonst hätte er, da die Lichter der „Florida" nach Aussage der vernommenen Zeugen hell gebrannt haben und feuersichtige Luft gewesen ist, dies Licht des Gegenseglers viel früher sehen müssen. Die Verantwortung hierfür trifft den wachthabenden Steuermann, welcher den Ausguck zu controliren verpflichtet war. Da dieses Licht ziemlich dwars von der Brigg in Sicht kam, so hätte es auch schon früher von dem Steuermann bemerkt werden müssen, welcher selbst zugegeben hat, daß er bei der kleinen Segelführung ziemlich freien Umblick gehabt hat. Daher mußte das Seeamt diesen mangelhaften Ausguck an Bord des „Adolph et Emma" als Verschulden des Steuermanns erkennen.

Nach dem Bemerken des Gegenseglers hat nun der Steuermann nichts gethan, um demselben aus dem Wege zu gehen, hat also gegen die oben angezogene gesetzliche Vorschrift gehandelt. Diese Unterlassung hat das Seeamt dem Steuermann nicht als Verschulden anrechnen können. Der Artikel 23 der angezogenen Verordnung vom 7. Januar 1880 schreibt vor, daß bei Befolgung dieser gesetzlichen Vorschriften stets gehörige Rücksicht auf solche besondere Umstände genommen werden müsse, welche zur Abwendung unmittelbarer Gefahr ein Abweichen von obigen Vorschriften nothwendig machen.

Das Seeamt hat angenommen, daß solche besondere Umstände vorlagen. Der Zwischenraum zwischen beiden Schiffen war ein so geringer, daß es zweifelhaft erscheinen muß, ob der „Adolph et Emma" noch, bevor die Schiffe zusammenkamen, zum Abfallen gebracht werden konnte. Durch das entsprechende Rudermanöver und die schnelle Wegnahme des Briggsegels wäre es vielleicht noch möglich gewesen, da aber bei so geringer Segelführung ein Schiff gewöhnlich, nachdem es 1 oder 2 Strich abgefallen ist, eine Zeit lang stehen zu bleiben pflegt, so lag die Befürchtung nahe, daß der „Adolph et Emma" nicht mehr hinter dem Dreimastschooner weg-, sondern gerade auf seine Mitte zugekommen wäre und somit die Folgen eines Zusammenstoßes noch weit gefährlicher gemacht hätte. Dieser Ansicht ist auch der sofort auf Deck erschienene Schiffer gewesen. Derselbe hat zwar das Commando „Abfallen" gegeben — ein Commando, was beim ersten Anblick der Situation ein völlig gerechtfertigtes war —, dasselbe aber sofort redressirt, als ihm beim näheren Zuschauen klar werden mußte, daß das abfallende Schiff dem nahen Gegensegler gerade mitten auf den Leib kommen würde. Es kann deswegen dem Steuermann nicht der Vorwurf gemacht werden, daß er die Situation falsch beurtheilt und durch Unterlassen der für gewöhnlich vorgeschriebenen Maßregeln ein Verschulden auf sich geladen hat.

Der gegen den Steuermann auf Patententziehung gestellte Antrag des Reichscommissars, welcher durch die Annahme sowohl des mangelhaften Ausgucks als auch des unterlassenen Ausweichens begründet worden ist, erscheint, da das Seeamt das erstere Verschulden festgestellt und auch angenommen hat, daß dieses Verschulden zur Herbeiführung des Unfalls mitgewirkt hat, nach §. 26 des Gesetzes vom 27. Juli 1879 zwar wohl gerechtfertigt, das Seeamt hat aber das gerügte Verschulden des Steuermanns nicht für ein so schweres erachten können, um fest zu stellen, daß dem als Steuermann fungirenden Schiffer Christopher Christen diejenigen Eigenschaften mangeln, welche zur Ausübung seines Gewerbes erforderlich sind. Die Hauptschuld trifft immer den auf Ausguck befindlich gewesenen Matrosen. Der Steuermann hatte auf diesen wichtigen Posten einen befahrenen Mann mit gesunden Augen gestellt, durfte also auch erwarten, daß derselbe voll seine Schuldigkeit thun würde. Hat er sich darin geirrt, so ist dieser Irrthum ein verzeihlicher und kein Mangel an Umsicht, wie sie von dem Führer eines Schiffes verlangt werden muß.

Das Seeamt hat deswegen dem Antrage des Reichscommissars nicht entsprechen können.

Wegen des Verhaltens des Gegenseglers, der „Florida", muß noch bemerkt werden, daß dasselbe nach Ansicht des Seeamts ein völlig correctes gewesen ist. Sind dessen Segel lose gewesen, so kann dies nur ein Zeichen sein, daß der Führer der „Florida" die Situation richtig erkannt und der nicht abhaltenden Brigg Zeit geben wollen, an ihm vorüber zu kommen. Dafür, daß die „Florida" kurz vor der Collision den Curs geändert hat, hat die Verhandlung nicht den geringsten Beweis erbracht.

Die Entscheidung des Oberseeamts lautet:

daß der Spruch des Königlich preußischen Seeamts zu Stralsund vom 9. Februar 1883 zu bestätigen und die baaren Auslagen des Verfahrens außer Ansatz zu lassen.

Gründe. Die Beschwerde legt dem Steuermann des „Adolph et Emma" zur Last, daß durch seine Schuld auf diesem Schiffe das Licht der „Florida", als beide Fahrzeuge sich einander näherten, zu spät bemerkt worden sei, und daß er bei dem Erblicken des Lichtes nichts gethan habe, um der „Florida" aus dem Wege zu gehen, während die Collision vermieden worden wäre, wenn der „Adolph et Emma" sofort abgehalten hätte. Die Ergebnisse der Beweisaufnahme erster Instanz konnten zu der von der Beschwerde vertretenen Auffassung allerdings Anlaß geben. Bei derselben waren indessen nur seitens der Besatzung des „Adolph et Emma" Aussagen abgegeben worden. Es ist deshalb in zweiter Instanz die von der Besatzung der „Florida" am 6. November 1882 vor dem Rathhausgericht zu Helsingborg eidlich abgelegte Verklarung herbeigeschafft worden, und diese läßt, wenn man sie mit den Aussagen der Besatzung des „Adolph et Emma" zusammenhält, der bei der Hauptverhandlung zweiter Instanz auch von dem Reichscommissar anerkannten Möglichkeit Raum, daß das zu späte Erblicken des Lichtes der „Florida" auf dem „Adolph et Emma" nicht von dem Steuermann des letzteren verschuldet worden, sondern auf eine andere Ursache zurückzuführen ist. Nach der Verklarung ist nämlich auch das Licht des „Adolph et Emma" auf der „Florida" erst zu der Zeit gesehen worden, als die Besatzung des letzteren Schiffes den Zusammenstoß als unvermeidlich erkannte. Dieser Umstand macht es glaubhaft, daß das Licht der „Florida" auf dem „Adolph et Emma" nicht eher hat gesehen werden können, als es gesehen worden ist, und daß dem Steuermann in dieser Beziehung eine Unaufmerksamkeit nicht zur Last fällt. Letzteres ist umsomehr anzunehmen, als nicht der auf dem „Adolph et Emma" mit dem Ausguck am Vordertheil des Schiffes betraute Matrose Fensch, welcher gut sieht und die Farben unterscheiden kann, sondern der auf dem Achterdeck des Schiffes befindliche Steuermann das Licht der „Florida" zuerst gesehen hat. Hiernach bleibt nur die Annahme übrig, daß die beiden Schiffe, ehe sie einander in Sicht kamen, eine Stellung eingenommen haben, in welcher das Licht des einen dem anderen und das Licht des letzteren dem ersteren so lange verdeckt war, bis sie einander ganz nahe kamen. War aber im Augenblick dieser Begegnung der Zusammenstoß, wie die Verklarung ergiebt, nicht mehr zu vermeiden, so hatte der Steuermann keinen Anlaß, mit dem „Adolph et Emma" nun noch abzuhalten, wie denn auch der ihm vorgesetzte Schiffer, als er an Deck erschien, den von ihm anfänglich ertheilten Befehl zum Abhalten alsbald zurückgenommen hat.

Der Steuermann hat hiernach den Zusammenstoß nicht verschuldet; es kann ihm deshalb die Gewerbebefugniß nicht entzogen werden.

Die baaren Auslagen des Verfahrens bleiben außer Ansatz, weil die Beschwerde vom Reichscommissar eingelegt ist.

32. Spruch des Seeamts zu Hamburg vom 3. Juli 1883 und Entscheidung des Kaiserlichen Ober-Seeamts vom 5. October 1883, betreffend den Seeunfall der Galiote „Immanuel" von Haseldorf.

Der Spruch des Seeamts lautet:

Die in der Nacht vom 8. bis 9. Mai 1883 um 2½ Uhr Morgens auf der an der schwedischen Küste liegenden äußeren Vitenbank erfolgte Strandung der Galiote „Immanuel" ist durch eine nordöstliche Stromversetzung verursacht.

Dem Antrage des Reichscommissars, dem Schiffer Joachim Markmann aus Haseldorf die Berechtigung zur ferneren Ausübung des Siffergewerbes abzuerkennen, wird nicht Folge gegeben.

Thatbestand. Die im Jahre 1873 von dem Schiffsbaumeister D. Schwartz in Haseldorf aus Eichenholz mit plattem Heck und plattem Boden erbaute Galiote „Immanuel", Unterscheidungssignal LFJT, Heimathshafen Haseldorf, deren Netto-Raumgehalt 148,8 cbm = 52,52 britischen Register-Tons betrug, verließ am 1. Mai 1883 unter Führung ihres Eigenthümers, Schiffer Joachim Markmann aus Haseldorf, mit einer aus drei Personen bestehenden Besatzung und einer ungefähr 1800 Centner wiegenden, lose (in bulk) eingenommenen Weizenladung Danzig mit der Bestimmung nach Gothenburg.

Das Fahrzeug, welches bei den Versicherungscompacten zu Schulau und Cranz mit zusammen 10000 M. unter Assecuranz stand und die zuletzt im Jahre 1880 erneuerte Classe A. 1. des Germanischen Lloyd besaß, hatte mit dieser Ladung nach Angabe des Bestmanns

Feindt einen Tiefgang von ungefähr 7 Fuß vorne und 6¾ Fuß hinten, bei einem Freibord von 5 bis 6 Zoll mittschiffs, während der Koch Barry den größten Tiefgang auf 7½ Fuß und die Auswässerung auf nur 3 bis 4 Zoll angiebt. — Der „Immanuel" hatte vorne und hinten Sprung und zwar nach Schätzung des Bestmanns Feindt gut 3 Fuß. —

Die Reise des Schiffes wurde im Anfang mit veränderlichen Winden ohne bemerkenswerthe Zwischenfälle fortgesetzt.

Am 8. Mai, ungefähr 10 Uhr Abends erhielt man Nidingen-Feuer NNO½O — nach Schätzung des Bestmanns Feindt befand man sich in ungefähr 6 Seemeilen Abstand vom Lande — in Sicht. Der Curs war N½O, der Wind SO, die Luft klar, doch war es in der Kimm etwas diesig. In der Nacht vom 8./9. Mai 1 Uhr Morgens — Schiffer Markmann stand am Ruder — wurde Nidingen-Feuer nach Schätzung des Schiffers Markmann in 4 Seemeilen Abstand passirt. Der gesteuerte Curs wurde bis 2½ Uhr beibehalten. Dann wollte Markmann sein Schiff, nach Angabe der Verklarung, „um die Lichtkreise von Nidingen-Feuer zu behalten", nach seinen vor dem Seeamt abgelegten Depositionen „um bis Tagesanbruch einen Lootsen zu erwarten" über Stag bringen. Kaum war dasselbe über Steuerbord in der Wendung, als es plötzlich aufstieß und sitzen blieb. Schiffer Markmann ließ sofort eine Nothflagge heißen und mit Tagesanbruch kam ein Lootsenboot heran, um Hülfe zu leisten. Eine Peilung ergab, daß kein Wasser im Schiff war und so wurde mit Hülfe des herangekommenen Bootes ein Warp ausgebracht und der Versuch gemacht, den „Immanuel" abzuwarpen. Allein als man im Begriff stand, das Warp anzuhieven, wurde der „Immanuel" quersees geworfen und die Besatzung durch das nunmehr eintretende heftige Stoßen des Fahrzeugs gezwungen, sich in das herangekommene Lootsenboot zu retten.

Zur Zeit der Strandung wehte eine mäßige Brise aus SO, welche allmälig zunahm und südlicher ging. Als die Besatzung ihr Schiff verließ, wehte eine starke Brise und die See lief hoch.

Winga-Feuer hat Schiffer Markmann zu keiner Zeit in Sicht erhalten.

Vormittags gegen 10 Uhr machte ein Schleppdampfer den vergeblichen Versuch, den „Immanuel" zu bergen. Am 10. Mai, morgens 6 Uhr, gingen 2 Schleppdampfer mit Dampfpumpen zum „Immanuel", um denselben flott zu machen; auch sie mußten unverrichteter Sache zurückkehren, da Sturm und Seegang nicht gestatteten, längsseits des „Immanuel“ zu gehen, welcher in der Nacht vom 11./12. Mai durch die See zertrümmert wurde.

Schiffer Markmann hat vor dem Seeamt sich dahin geäußert, daß er seit 17 Jahren in der Ostsee und dem Kattegatt gefahren habe und seinen Weg in diesen Gewässern wohl zu kennen glaube. Er habe eine dänische Karte benutzt, eine Segelanweisung aber nicht an Bord gehabt. Eine Stromversetzung habe er bei den gesegelten Cursen nicht in Rechnung gestellt, weil er vor dem Passiren von Nidingen-Feuer keinen Strom gehabt habe. Die zurückgelegte Distanz und die geloggte Fahrgeschwindigkeit seien bis dahin in übereinstimmender Deckung geblieben. Des Weiteren hat Markmann erklärt:

> „Erst auf höchstens eine Everlänge (40 bis 60 Fuß) erblickte ich zu luvwärts voraus eine Klippe. Weil die See verhältnißmäßig ruhig war, stand auf derselben keine Brandung. Wir liefen mit raumem Winde und saßen schon eine Minute nach dem Erblicken der Klippe auf derselben, obgleich wir die Piek niederholten und das Ruder hart Steuerbord legten. Nach unserer Gissung mußten wir 3 Seemeilen weiter zurück sein, denn wir hatten um 1 Uhr Nidingen-Feuer passirt. Soviel hatte uns ein nordöstlich laufender Strom versetzt. Mein Schiff lief 4 Knoten, der Strom muß 2 bis 3 Seemeilen in der Stunde gelaufen sein.“

Und ferner:

> „Das blinde Riff, auf das der „Immanuel“ gestoßen, lag nach Angabe der schwedischen Lootsen 2 Seemeilen südöstlich von der großen Tistlerne-Klippe. Als wir strandeten, peilten wir Nidingen-Feuer ungefähr SzO ¼O. Die Strandungsstelle war die äußere Vitenbank (Nidingen-Feuer liegt also SzO von der Strandungsstelle). Bei der Strandungsstelle waren in meiner Karte 11 Fuß Wasser angegeben.“

Bestmann Feindt hat die Angaben des Schiffers Markmann im wesentlichen bestätigt und angegeben, daß um die Strandungsstelle herum 17 bis 20 Faden Wasser gelothet seien. Schiffer Markmann habe nach der Strandung angegeben, daß die Strandungsstelle in der von ihm benutzten Seekarte mit einem schwarzen Punkt vermerkt sei, doch habe er diesen Punkt als Bezeichnung einer Klippe nicht angesehen.

Markmann hat auf Vorhalt dieser letzteren Angabe des Feindt sich dahin geäußert, daß er den in Frage stehenden Punkt, welcher hell schattirt gewesen sei, nur für die Bezeichnung einer Untiefe angesehen habe. Gelothet sei vor der Strandung mit Rücksicht auf das tiefe Wasser nicht. Geloggt sei nach seiner Erinnerung zuletzt am Nachmittag vor der Strandung.

Nach Schluß der Beweisaufnahme hat der Reichscommissar gegen Schiffer Markmann den Antrag auf Entziehung der Berechtigung zur ferneren Ausübung des Schiffergewerbes eingebracht.

Gründe. Die Strandung der Galiote „Immanuel" ist ohne Zweifel dadurch hervorgerufen, daß Schiffer Markmann nach dem Passiren von Nidingen-Feuer keine Strömung in Rechnung gezogen hat und thatsächlich durch eine in nordöstlicher Richtung setzende Strömung dem Lande näher, als er zu stehen glaubte, gebracht und schließlich auf die äußere Vitenbank geführt wurde. Markmann, welcher im Vertrauen auf seine 17jährige Erfahrung in der Ostsee- und Kattegatt-Fahrt es unterlassen hat, eine Segelanweisung für die hier in Frage stehende Reise in Benutzung zu nehmen, konnte umso-weniger auf eine bestimmte Stromversetzung an der schwedischen Küste rechnen, als er in der That beim Passiren von Nidingen-Feuer fand, daß die zurückgelegte Distanz mit der geloggten Fahrgeschwindigkeit im Einklang stand und hiernach eine Stromversetzung bis dahin nicht stattgefunden hatte. Daraus aber, daß er sich vor Antritt seiner Reise mit einer Segelanweisung nicht versah, wird ihm auch um deswillen ein schwerwiegender Vorwurf nicht gemacht werden können, weil die dem Seeamt vorliegenden Segelanweisungen von einer bestimmten Stromversetzung zwischen Nidingen und Winga nicht sprechen, vielmehr bekunden, daß die Stromverhältnisse im Kattegatt äußerst unregelmäßig seien. Markmann hatte sich hiernach bei seiner Bestecksrechnung nicht in Bezug auf etwaige Strömungen nach einer normirenden Angabe einer Segelanweisung, sondern auf die eigene Erfahrung und augenblickliche Wahrnehmung zu richten, und diese zeugte beim Passiren von Nidingen-Feuer dafür, daß eine Stromversetzung bis dahin auf seinen Curs nicht eingewirkt hatte.

Es steht aber anzunehmen, daß Markmann auf die nach dem Passiren von Nidingen erfolgte nordöstliche Versetzung aufmerksam geworden wäre, wenn Winga-Feuer in jener Nacht in der That — wie in den Seekarten angegeben — 14 Seemeilen Sichtweite gehabt hätte. Daß aber Winga-Feuer in der That in jener Nacht bei diesiger Kimmung nicht auf 14 Seemeilen Distanz in Sicht gekommen ist, kann einem Zweifel füglich ebensowenig unterliegen, als die Angabe des Markmann, daß er auf eine bestimmte Stromversetzung nicht habe rechnen können. Hierfür spricht insbesondere auch die von dem hydrographischen Bureau der Kaiserlichen Admiralität herausgegebene „Segelanweisung für den westlichen Theil der Ostsee mit der Einsegelung durch das Kattegatt, den Sund und die Belte" (Berlin 1878) Theil I, Seite 64, Zeile 19 von oben.

„Es ist trotz aller in neuerer Zeit gemachten Verbesserungen „der Feuer und Seezeichen die größte Aufmerksamkeit der „Navigirenden beim Ansegeln und Befahren des Kattegatt „nöthig, da die Versetzung in Folge der Unsicherheit „in der Strömung sehr schwer zu bestimmen, und da bei „dickem Wetter die besten Leuchtapparate oft nicht kräftig ge„nug sind, den Nebel zu durchdringen, um den nöthigen Anhalt „zu gewähren."

Allerdings hat Markmann angegeben, daß das Wetter zwar klar, die Kimm jedoch diesig gewesen sei. Die Fernsicht war demnach beschränkt, wenn auch nicht gerade Nebel herrschte. —

Hierfür spricht auch der Umstand, daß Markmann die äußere Vitenbank erst in einer Distanz von 40 bis 60 Fuß in Sicht erhielt, sowie das Zeugniß des Bestmanns Feindt, welcher bekundet, Brandung vor der Strandung des „Immanuel" nicht wahrgenommen zu haben und die Angabe des Kochs Barrey, daß er Landfeuer vor der Strandung nicht in Sicht erhalten habe.

Hiernach mußte es als festgestellt angesehen werden, daß das Fehlen einer Segelanweisung an Bord des „Immanuel" mit der Strandung desselben nicht im ursächlichen Zusammenhang steht und daß die Strandung selbst auf eine nicht voraus zu berechnende nordöstliche Stromversetzung zurückzuführen ist, deren Wirkung dem Schiffer Markmann in Folge der diesigen Kimmung, welche ein rechtzeitiges Insichtkommen des Winga-Feuers verhinderte, bis zur Strandung verborgen blieb.

Dem Antrage des Reichscommissars, dem Schiffer Markmann die Befugniß zur ferneren Ausübung des Schiffergewerbes zu entziehen, konnte daher nicht entsprochen werden.

Schließlich kann das Seeamt nicht umhin, sich dahin auszusprechen, daß die Auswässerung des „Immanuel", welche nach dem Zeugniß des Bestmanns Feindt 5 bis 6 Zoll bei einem Tiefgange von ungefähr 7 Fuß, nach den Angaben des Kochs Barrey 3 bis 4 Zoll bei einem Tiefgange von 7½ Fuß betrug, für seegehende Schiffe nicht als ausreichend erscheinen kann. Hieran kann die Bauart des „Immanuel", welcher bezeugtermaßen vorne und hinten drei Fuß Sprung hatte, im wesentlichen nichts ändern. Es ist jedenfalls in Anbetracht der durch

Sturm und schweren Seegang eintretenden Gefahren daran festzuhalten, daß Fahrzeuge von der Größe und Bauart des „Immanuel" bei Hochseefahrten für jeden Fuß Tiefgang mindestens 1 Zoll Auswässerung an der niedrigsten Stelle besitzen.

Die Entscheidung des Ober-Seeamts lautet:

daß der Spruch des Seeamts zu Hamburg vom 3. Juli 1883 zu bestätigen und die baaren Auslagen des Verfahrens außer Ansatz zu lassen.

Gründe. Ob der Schiffer, wie die Beschwerde ihm zur Last legt, den „Immanuel" für die letzte Reise überladen hat, kann dahingestellt bleiben, da es unzweifelhaft ist, daß eine Ueberladung des Schiffes, selbst wenn sie stattgefunden haben sollte, weder den Seeunfall herbeigeführt noch dessen Folgen verschlimmert hat. Die Ursache desselben ist vielmehr die fehlerhafte Navigation des Schiffers gewesen. Die Umstände lagen in der Nacht der Strandung für die Fahrt des „Immanuel" so günstig, daß dieselbe ohne Unfall zurückgelegt worden wäre, wenn der Schiffer sie mit der nöthigen Sachkunde und Umsicht geleitet hätte. Das Wetter war schön, die Luft nur im Horizont diesig, im übrigen aber klar, der Windraum und das Feuer von Nidingen beständig in Sicht. Hätte der Schiffer das letztere unausgesetzt in genauer Peilung gehalten, so hätte er nicht darauf kommen können, einen Curs zu wählen, welcher ihn auf die Strandungsstelle führte. Er hat zwar Peilungen vorgenommen, er hat diese aber so mangelhaft ausgeführt, daß sie einen zuverlässigen Anhalt für die Cursbestimmung nicht gewährten.

Die Fehler, welche von dem Schiffer in dieser Hinsicht begangen worden sind, haben zum Untergang des „Immanuel" geführt. Besäße der Schiffer das Befähigungszeugniß für große Fahrt, und hätte er eine dem entsprechende technische Vorbildung für seinen Beruf genossen, so würden die vorgefallenen Versehen ihm zum schweren Vorwurf gereichen und durch Entziehung der Gewerbebefugniß angemessen zu ahnden sein. Er besitzt aber nur die Befähigung zum Schiffer auf kleiner Fahrt, und diese ist ihm auf Grund einer Prüfung zu Theil geworden, welche er vor mehr als zwanzig Jahren unter Verhältnissen abgelegt hat, unter welchen das Maß der bei einem solchen Examen gestellten Anforderungen ein geringes war. Die lückenhafte Berufsausbildung, welche ihm hiernach zu Theil geworden ist, rechtfertigt eine mildere Auffassung seines Verhaltens, und die letztere darf hier umsomehr Platz greifen, als anzuerkennen ist, daß der Schiffer nach dem Aufstoßen des „Immanuel" mit Besonnenheit und Umsicht alles aufgeboten hat um den Verlust des Schiffes abzuwenden. Es ist ihm deshalb die Gewerbebefugniß zu belassen.

Die baaren Auslagen des Verfahrens bleiben außer Ansatz, weil die Beschwerde vom Reichscommissar eingelegt ist.

33. Spruch des Seeamts zu Hamburg vom 3. Februar 1883 und Entscheidung des Kaiserlichen Ober-Seeamts vom 6. October 1883, betreffend den Zusammenstoß des Schraubendampfers „Westphalia" von Hamburg mit einem anderen Dampfer.

Der Spruch des Seeamts lautet:

Die Ursache des in der Nacht vom 12. auf den 13. November 1882 um 1½ Uhr ungefähr 16 Seemeilen SzW rechtweisend von Beachy Head auf 50° Nordbreite und 0° 8′ Ostlänge zwischen dem Schraubendampfer „Westphalia" und einem anderen Dampfschiffe, wahrscheinlich dem belgischen Dampfschiffe „Adrien David" stattgehabten Zusammenstoßes, welcher den Untergang des letzteren Schiffes mit allen an Bord befindlichen Personen zur Folge hatte, ist mit genügender Sicherheit nicht ermittelt.

Zu rügen ist:

1. daß die Fahrgeschwindigkeit der „Westphalia" nach dem Erblicken des Toplichtes und des rothen Lichtes des Gegendampfers trotz der dunklen Nacht nicht gemindert wurde;
2. daß in das zur Hülfeleistung ausgesandte Boot der „Westphalia" kein Proviant eingenommen wurde, obgleich die Eventualität der Unmöglichkeit der Rückkehr zum Schiff wegen der hohen See schon beim Aussetzen des Bootes ins Auge gefaßt wurde;
3. daß in das Journal auf den dem Unfall unmittelbar vorhergehenden Zeitabschnitt bezügliche Eintragungen Aufnahme fanden, deren Berichtigung und Ergänzung vom ersten Steuermann Bauer nach Ablauf eines Monats unternommen wurde.

Den Anträgen des Reichscommissars, dem Schiffer Ludwig und dem dritten Steuermann Bock die Befugniß zur Ausübung des Schiffergewerbes abzuerkennen, wird nicht stattgegeben.

Thatbestand. Das in Hamburg beheimathete, im Jahre 1868 zu Greenock erbaute als Brigg getakelte eiserne Schraubendampfschiff „Westphalia", Unterscheidungssignal RCNL, welches eine Maschine von 600 Pferdekraft nominell und einen Netto-Raumgehalt von 5838,7 cbm oder 2061,06 britischen Register-Tons besitzt und im Eigenthum der Hamburg-Amerikanischen Packetfahrt-Actiengesellschaft zu Hamburg steht, collidirte in der Nacht vom 12. auf den 13. November 1882 um 1½ Uhr ungefähr 16 Seemeilen SzW rechtweisend von Beachy Head im englischen Canal mit einem anderen Dampfschiffe und fügte demselben so schwere Beschädigungen zu, daß dasselbe mit allen an Bord befindlichen Personen nach etwa 2½ Stunden sank.

Die „Westphalia" war einschließlich des Schiffers Carl Berthold Richard Ludwig mit 113 Köpfen bemannt und beim Büreau Veritas im Juli 1879 zur höchsten Classe I 3/3, L. 1. 1. classificirt.

I. Die Reise von New York nach Hamburg war am 2. November 1882 mit einer Stückgutladung von etwa 1700 Tons angetreten; am 12. November erreichte die „Westphalia" Plymouth, lief dann nach Cherbourg hinüber und verließ diesen Hafen mit 80 bis 90 Passagieren an Bord gegen 6½ Uhr Nachmittags desselben Tages, um direkt nach Hamburg zu gehen. Der Tiefgang des Schiffes betrug vorne 17 Fuß 6 Zoll und hinten 20 Fuß 3 Zoll. Gegen Mitternacht war der Wind SO in der Stärke nach Beaufort Scala, eine steife Brise mit Regenböen (Ludwig), stürmisch mit Regen und harten Böen bei hohem Seegang (Verklarung), stürmische Witterung mit anhaltendem Regen (Journal), es war dunkles Wetter mit Schmuttregen (Schleicher), es fiel ein beständiger Regen mit Schnee bei dicker Luft (Eybe), ein feiner Regen (Köster), abwechselnd feiner und harter Regen (Brock), dabei war es stockfinster (Eitzen, Rehberg, Mohrmann, Petersen), so daß man nichts sehen konnte (Haefke, Plähn, Gehle, Toosbuy), nicht einmal das Vordertheil der „Westphalia" (Eybe, Mungaard), so finster, daß man ein an Deck aufgeschossenes Tau nicht sehen konnte, sondern fühlen mußte, ob es klar lag (Raddatz). Doch war es hinlänglich feuersichtige Luft, derart, daß Toplichter von der Stärke desjenigen der „Westphalia" wohl 3 bis 4 Seemeilen (Ludwig, Bauer), farbige Seitenlichter wohl 1½ Seemeilen (Bauer) weit sichtig waren. Der Curs war seit 9 Uhr Abends ONO gesetzt, gerade auf

Beachy Head. Der Schiffer Ludwig befand sich seit 11 Uhr Abends, nachdem die ersten Schiffe gemeldet waren, auf der Brücke, hart an Steuerseite; ihm zur Seite stand zwischen Ruder- und Maschinentelegraphen seit 12 Uhr der erste Steuermann Bauer. Und außerdem waren die Ausguckleute Eybe und Mungaard auf der Brücke an Backbordseite postirt, weil sie wegen des Wassers und der Gischt, welche die „Westphalia“ vorne übernahm, auf der Back nicht hätten sehen können. Bis Mitternacht lief der Fluthstrom in der Richtung ONO, dann trat die Ebbe ein, welche SW bezw. WSW setzte. Der um 1 Uhr Morgens des 13. November 1882 erstattete Rapport ergab, daß die „Westphalia“ gegen Wind und See mit voller Kraft 11½ Seemeilen in der Stunde lief, während sie bei ihrem damaligen Tiefgange im ruhigen Wasser 14 Knoten in jener Gangart gemacht haben würde.

Als die „Westphalia“ sich am 13. November 1882 ungefähr um 1¼ Uhr (Ludwig) bezw. 1 Uhr 25 Minuten (Bauer, Verklarung, Journal) 16 bis 18 Seemeilen SzW rechtweisend von Beachy Head befand, sahen der Schiffer und der erste Steuermann ein helles Licht ungefähr ½ Strich voraus an Steuerbord in etwa 2 Seemeilen Abstand (Bauer). Der erste Steuermann, welcher nicht auszumachen vermochte, ob es ein weißes oder grünes Licht sei, sprach mit dem Schiffer darüber, welcher Art das Licht voraus sein könne, gab darauf nach einiger Zeit das Commando „Steuerbordruder“ und will hiervon auch dem Schiffer Kenntniß gegeben haben. Dieser hat eine derartige Bemerkung jedoch nicht gehört und ist auf die Cursänderung erst aufmerksam geworden, als er plötzlich das Licht bis 1 Strich nach Steuerbord auswandern sah (ebenso Journal und Verklarung) und es jetzt als ein weißes erkannte. Auf seine Frage, ob Bauer das Ruder habe nach Steuerbord legen lassen, antwortete dieser bejahend. Schiffer Ludwig trat jetzt seinerseits an den Telegraphen und ließ das Ruder sofort stützen (Ludwig, Bauer, Schulz, Traut). Bauer rechtfertigt sein Rudercommando damit, daß er das Licht für das eines Fischerfahrzeuges bezw. für ein Hecklicht gehalten habe. Nach 3 bis 4 Minuten seit dem ersten Erblicken erkannte auch Bauer das Licht als ein weißes und gleichzeitig erblickten er und der Schiffer unter demselben etwa 1 Minute, nachdem die „Westphalia“ ihren alten Cours wieder eingenommen hatte, ein rothes Licht. Der Schiffer telegraphirte unvorzüglich „hart Backbordruder“ (Ludwig, Bauer, Schulz, Traut) und die „Westphalia“ luvte ziemlich schnell an, so daß das Toplicht des Gegendampfers auf die Backbordseite hinüberwanderte (Ludwig) und beide Lichter, das weiße und rothe, des Gegendampfers 1 Strich an Backbord der „Westphalia" sich befanden (Bauer). Plötzlich aber verschwand in einem Abstande von etwa ½ Seemeile (Bauer) das rothe Licht des Gegendampfers und das weiße näherte sich der „Westphalia" ohne daß ein grünes Licht zugleich sichtbar wurde, nach Steuerbord übergehend. Als dann an Backbordseite der „Westphalia" das Kajütenskylight des Gegendampfers erschien, während dessen Toplicht sich unter dem Bug der „Westphalia" befand, ließ Schiffer Ludwig, da über die Lage des fremden Dampfers kein Zweifel mehr sein konnte, das Ruder hart nach Steuerbord überlegen. Die effective Wirkung des Stützens und Umlegens des Ruders war aber nur die, daß die „Westphalia" ihr Drehungsmoment nach Steuerbord, wohin sie schon mehr als 2 Striche aufgeluvt war, verlor, nicht aber, daß sie nach Backbord abfiel. Denn der Zusammenstoß erfolgte 1 bis 2 Minuten nach dem Verschwinden jenes rothen Lichtes (Bauer), um 1½ Uhr (Ludwig, Maschnenjournal) bezw. 1 Uhr 33 Minuten (Schiffsjournal) in einem Winkel von ungefähr 30 bis 35 Grad (Bauer), indem die „Westphalia" mit ihrem Vordersteven in die Steuerbordseite des fremden Dampfschiffes in der Nähe des Besahnwant eindrang. Sofort, genauer ½ Minute (Petersen), noch der Collision ließ Schiffer Ludwig die Maschine, welche unausgesetzt mit voller Kraft bei 68 bis 70 Pfund Dampfspannung und 63 Umdrehungen in der Minute vorwärts gearbeitet hatte, stoppen, während der Gegendampfer alsbald an der Steuerbordseite der „Westphalia" entlang und dann nach Backbord leewärts hinüber trieb, nachdem er zuvor noch gegen die Steuerbordseite der „Westphalia" geschlagen war. Hierbei hörte Zeuge Springer verschiedene Menschenstimmen und Hülferufe, während dem Zeugen Wiese gerade die unheimliche Ruhe auffiel. Zeuge Eybe erkannte, daß der fremde Dampfer 2 Masten führte, Zeuge Eitzen glaubt dieselbe Wahrnehmung gemacht zu haben, war sich dessen aber nicht ganz sicher.

Seit dem ersten Erblicken des Toplichtes des Gegendampfers war die „Westphalia" etwa eine Seemeile durchlaufen und es verstrich hiermit ein Zeitraum von 5 Minuten (Ludwig), 5 bis 6 Minuten (Eybe, Mungaard), bezw. 6 bis 8 Minuten (Bauer), 6 bis 7 Minuten (Biesterfeldt), 7 bis 10 Minuten (Zimmermann) bis zur Collision. Sowohl Schiffer Ludwig wie der erste Steuermann standen unter dem Eindruck, daß der Gegendampfer ungefähr ebenso schnell lief wie die „Westphalia" und haben denselben als einen entgegenkommenden im Sinne des Artikels 15 der Kaiserlichen Verordnung vom 7. Januar 1880 angesehen, weil er während der ganzen Zeit in derselben Richtung blieb und nach Meinung des Schiffers gerade auf die „Westphalia“ zulief. Dampfpfeifensignale wurden auf der „Westphalia“ nicht gegeben und vom Gegendampfer her nicht gehört. Die Ursache der Collision erblickten Schiffer Ludwig und Bauer in dem trüben Brennen der weißen und rothen Laterne, dem Fehlen des grünen Lichtes und dem verkehrten Rudermanöver auf dem Gegendampfer, welcher mit Steuerbordruder unmittelbar vor der Collision vor den Bug der „Westphalia“ lief. Die Lichter der „Westphalia“ brannten hell (Verklarung). Mungaard und Eybe haben weder ein rothes noch ein grünes Licht auf dem fremden Dampfer gesehen und irgend eine Cursänderung der „Westphalia“ vor der Collision nicht zu bemerken vermocht, da es so finster war, daß sie das Vordertheil ihres Schiffes nicht sehen konnten. Beide Dampfer zeigten nach der Collision Nothsignale durch Blaufeuer, die „Westphalia,“ welche etwas Backbordschlagseite hatte, außerdem durch Steigenlassen von Raketen und Leuchtkugeln. In der Befürchtung, daß die „Westphalia“ vielleicht letale Beschädigungen erlitten haben könne, beorderte Schiffer Ludwig zunächst alle Mann an die Boote, ließ dieselben ausschwingen und zum Hinunterfieren klar machen. Diese Arbeit nahm einen Zeitraum von mehr als einer halben Stunde (Ludwig), 20 Minuten (Journal), gut eine Stunde (Bock), mindestens 1½ bis 2 Stunden (Wiese) in Anspruch, weil das Schiff beständig schwer überholte und die in den Klampen stehenden Boote wiederholt zurückgeworfen wurden (Ludwig). Nachdem die Boote bis an die Regeling hinuntergefiert und festgelascht waren, untersuchte Schiffer Ludwig selbst mit den Zimmerleuten den Leck und fand, daß das Collisionsschott, welches sehr weit vorlich sich befindet, theilweise durchstoßen war und mehrere Eisenplatten des fremden Dampfers hineingeschoben waren. Da der Zimmermann 22 Zoll Wasser im Laderaum rapportirte, so ließ der Schiffer jetzt auch die beiden Handpumpen zu der 15 Minuten nach der Collision um 1 Uhr 45 Minuten (Maschinenjournal, Maschinist Fries) in Gang gesetzten Dampfpumpe ansetzen. Fast die gesammte Mannschaft mußte vorne im Zwischendeck die Ladung wegtrimmern, um an den Hahn zu kommen, welcher die Röhre, die vom vordersten Compartment das Wasser in die Bilgen des Laderaums fließen läßt, schließt, damit dasselbe dort ausgepumpt werde. In die vordere Abtheilung reichte nämlich die Pumpleitung nicht. Der Hahn wurde zwar geschlossen, jedoch erst nachdem das Wasser im Laderaum auf ungefähr 25 Zoll gestiegen war, und zum Glück hielten die Schotten des Laderaums genügend dicht, so daß das Wasser in diesem Raume abnahm. Der zweite Maschinist überholte die Bilgen vom Kohlenbunker, Kessel und Maschinenraum sowie Hinterraum und fand dieselben lenz. Dann wurde das Schott des vorderen Laderaums abgestützt. Diese Arbeit nahm wegen des Rollens des Schiffes einen Zeitraum von einer Stunde (Ludwig), eine halbe bis eine Stunde (Bock) in Anspruch und erst jetzt wurde, gegen 3 Uhr (Ludwig), frühestens 3½ bis 3¾ Uhr (Wiese), 3 Uhr 10 Minuten (Journal, Eybe, Mungaard), zwischen 3 und 4 Uhr (Bock), ein Boot mit dem dritten Steuermann Bock, dem Quartermaster Schulz und den vier Matrosen Eybe, Sjögreen, Berndt und Hanke abgesandt, um dem fremden Dampfer, welcher in 1 bis 1½ Seemeilen (Ludwig), 2 Seemeilen (Bock) Abstand in Lee von der „Westphalia" lag, Beistand zu leisten. Vorher ließ der Schiffer zweimal die Maschine rückwärts gehen und wieder stoppen, um dem gefährdeten Dampfer näher zu kommen und das Abgehen des Bootes zu erleichtern. Dieses Rückwärtsgehen der Maschine geschah nach Angabe des zweiten Maschinisten Petersen einmal zwei Stunden nach stattgehabter Collision, um 3½ Uhr (Maschinenjournal, erster Maschinist und Frees), zum zweiten Male um 4 Uhr 5 Minuten (Maschinenjournal). Gestoppt wurde die Maschine das erste Mal um 3 Uhr 32 Minuten, das zweite Mal um 4 Uhr 9 Minuten (Maschinenjournal). Eine halbe Stunde, nachdem das Boot, in welchem sich außer zwei Wasserfässern ein Segel befand, mit seiner mit Korkwesten bekleideten Besatzung die „Westphalia" verlassen hatte, entschwand um 3½ bezw. 3¾ Uhr das bis dahin sichtbare Flackerfeuer des fremden Dampfers den Blicken des Schiffers Ludwig. Nach der Verklarung geschah dies erst um 4 Uhr, nach dem Journal um 4 Uhr 10 Minuten (ebenso Bauer). Bis zum anderen Morgen gegen 8½ Uhr (Ludwig), 8 Uhr (Verklarung), 8 Uhr 6 Minuten (Maschinenjournal), 8 Uhr 45 Minuten (Journal) trieb die „Westphalia" mit gestoppter Maschine WNW 12 Seemeilen. Während dieser Zeit wurden von 5 zu 5 Minuten zur Kennzeichnung der Lage des Schiffes Flackerfeuer gezeigt. Als aber trotzdem das abgesandte Boot nicht wieder in Sicht kam, wurde mit Tagesanbruch, während es härter wehte, die See höher ging, die Luft häsig wurde und unaufhörlich Regen niederfiel, ein mit Matratzen und Gewichten beschwertes Segel über die eingestoßene Stelle an Backbordbug gehängt und der Curs auf Owers-Feuerschiff gesetzt, nachdem im Laufe der Nacht das Ladeschott wiederholt gehörig abgestützt war. Gegen 1 Uhr Mittags des 13. November 1882 passirte die „Westphalia" das Feuerschiff und gelangte gegen 3½ Uhr Nachmittags mit abwechselnd langsam und mit halber Kraft arbeitender Maschine in den Hafen von Portsmouth. Hier erhielt das Schiff eine Nothreparatur nach Anordnung des Experten des Büreau Veritas Lüning und wurde auf das Certifikat desselben hin am 22. November Abends nach Hamburg in See entlassen.

II. Die Beweiserhebungen haben im einzelnen noch folgende Angaben herbeigeführt:

1. Die „Westphalia" hatte acht Boote, sechs große, in welchen je ungefähr 50 Personen und zwei kleinere, in welchen je etwa 30 bis 40 Personen Platz finden konnten. Das zwischen 3 und 4 Uhr unter Commando des dritten Steuermanns Bock zur Hülfeleistung abgesandte Boot gelangte erst nach mindestens einstündigem Rudern (Bock) bezw. nach 1/2 bis 3/4 Stunden (Schulz), um 4 3/4 Uhr (Eybe), vor See und Wind laufend, auf eine Schiffslänge (350 Fuß) (Sjögreen, Eybe), bezw. zwei Schiffslängen (Bock) Abstand dwars ab an den fremden Dampfer heran, an dessen Fockstag ein Pechkranz brannte. Nach Eybes Angaben schöpften immer zwei Mann das Wasser aus dem Boote und zwei Mann hielten das Boot mit den Riemen vor der See, welche unregelmäßig lief. Daher kam man nur langsam vorwärts. Das Heck des Dampfers war dem Boote zugekehrt, lag jedoch unter Wasser und das Vorderende ragte hoch empor. Die Bootsmannschaft zeigte eine weiße Laterne und vereinigte ihre Stimmen zu einem Rufe: »Steamboat ahoi!« (Eybe). Auf dem Vorderschiffe war eine Anzahl Menschen sichtbar, etwa zehn (Eybe) bezw. sieben bis acht (Sjögreen), welche den Anruf mit „Halloh", „Hoho" (Schulz, Eybe) oder »help« (Sjögreen) beantworteten. Es flogen Funken empor (Bock) und sichtlich stand das Schiff in hellen Flammen (Eybe, Sjögreen). In der angeführten Entfernung erlosch plötzlich das Licht, aus allen Oeffnungen schlugen Flammen empor (beeidigte Aussage von Bock vor dem principal Officer of Customs zu Newhaven), das Schiff wankte, eine Explosion erschallte und der Dampfer sank rauschend und pfeifend unter die Wogen (Eybe). Obgleich das Boot, welches von der See hin- und hergeworfen wurde und erheblich abtrieb, 1/4 Stunde wartete, kamen doch weder Schiffstrümmer noch Menschen in der Nähe des Bootes an die Oberfläche. Der Versuch zu wenden, um nach der „Westphalia" zurückzukehren, mißlang, indem das Boot voll Wasser schlug und die Mannschaft trieb daher, da die „Westphalia" aus Sicht gegangen war, bis zum Morgen des 13. November umher, ohne daß eines der passirenden

Schiffe sie aufgenommen hätte. Zwischen 10 und 11 Uhr Vormittags fand sie an Bord des Antwerpener Lootsenschooners No. III Aufnahme, wurde am Mittwoch den 15. November 11 Uhr Vormittags von demselben in Newhaven gelandet und von Lloyds Agents nach Plymouth befördert. Der dritte Steuermann hatte vom Schiffer vor dem Abgehen die Weisung erhalten, Land zu machen, falls er an die „Westphalia" nicht zurückkommen könne. Es ist aber in der Eile vergessen worden, Proviant mitzunehmen. Mit Rücksicht darauf, daß ungefähr 200 Personen an Bord waren und das beim Herunterfieren der Boote an der Luvseite das eine oder andere beschädigt oder zertrümmert werden konnte, hat Schiffer Ludwig nur dieses eine Boot zur Hülfe gesandt.

2. Der dritte Steuermann Bock hat bestätigt, daß, während er noch beschäftigt war, sofort nach der Collision das Commando „Alle Mann an Deck, Boote klar machen" auszuführen, schon bekannt gegeben wurde, daß für die „Westphalia" wenigstens vorläufig das Sinken nicht zu befürchten sei, und hat nach Ablauf einer Stunde durch die hell erleuchteten Zwischendecksfenster selbst erkannt, daß keine Gefahr des Sinkens vorliege. In der That ist der Befehl, ein Boot auszusetzen und dem in Noth befindlichen Gegendampfer Beistand zu leisten, dem zweiten Steuermann Hahn denn auch sogleich, nachdem derselbe das Deck betreten hatte, ertheilt. Nach der Ueberzeugung des Letzteren konnte von einer Hülfeleistung jedoch keine Rede sein und geschah die Aussetzung des Bootes in der wilden See wohl nur deshalb, um dem Gesetze Genüge zu thun. Er hat den erhaltenen Befehl denn auch nicht ausgeführt, sondern den 1/4 Stunde nach der Collision gegebenen Befehl, die Pumpen in Gang zu setzen, in die Maschine gebracht. Auf die Frage nach dem Grunde dieser Unterlassung hat Zeuge Hahn keine Antwort zu geben vermocht und erst nachdem in der öffentlichen Hauptverhandlung der anwesende erste Steuermann Bauer ungefragt erklärt hatte, er habe im Einverständniß mit dem Schiffer den besagten Befehl wegen der Ungewißheit der eigenen Lage revocirt, hat Hahn sich diese Aussage zu eigen gemacht. Die Gefahr, daß das Schott dem Wasserdruck weichen und brechen könne, bestand nach Ansicht dieses Zeugen bis zum Einlaufen in Portsmouth. Durch die Collision war das ungefähr 15 Fuß hinter dem Vordersteven befindliche Collisionsschott der „Westphalia" durchbrochen. Der dahinter bis zum Ladeschott sich etwa 19 Fuß erstreckende Raum, welcher Segelkoje und Kabelgat enthielt, war gleichfalls voll Wasser. Hinter diesem Ladeschott, welches erheblich

schwächer war als das Collisionsschott und nicht bis ans Hauptdeck, sondern nur bis zum Zwischendeck reichte, lag der Proviantraum.

3. Ueber die Manövrirfähigkeit der „Westphalia", namentlich innerhalb welches Zeitraumes dieselbe bei einer bestimmten Ruderlage einen bestimmten Winkel in einer bestimmten Gangart zu beschreiben vermöge, haben Schiffer Ludwig und der erste Steuermann Bauer sich mit Nichtwissen erklärt, da sie keine Proben angestellt hätten. Eine Verklarung hat der Schiffer in Portsmouth auf Anrathen des Agenten der Hamburg-Amerikanischen Packetfahrt-Actiengesellschaft zu London Smith, Ludius & Co. (Firmeninhaber Andrew Duncan) nicht belegt, um sich oder seine Rhederei nicht zu präjudiciren, und hielt sich hierzu in Anbetracht des kurzen Aufenthaltes von 9 Tagen nach Artikel 490 des Handelsgesetzbuchs nicht für verpflichtet. Dem Deputy receiver in Portsmouth hat Schiffer Ludwig jegliche Auskunft über den Unfall verweigert.

4. Der erste Steuermann Bauer hat sich am 17. December 1882 im Seeamt sistirt und erklärt: „Das von mir eingereichte Schiffsjournal enthält auf der Seite „von Cherbourg — Beachy Head" einige Irrthümer bezw. Schreibfehler. Ich habe diese Eintragungen bei Ankunft in Portsmouth unter dem Eindruck der stattgehabten Katastrophe niedergeschrieben. Jetzt, nachdem ich die an Bord befindliche Kladde durchgesehen habe, und nachdem mir bei Ablage der Verklarung die gedachten Schreibfehler aufgefallen sind, habe ich gefunden, daß die betreffenden Eintragungen lauten müssen, wie in dem hiermit überreichten Auszug aus der Journal-Kladde.

W.	Gl.	Gef. Curs.	Wind.	Abtr.	Var.	Bek. Curs.	Meilen.	Bemerkungen.
A	3	NO3O3/4O	OSO	1/4	3/4 St. W.	NO3/4O	18	Stürmisch mit Regenböen, unruhige See 7 h p m. Cap Levi dwars 7 h 25 m p. m. Barfleur dwars 10′ Abst.
F	2 6	do. ONO	do. SO	do. 1/2	do. 3/4 St. W.	do. do.	12 35	Wind und Wetter wie vor.
Z	3	ONO	do.	1/2	do.	do.	17	Stürmisch mit harten Böen. Hohe See.

Die unterstrichenen Buchstaben und Zahlen fehlen im Journal bezw. lauten abweichend, nämlich:

W.	Gl.	Ges. Curs.	Wind.	Abtr.	Var.	Bek. Curs.	Meilen.	Bemerkungen.
A	3	NOzO¾O	OSO	¼	2¼ St. W.			Stürmische Witterung mit anhaltend Regen, unruhige See 7 h p. m. Cap Levi dwars 7 h 22 m p. m. Barfleur dwars.
F	2 6	do. ONO	SO do.	¼	do.			Bar. 29. 75. Wind und Wetter unverändert.
Z		ONO	do.	¼	do.			Stürmisch mit harten Böen. Hohe See.

5. Die Beschädigungen, welche die „Westphalia" durch den Zusammenstoß erlitten hat, waren laut Attest des Lloyds surveyor Thomas Philipps in Southampton die folgenden:

»It was found on examination, that the bow was stove in, and the collision bulkhead was carried away from the Lower Deck downwards. On the Port side, in nine consecutive strakes from the sheerstrake (inclusive) downwards to the 12 feet watermark, the following plates were broken viz: in the sheerstrake, the three foremost plates, in A strake, the three foremost plates, in B strake, the three foremost plates, in C strake, the two foremost plates, in D strake, in foremost plate, in E strake, the three foremost plates, in F strake, the foremost plate, in G strake, the two foremost plates, in H strake. One plate, and in the forecastle side plating, there was one plate broken. In C and F strake, there was also one plate badly bent, and two plates in D and F strakes under the after end of the forecastle were slightly damaged, and other plates were secured near the waterline. The whole of the frames on the Port side, were broken (4 No.) before the collision bulkhead and the beams and stringers were destroyed in the fore peak, to a distance above the Lower Deck, and the hawsepipe and three side scuttle-glasses on the Port side were broken.

On the Starboard side: in the sheerstrake the 3rd and 4th plates from the bow were broken; in A strake the 1st and 2rd plates from the bow were badly indented and the 3rd and 4th plates from the bow were broken, in B strake the 3rd plate from the bow was broken and the 4th and 5th plates from the bow, were badly indented and strained considerably, and in way of these latter plates several frames have their positions clearly indicated, the plates being bulged between the frames in C strake, the 1st and 3rd and 4th plates from the bow were broken; and the 5th plate from the bow appeared damaged, and in E strake, the 4th plates from the bow also appeared to be broken. On the same side of the vessel, several frames in the forepeak were broken, and eight illuminator glasses were also broken. It was recommended, that the broken plates viz twenty on the Port side, and eight plates on the Starboard side be renewed, and that the other plates described herein, as otherwise damaged should be removed for further examination. It was also recommended that a stage should be erected where necessary, so that these plates can be cut away and the fore compartment cleared of the damaged and so that the exact extend of the damages to the frames, stringers, beams and can be fully as certained, and the required measurements taken. And it was further recommended that all fittings on the inside of the vessel, and stores or cargo, in the way of the damages be removed so that the necessary examination and repairs can be made.«

III. In den letzten Tagen des November 1882 erschien im Seeamt der Dispacheur Jacq. Langlois aus Antwerpen und erbot sich, den Nachweis zu erbringen, daß das bis dahin unbekannte Dampfschiff, mit welchem die „Westphalia" zusammengestoßen war, der „Adrien David" aus Antwerpen gewesen sei. Er legte unter anderen folgende Schriftstücke vor:

»Belgian Consulate. Portmouth 21. Nov. 1882.

Dear Sir, I beg to refer to my respects of the 18th inst., since which I have been unable to cater any further information from the »Westphalia«, since the Captain has been most reticent and the Crew have been kept, so as to have as little connection with those outside as possible. Should the »Adrien David« not arrive it will certainly look as if she was the ill fated Steamer altho it is maintained by the others that she was a three mast Steamer Barque rigged and lightly loaded or in ballast. Even this information I obtained in an indirect way. I have a letter also from Rotterdam in which they fear it may have been one of their boats bound to New York but then again, she was Brig rigged. The »Westphalia« has been patched up and sailed to night for Hamburg.

I am respectfully Yours truly

(sigd.) A. L. Van den Bergh.

John W. Hunter Esq. Antwerp.«

„An Bord des Antwerpener Lootsschooner Nr. III auf der Rhede von Seaford.

Am 13. November 1882 um 1½ Uhr a. m. gerieth der Dampfer „Westphalia" von der Hamburg-Amerikanischen Dampfschiffahrts-Gesellschaft in Collision mit einem Dampfer, während er auf der Reise von Cherbourg nach Hamburg unterwegs war. — Nachdem schleunigst festgestellt war, daß unmittelbar der „Westphalia" keine Gefahr drohte, auch die Boote alle klar gemacht waren für den Nothfall, wurden die Unterzeichneten mit einem Boote abgeschickt, um nach dem fremden Dampfer zu fahren und dort zu helfen oder zu retten was möglich war. Es wehte eine stürmische Brise aus SO und stand ziemlich hohe See, was erst recht zu bemerken war, als das Boot ins Wasser kam. Vor Wind und See ruderten wir auf das deutlich sichtbare Licht des fremden Dampfers zu, doch währte es gegen zwei Stunden, ehe wir so nahe waren, und bei dem sehr dunklen Wetter den Zustand und die Lage des, wie wir nun auch bemerkten, brennenden Dampfers erkennen zu können. Derselbe lag auch vor der See, das Hinterende desselben war gesunken bis zum Fockmast und das Vordertheil brannte im Innern. Eine Leeseite des Schiffes um mit dem Boote dorthin zu gehen, gab es also nicht und mußte versucht werden, das Boot so nahe als möglich an dem Schiffe auf der See zu halten. Plötzlich, als wir vielleicht noch drei Schiffslängen vom Dampfer entfernt waren, brach das Feuer aus allen Oeffnungen der Schiffstheile, die noch über Wasser waren, in vollen Flammen hervor, der Dampfer senkte das Vordertheil ein wenig, eine colossale Feuergarbe brach aus letzterem hervor und der Rest des Fahrzeuges sank weg. Während wir auf dem Platze verweilten, machten wir unsere Anwesenheit durch Rufen und Zeigen unserer Bootslaterne bemerkbar, doch bemerkten wir niemand im Wasser, den wir hätten aufnehmen können. Inzwischen hatten See und Wind bedeutend zugenommen. Der mehrmals unternommene Versuch, das Boot auf die See zu legen, wobei auch die Bootslampe durch einschlagende Seen verlöscht wurde, mißlang stets und konnten wir nichts anders thun, als das Boot vor Wind und See treiben zu lassen, bis die „Westphalia" uns einholte. Mehreremals in Gefahr übersegelt zu werden von Segelschiffen, die vor dem Winde liefen, beständig in Gefahr, von der immer wilder laufenden See umgeworfen zu werden, erblickten wir endlich gegen 10¼ Uhr a. m. desselben den Antwerpener Schooner No. III, Schiffer Casse, der mit kleinen Segeln beim Winde lag. Auf unsere Anfrage, ob er uns an Bord aufnehmen wollte, erfolgte sofort bejahende Antwort und gaben sich alle Personen an Bord des Schiffes die größte Mühe, uns aus unserm Boot zu sich herauf zu helfen. Wir wurden, sobald wir an Deck kamen, ins Logis geführt und mit trockenen Kleidern, sowie mit einem guten Caffee versehen, überhaupt die ganze Zeit unseres Aufenthalts aufs Freundlichste und Aufopferungsvollste behandelt. Schiffer Casse unterzog sich sogleich der Mühe, um von der Stelle aus, wo wir an Bord kamen (20 Seemeilen NNO von Shoreham) nach der englischen Küste aufzuarbeiten und hielt sich zu dem Zweck die ganze Nacht selbst an Deck auf. Am 14. November Abends kamen die Lichter von Land in Sicht und ging der Schooner um 10 Uhr Abends in Sicht von Seaford zu Anker. Zu Ende dieses Berichtes sprechen Unterzeichnete nun noch ihren herzlichsten Dank aus für die überaus herzliche Behandlung während ihres Aufenthaltes an Bord und die wahrscheinliche Rettung aus Lebensgefahr. Da wir während unseres Verharrens auf dem Schooner wenig Fahrzeuge sahen im Laufe des Tages, der Sturm aber unausgesetzt fortwehte, hatten wir, wenn wir in unserem Boote geblieben wären, keine Aussicht, das Boot über Wasser zu halten und wären, sobald unsere Kräfte erschöpft waren, gekentert.

(gez.) P. Bock, dritter Steuermann, R. Schulz, Quartermaster, W. Eybe, G. Hanke, P. Sjögreen, Berndt, Matrosen des Dampfers „Westphalia".

(L. S.) (sig.) Inspecteur du Pilotage, L. Rogue.

Telegramm aus Anvers den 29. November 1882 11 Uhr 18 Min. Mittags:

»Apprends débris Adrien restés à bord Westphalia pas debarqués Portsmouth dons faites nécessaire Hambourg« und die Schiffspapiere in beglaubigten Copien, aus welchen erhellte, daß der zu Antwerpen beheimathete eiserne Schraubendampfer „Adrien David" als Schooner getakelt war, die belgische Flagge führte, zu 1022 Register-Tons Netto vermessen war und eine Maschinenstärke von 150 Pferdekräften nominell besaß. Das Schiff war 1880 in Hull von C. & W. Earle erbaut und führte die Namen „Stad Gent", „Russia", „Julia David" und schließlich „Adrien David". Im Jahre 1881 ging das 250 Fuß lange mit 6 Compertments versehene Schiff aus dem Eigenthum von David, Verbist & Co. in das der Société anonyme anversoise d'armement et de transports maritimes über. Es war in Antwerpen zu 500000 Francs versichert, bei Lloyd 90 A. 1., beim Büreau Veritas II. 3/3, A. 1. 1. classificirt und beim Antritt seiner letzten Reise, welche es von Antwerpen nach Cardiff in Ballast antrat, einschließlich des Schiffers P. Louwes mit 25 Köpfen bemannt. Herr Langlois hat sodann später in Abschrift das folgende Schreiben:

»Légation de France en Belgique.

Bruxelles 3 Janvier 1883.

Ministère des Affaires Etrangères. 4 Janv. 83.
indic. Genl. Nro. 00,176 litta. G. No.

Monsieur le Ministre;

Mr. le Ministre de la marine et des colonies vient d'informer le Ministre des Affaires Etrangères que, dans les derniers jours de Novembre, un grand nombre d'épaves ont été recueillies sur le littoral du Sous-Arrondissement du Hâvre. Mr. l'Amiral Jaureguiberry signale notamment le sauvetage des objets suivants:

1º. A St. Valery en Caux, deux bouées de 1m 50 de circonférence, peintes en blanc, portant l'inscription: »Adrien David, Antwerpen«, et, de chaque côté, un pavillon carré divisé en deux triangles, l'un rouge et l'autre blanc; une vergue et un mât battant falaise a été également rencontré à un mille dans l'ouest de ce quartier.

2º. A Fécamp, une bouée de deux mètres de circonférence et une ceinture de sauvetage, portant des marques semblables à celles relatées ci-dessus. Il est, de plus, venu à la côte à deux milles dans l'Est de ce dernier port, un canot démoli et sans marque; l'intérieur était garni de plaques de liège, ce qui fait présumer que l'embarcation était un canot de sauvetage. —

On peut supposer, ajoute Mr. le Ministre de la marine, que ces épaves proviennent du steamer »Adrien David« appartenant à la société anversoise d'armement et de transports, dont le nom figure sur les bouées susmentionnées.

Ce navire de 1163 tonneaux, ayant une machine de 150 chevaux et monté par 25 hommes d'équipage, serait parti d'Anvers le 11 Novembre dernier à destination de la Mer Noire avec rêlache à Cardiff, et n'est arrivé, parait-il, ni dans ce port ni dans aucun autre. —

En portant ces renseignements à la connaissance de Votre Exellence je saisis cette occasion pour la prier de vouloir bien agréer les assurances de ma haute considération.

(L. S.) (sig.) E. Montebello.

Pour copie conforme. Anvers le 13 Janvier 1883.

Le Commepain Maritime. (sig.) Wm. Lannier«

beigebracht und ein Exposé überreicht, welches in deutscher Uebersetzung lautet:

„Der „Adrien David" verließ Antwerpen am 11. November 1882 nach Cardiff bestimmt und fuhr am 12. um 9¼ Uhr Morgens von Vlissingen ab.

Seitdem hat der „Adrien David" nichts mehr von sich hören lassen und hat man nach den an der französischen Küste, auf der Höhe von Boulogne, aufgelesenen Trümmern zu urtheilen, die Quasigewißheit, daß derselbe mit Mann und Maus untergegangen ist.

Andererseits erklärt der deutsche Dampfer „Westphalia", Schiffer Ludwig, er sei auf seiner Fahrt von Cherbourg nach Hamburg ungefähr 14 Seemeilen südlich von Beachy Head mit einem unbekannten Dampfer collidirt und habe schwere Beschädigungen erlitten, welche ihn zwangen in Portsmouth einzulaufen, woselbst sein Schiff nothdürftig ausgebessert wurde. Derselbe ist seither in Hamburg angekommen. Alles läßt uns vermuthen, daß der unbekannte Dampfer kein anderer ist, als der „Adrien David". 1) Laut Meldung des Schiffers Ludwig war der angesegelte Dampfer leicht beladen oder selbst in Ballast; und der „Adrien David" fuhr in Ballast. 2) Die Entfernung von Vlissingen nach Beachy Head beträgt 130 Seemeilen. Diese Entfernung hat der „Adrien David" zwischen seiner Abfahrtszeit, am 12. November 9¼ Uhr Morgens, und der Zeit der Collision, am 13. November 1½ Uhr Morgens, zurücklegen müssen; nämlich 8 Seemeilen per Stunde, was seiner Normalgeschwindigkeit entsprach. 3) Die in dem Boote nach dem unbekannten Dampfer ausgesandten Leute der „Westphalia" haben jenen in den Fluthen verschwinden sehen, und muß auch der „Adrien David" in diesem Seestrich (in dieser Gegend) gesunken sein; denn solches beweisen die querab Boulogne in der See aufgefischten Trümmer. Die Muthmaßung, daß der gesunkene Dampfer wirklich der „Adrien David" ist, wäre demnach klar dargethan, wenn nicht Schiffer Ludwig in seiner zu Portsmouth belegten und von einer großen Anzahl Zeitungen wiedergegebenen Verklarung angegeben hätte, der gesunkene Dampfer sei als (Dreimaster) Bark getakelt gewesen, wo doch der „Adrien David" eine Schoonertakelage führte. Diese Erklärung des Schiffers Ludwig kann an und für sich nicht genügen, um die anderen oben angeführten Thatsachen zu entkräften, umsoweniger als besagter Schiffer sich im Besitz eines stummen Zeugen befindet, der zur vollen Evidenz darthun wird, ob seine Aussage wahr oder unwahr ist. Dieser Zeuge ist uns durch die Zeitung »Sunderland Weekly Echo«, Ausgabe vom 17. November, bekannt geworden:

»In the hole is a piece of the other steamers plating nearly nine feet square.«

Ist es nicht sonderbar, daß wir, um die Beibringung desselben zu erlangen, gezwungen sind, uns an die Gerichtsbehörden zu wenden! Das Gerücht, demzufolge der gesunkene Dampfer der „Adrien David“ sein sollte, ist dem Schiffer Ludwig bekannt geworden; er hat in seinem Besitze einen oder mehrere Belege, welche zur Aufklärung der Frage ein wesentliches beitragen können, und trotzdem verweigert er hartnäckig dieselben zu produciren. Dieses Verhalten des Schiffers Ludwig ist umsomehr befremdend, als er, seiner Verklarung zufolge, überhaupt keinen Grund hat, die Offenbarung der Wahrheit zu fürchten. Hat er nicht angegeben, die Collision sei dem Fehlen des grünen Lichtes, wie auch dem Versehen und dem falschen Manövriren des angesegelten Schiffes zuzuschreiben? sonderbarer Widerspruch! — Doch das ist nicht alles. Da wir wünschen, uns über die Identität des gesunkenen Schiffes Klarheit zu verschaffen, wendeten wir uns an das belgische Consulat zu Portsmouth und wurde uns von diesem officiellen Agenten unter dem 21. November nachstehende Antwort:

„Werther Herr! Ich beziehe mich auf mein Ergebenes vom 18. d. M. Ich habe seitdem keine fernere Auskunf von der „Westphalia“ erlangen können, da sich der Schiffer äußerst schweigsam verhalten hat, auch die Mannschaft so gehalten wurde, daß sie so wenig wie möglich mit der Außenwelt in Verkehr käme Sollte der „Adrien David“ nicht ankommen, — wenngleich von der anderen Seite behauptet wird, das betreffende Schiff sei ein Dreimastdampfer mit Bark-Takelage sowie leicht geladen oder in Ballast gewesen. Selbst diese Auskunft verschaffte ich mir auf indirektem Wege.“

Warum diese Schweigsamkeit und dieses Absperren der Mannschaft, wenn man sich nichts vorzuwerfen hat?

Wir besitzen noch ein Factum, welches dazu verhelfen kann, die Frage wegen der Identität des Schiffes aufzuklären. In der That, in der Zeitung „Hamburgischer Correspondent“, Morgenausgabe vom 28. November, finden wir auf Seite 15 und 16 eine von dem dritten Steuermann Namens Bock herstammende Erzählung des Vorfalles — es ist dieses eben derjenige, welcher das nach dem angesegelten Schiffe ausgesandte Boot commandirte, — und finden wir daselbst auf Seite 16: „Während der letzten fünf Minuten.... Es war mir auch, als hätte ich einen antwortenden Schrei gehört und meine Leute wollen auch Menschen an Deck gesehen haben."

Wenn Herr Bock eine Antwort auf sein Geschrei vernommen hat, so wird er uns vielleicht sagen können, in welcher Sprache diese Antwort ertheilt worden.

Durch die natürliche Verkettung der Thatsachen werden wir so schließlich dahin gelangen, das gesunkene Schiff kennen zu lernen. Die oben aufgeführten Facta nunmehr bei Seite lassend, wollen wir einmal prüfen, bis zu welchem Grade die Angabe des Schiffers Ludwig bezüglich der Takelage des gesunkenen Schiffes zulässig ist. Es ist wiederum p. Bock, der uns die zu dieser Prüfung erforderlichen Anhaltspunkte liefern wird. In der That, in dem von ihm in Händen des Führers des belgischen Lootsenboots No. III zurückgelassenen Bericht lesen wir unter anderem: .... „Seine (des unbekannten Schiffes) Lage war ebenfalls vor dem Winde, es war bis an den Fockmast gesunken." In dem im „Hamburgischen Correspondenten" veröffentlichten Briefe ist er noch genauer; Seite 16 sagt derselbe: „Als wir nun endlich auf 4 bis 5 Schiffslängen herangekommen waren, erkannten wir, daß das ganze Hinterende des Dampfers schon ins Wasser gesunken war, bis zum Schornstein hin, das Vorderende ragte hoch in die Luft. Am einzig noch stehenden Fockmast war ein helles Feuer angebracht."

Ist es zu begreifen, daß bei einem als Bark getakelten Dampfer, der hinten bis zur Höhe des Schornsteins gesunken ist, welcher letztere also zu sehen ist, man den Hauptmast nicht mehr sehen sollte? Das ist unmöglich! Dagegen, wenn es sich um einen Dampfer mit Schooner-Takelage handelt, so kann der Besahnmast, da er keine Raaen führt, und da er besonders während eines Sturmes, die Besahnstange sehr wohl gestrichen haben mag, dem Auge entschwinden oder immerhin, bei der angegebenen Lage des verunglückten Schiffes, unwahrnehmbar werden. Man kann ferner annehmen, da die Collision am Hintertheil des gesunkenen Schiffes erfolgte, von dem ein Theil durch die „Westphalia" mit fortgeführt wurde, (Siehe letzte Alinea des Berichts, welcher in der englischen Zeitung „Daily News", Ausgabe vom 15. November, veröffentlicht worden) sei der Besahnmast durch den Zusammenstoß mit fortgerissen worden; doch ich wiederhole es, bezüglich des Hauptmastes ist das nicht möglich. Das dem Auge Entschwinden des Hauptmastes wäre nur in dem Falle möglich, wo das unbekannte Schiff eine vertikale Lage im Wasser eingenommen hätte; doch was wird in diesem Falle aus der so ausdrücklichen Erklärung des p. Bock „er habe den Schornstein gesehen," der doch gewiß nicht denselben Umfang bietet wie der Hauptmast mit seinen Raaen, wie sich also die Angabe der die Bemannung des Bootes bildenden Leute erklären: „sie glauben Leute auf dem Verdeck des unbekannten Schiffes gesehen zu haben?" Aus allem Vorhergehenden schließe ich, daß die Aussage des Schiffers Ludwig mit Vorsicht aufzunehmen ist. Wir besitzen glücklicherweise genügendes Material, um zur Wahrheit zu gelangen und die auf seine Aussage begründeten Berechnungen zu vereiteln; welche Aussage die summarische Prüfung, der wir sie unterworfen haben, nicht aushält. Nun wird man mir jedenfalls Folgendes erwidern: Ja, wenn Schiffer Ludwig von derartiger Gesinnung beseelt gewesen wäre, so hätte er doch gewiß nicht sein Boot zur Hülfeleistung ausgesandt. — Hierauf entgegne ich: Wenn man einem Schiffe, dem man soeben das Hintertheil weggeschnitten hat, wirksame Hülfe bringen will, so entfernt man sich nicht auf so weite Distanz, daß seine Leute bei günstigem Winde und Seegang zwei Stunden rudern müssen, ehe sie in die Nähe gelangen (4 bis 5 Schiffslängen); und vor allen Dingen wartet man angesichts der Nothsignale nicht von 1½ Uhr Morgens bis 3½ Uhr, ehe man daran denkt, Hülfe zu schicken; man läßt nicht so 2 Stunden vorübergehen, die 2 Jahrhunderte der Angstqualen für die Unglücklichen gewesen sind, welche diese Nachlässigkeit des Schiffers Ludwig mit dem Leben bezahlt haben. Man sage mir nicht: „Es war die Nothwendigkeit vorhanden, auf die eigene Sicherheit bedacht zu sein." Denn diesem giebt der Brief des p. Bock ein neues Dementi: „Noch während ich beschäftigt war, mein Boot auszusetzen, wurde schon die Nachricht bekannt gemacht, daß für unser Schiff, wenigstens vorläufig, das Sinken nicht zu befürchten sei, und gestattete ich mir jetzt die Zeit, mich auch etwas umzusehen". Nun handelt es sich hier nicht darum, ein Boot auszusetzen, dem nothleidenden Schiffe zur Hülfe zu kommen, sondern es handelt sich um die sofort nach dem Zusammenstoß gegebene Ordre, die Boote seeklar zu machen. Was die Verantwortlichkeit für die Collision betrifft, so brauche ich dieselbe jetzt nur in ihren allgemeinen Umrissen festzustellen, um später, nachdem einmal das gesunkene Schiff identificirt sein wird, darauf zurückzukommen. Bezüglich des unbekannten Schiffes wissen wir nur eins positiv, nämlich, daß es ein ausgehendes Schiff war. Nun aber da die Nacht sehr dunkel und stürmisch war, so ist es mehr als wahrscheinlich, daß der Schiffer dieses Dampfers den gewöhnlichen Curs verfolgt haben wird. Dieser Curs ist, nachdem man Dungeneß angethan, nach W3GradS bis querab Beachy Head, wo er WzN wird. Die Entfernung von Vlissingen bis Beachy Head beträgt ungefähr 130 Seemeilen. Wenn also das gesunkene Schiff unserer Annahme entsprechend, der „Adrien David" war, so hätte derselbe diese Entfernung in 16¼ Stunden zurückgelegt, was ihm eine Fahrgeschwindigkeit von 8 Seemeilen per Stunde giebt. Die „Westphalia" betreffend, wissen wir, daß sie den Curs von Cherbourg nach Hamburg verfolgte. Schiffer Ludwig hatte, ebensowenig wie der Führer des unbekannten Schiffes, irgend welchen Grund, bei der gegebenen Beschaffenheit von Wind und Wetter von dem gewöhnlichen Curs abzuweichen. Er hat mithin auf das Leuchtfeuer von Beachy Head gehalten (gesteuert), indem er das Feuer von Cap Barfleur zum Ausgangspunkt nahm. Nun ist dieser Curs N61GradO, die Entfernung ungefähr 96 Seemeilen.

Die „Westphalia" hat Cherbourg um 6½ Uhr Abends verlassen, um 1½ Uhr Morgens gerieth sie in Collision, so daß ihre Fahrgeschwindigkeit 96,7 Seemeilen = 13⁷/₁₀ Seemeilen in der Stunde betrug; auf einem Curs, der den aller sowohl eingehenden wie ausgehenden Schiffe schräge durchschneidet, in einer dunklen, stürmischen Nacht! Folgendes ist eine Skizze der respectiven Lage der beiden Schiffe, eine Stunde vor ihrer Collision.

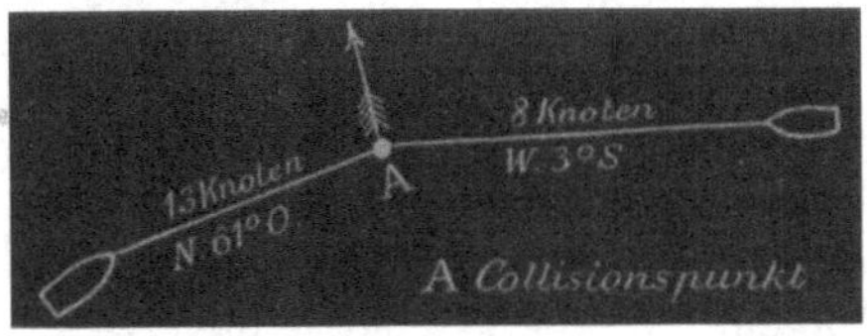

Aus dieser Zeichnung ersehen wir, daß Schiffer Ludwig dem internationalen Reglement zur Vermeidung von Collisionen auf See zuwidergehandelt hat. Da er den anderen Dampfer an Steuerbord voraus sah, hätte er demselben ausweichen müssen.

Daraus geht wiederum hervor, daß Schiffer Ludwig sich nie in der Lage befunden hat, constatiren zu können, ob das grüne Licht des gesunkenen Dampfers brannte oder nicht. Von dem rothen Lichte, das er fortwährend vor Augen hat, spricht er nicht. Zum Glück ist p. Bock da. Sein Brief an den Oberlootsen sowie seine Erzählung in dem „Hamburgischen Correspondenten" besagen, daß er beständig auf das weiße Toplicht des angesegelten Schiffes gehalten hat, welches allerdings brannte. Es ist nun nicht anzunehmen, daß ein Schiffer, der für einen Theil seiner Lichte so gut sorgt, das grüne Licht vernachlässigen sollte, denn dann könnte er nur ebensogut gar nichts anzünden, sein Vergehen würde darum nicht schwerer sein. Daß die „Westphalia" sich stets an Backbord des gesunkenen Dampfers befunden hat, ergiebt sich zum Uebermaß 1) aus deren starken Beschädigungen an ihrem Backbordkrahnbalken, während die an Steuerbordkrahnbalken leichter Art sind; 2) daraus, daß das nach der Collision dem unbekannten Schiffe zur Hülfe gesandte Boot beständig vor dem Winde lief und den Seegang von hinten hatte, wobei der Wind aus SO wehte, d. h. in der Richtung des auf vorstehender Zeichnung befindlichen Pfeils. Folglich steht nunmehr fest: a. daß Schiffer Ludwig sein Schiff mit übermäßiger Geschwindigkeit fahren ließ; wobei noch der erschwerende Umstand hinzukommt, daß er einen Curs verfolgte, der den aller den La Manche-Canal hinauf- oder hinabfahrenden Schiffe in schräger Richtung trifft; b. daß er, während er einen Dampfer, dessen Curs den seinigen durchschnitt, an Steuerbord voraus erblickte, nichts gethan hat, um demselben auszuweichen, wie es doch seine Pflicht war, oder jedenfalls die von ihm etwa getroffenen Maßregeln unwirksam und ungenügend gewesen sind; c. daß er angesichts der drohenden Gefahr einer Collision seine übermäßige Fahrgeschwindigkeit nicht vermindert und ebensowenig gestoppt oder rückwärts gearbeitet hat, wie das Reglement vorschreibt. Hierfür zeugen die Beschädigungen an der „Westphalia" und der Totalverlust des angesegelten Schiffes; d. daß er nach stattgehabter Collision es versäumt hat, bei dem angesegelten Fahrzeug zu verweilen, auch erst um 3½ Uhr Morgens, also 2 Stunden nach der Collision, Hülfe geschickt hat."

Nachdem das Seeamt mit Hülfe der Polizei in den Besitz der in die „Westphalia“ eingedrungenen Eisentheile des fremden Schiffes gelangt war und dieselben im Marine-Arsenal niedergelegt waren, sind zum Zweck der Feststellung der Identität des gesunkenen Dampfers mit dem „Adrien David“ und der aus der Beschaffenheit der Bruchflächen erkennbaren Art und Richtung des Zusammenstoßes die Schiffscapitaine Jean Fokkes und C. Felberg, die Schiffsbaumeister Mac Farlane und Henry Snowman und der Lloyds surveyor E. Padderatz als Sachverständige gehört und haben sich schriftlich vernehmen lassen wie folgt:

Padderatz: „Um die mehrfach ausgesprochene Vermuthung, daß das in Frage stehende gesunkene Schiff der „Adrien David“ sei, näher untersuchen zu können, erbat ich von Carlés, Shipbulding & Engineering Comp. lim. Hull, die Einsendung einer Copie des Nullspants mit Eisenstärken sowie die Längsansicht des im Jahre 1870 auf dieser Werft erbauten Dampfers „Russia“, später „Adrien David“ genannt, ferner den Bericht von Lloyds Register bezüglich der Classification des Schiffes. Meine Messungen und Vergleiche des Wracktheils ergaben das Folgende: Die Breite und Stärke des gedoppelten Sheerganges, die Entfernung und Stärke der Spanten, sowohl der Reserve-Winkeleisen als auch der Stringerplatte; ferner der vorhandene Theil des eisernen Decks, bei dem die Platten platt nebeneinander, nicht übereinander genietet waren, sowie des T-Bulkeisen und Moulding, alles correspondirte genau mit dem Nullspant und dem Bericht, betreffend den „Adrien David.“ — Die Distanz der Spanten ist bei diesem Schiffe ausnahmsweise nur 21 Zoll, während sie im allgemeinen bei Schiffen dieser Gattung 24 Zoll beträgt, das Wrackstück zeigt ebenfalls nur 21 Zoll. Alles dieses veranlaßt mich zu der Behauptung, daß das mit der „Westphalia“ collidirte Schiff der „Adrien David“ gewesen ist.“

Fokkes, Felberg, Mac Farlane und Snowman: „Das fragliche Stück besteht aus einem Theile des Oberdecks, und zwar befinden sich an der Außenseite Theile der Sheergangsplatten, Verdoppelungsplatten für dieselben mit daran hängenden Theilen einer unterliegenden Außenplatte und Schanzbekleidungsplatten nebst Moulding, ferner damit verbunden diverse Theile von Spanten, Reversspanten, Stringer, Winkel und ein abgebrochener Butterlybalken, Theile der Stringerplatten und zweier nebenan liegenden eisernen Decksplatten. Dasselbe war ohne Zweifel ein Theil der hinteren Hälfte von der Steuerbordseite eines Schiffes. Ersichtlich ist dieses erstens durch die Position der

Spanten, zweitens durch die abnehmende Breite der Sheergangsplatte von 39 Zoll auf 38 Zoll in einer Länge von ungefähr 5 Fuß und der Decksplatte von 27 1/2 Zoll auf 26 1/4 Zoll in einer Länge von ungefähr 4 Fuß. Ferner ist mit Gewißheit nach unserem Urtheil anzunehmen, daß das vorliegende Fragment von dem Vordersteven der „Westphalia" aus dem unbekannten Schiffe durch die Collision herausgebrochen ist, und zwar in der Richtung von vorn nach hinten, da das vordere Ende des obigen Bruchstücks in einem Winkel von ungefähr 45° ziemlich scharf ausgeschnitten ist, während das hintere Ende, nachdem es ungefähr 15 bis 18 Zoll in einer Länge von 2 Fuß 6 Zoll aufgebogen, beinahe in einem rechten Winkel zur Schiffsseite abgebrochen ist. Die Beschädigungen der „Westphalia", welche bereits vorher gleichfalls von uns besichtigt waren, bestehen an der Backbordseite in verschiedenen gebrochenen Außenplatten dicht am Vordersteven, durchgestoßenes Collisionsschott, mehreren gebrochenen Spanten ꝛc. auf eine Länge von ungefähr 15 bis 20 Fuß, während an der Steuerbordseite, außer einigen Löchern am Bug die Außenplatten auf eine Länge von ungefähr 50 bis 60 Fuß vom Steven nach hinten wellenförmig nach innen gedrückt sind.

Dies alles zusammengenommen führt uns zu der Ansicht, daß der vordere Theil der „Westphalia" das unbekannte Schiff auf der hinteren Hälfte an Steuerbordseite getroffen haben muß, dadurch den herausgebrochenen Theil in seine Backbordbugplatten bekommen und ferner durch die gebrochenen Theile der Decksplatten und -Balken des unbekannten Schiffes an seiner Steuerbordseite erheblich eingedrückt worden ist. Die Bauart des betreffenden Schiffes zeigt in verschiedenen Theilen einige außergewöhnliche Abweichungen, welche meistentheils nur auf specielles Verlangen der Rheder ausgeführt werden. Was die Geschwindigkeit beider Schiffe zur Zeit der Collision anbetrifft, so ist aus allen uns vorliegenden Anzeichen ersichtlich, daß dieselbe eine sehr erhebliche gewesen ist, so daß die Gesammtgeschwindigkeit auf ungefähr 20 Seemeilen zu schätzen sein dürfte.

Der Sachverständige Snowman hat auf Grund der von ihm entworfenen Skizzen der Bruchstücke noch speciell erklärt:

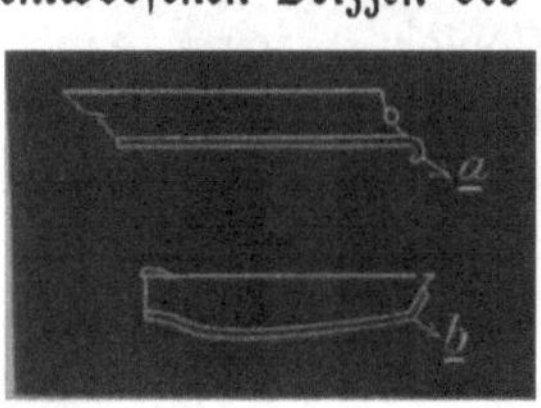

„Der nach außen gebogene Theil des Deckstringer-Winkelrückens a, welcher möglicherweise die Vermuthung aufkommen lassen könnte, daß der Anfangspunkt der Collision am anderen Ende des Bruchstückes zu suchen wäre, ist meiner Meinung nach jedenfalls nur eine Folge des Zusammentreffens dieses Theiles mit den Decksbalken und Stringerplatten innerhalb der „Westphalia", auch könnte derselbe möglicherweise bei dem Herausnehmen des betreffenden Stückes durch Schläge mit einem Hammer abgebrochen und so zurückgebogen sein. Das stumpfe Ende des Intercostal-Spantenwinkels b ist dagegen ein bei weitem stärkeres Anzeichen des an dieser Stelle nach innen erfolgten Stoßes, da dieser Theil bedeutend stärker ist als der Stringerwinkel a und trotzdem nach innen gebogen ist. Der am Vorderende des Bruchstückes befindliche Butterlybalken zeigt am

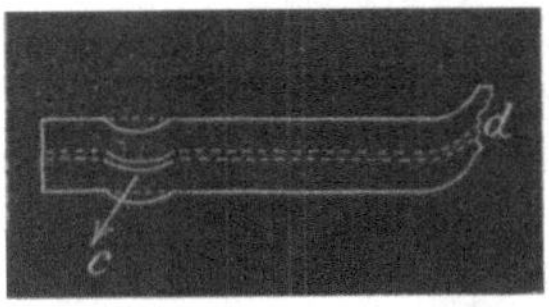

Knie c eine Biegung mit Riß nach vorne, während das abgebrochene Ende d, wahrscheinlich durch den Druck des Stevens der „Westphalia", ungefähr 7 bis 8 Zoll nach hinten gebogen ist. Wäre die Collision am hintern Ende des Bruchstückes erfolgt, so müßte die Biegung des

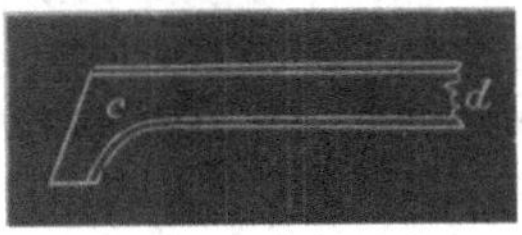

Balkenknies c und das gebogene Ende d umgekehrt sein. Daß das betreffende Bruchstück zur hintern Hälfte an Steuerbordseite gehört hat, beweist die Position der Spanten, indem der offene Schenkel derselben nach mittschiffs zeigt, ferner die daran restirenden Theile der Schanzkleidungsplatten und durchgehenden Spanten und die Distanz der Spanten von nur 21 Zoll und ebenfalls die dreifache Stoßplattennietung und Breite der Stringerplatten. Auch sind die Schenkel der Spanten rechtwinklich, welche sonst an Backbord vorne eine Schmiege zeigen würden. Bei Besichtigung der Photographie der „Westphalia" habe ich außenbords des unteren Loches im Bug der „Westphalia" das abgebrochene Ende von zwei Winkeln und einer zwischenliegenden Platte bemerkt, welche sehr wahrscheinlich ein Theil des aus dem verlorenen Schiffe gerissenen Raumstringers ist. Der augenscheinlichste Beweis, daß die Schiffe sich etwa so

getroffen haben, ist, daß das vordere spitze Ende des Bruchstücks mit daran befindlichem Butterlybalken sich innerhalb des Raumes der „Westphalia" befand, während das aufgebogene Hinterende mit abgerissenem Butterlybalken außerhalb des Schiffes liegt, wie auf der von der „Westphalia" in Portsmouth aufgenommenen Photographie ersichtlich ist. Bei der ersten Besichtigung des Stückes und nach Vergleich der einzelnen Theile und deren Dimensionen mit Lloyds Rules sowie der Ausführung der einzelnen Arbeiten drängte sich mir die Meinung auf, daß selbiges der Theil eines eisernen Dampfschiffes von ungefähr 250 bis 260 Fuß Länge und etwa 1200 Register-Tons sein könnte und in England gebaut wäre. Seit Vergleich der mir vom hiesigen Seeamt vorgelegten Sectionszeichnungen und Lloyds-Certificat des in Hull unter dem Namen „Russia" erbauten und später „Adrien David" genannten Dampfschiffes mit dem Bruchstücke bin ich der Ansicht, daß selbiges ein Theil des obigen Schiffes ist. Es stimmen nämlich in jeder Hinsicht die Größen und Stärken des Bruchstücks, sowie die Bauart desselben mit den im Certificat und den Sectionen angegebenen Dimensionen, als:

> „Die Mouldingleiste ist 3½ Zoll breit und 1½ Zoll dick; Höhe derselben über dem Deck beträgt 9 Zoll. Die Sheergangsplatten sind 39 Zoll breit und 10/16 Zoll dick, die Verdoppelungsplatte für die letztere 8/16 Zoll dick, die Außenplatten sind ½ Zoll dick. Die Spantendimensionen betragen I. Schenkel 4 Zoll, II. Schenkel 3 Zoll und 7/16 Zoll Dicke und die Distanz derselben **21 Zoll**. Dieses Verhältniß ist ganz abnorm und ein Hauptmoment des Identitätsbeweises. Der gewöhnliche Abstand beträgt 24 Zoll. Die Reversspanten messen I. Schenkel 3 Zoll, II. Schenkel 3 Zoll, Dicke 3/8 Zoll. Die Stringerwinkel: I. Schenkel 4 Zoll, II. Schenkel 3½ Zoll und ½ Zoll Dicke. Die Stringerplatten sind 36 Zoll breit und ½ Zoll dick. Der Butterlybalken mißt: Vertikalschenkel 7 Zoll, Horinzontalschenkel 5 Zoll, die Distanz derselben 42 Zoll. Die Laschen für die mit Doppelnietung versehenen Außenplatten sind 11½ Zoll breit. Die Laschen für den mit dreifacher Nietung versehenen Stringer sind 15 Zoll breit auf halbe Schiffslänge. Die Decksplatten haben überlappende Plattenlandung und ¾zöllige doppelte Nietungen."

Nach Ansicht dieser Experten haben die Schiffe sich sehr schnell wieder getrennt (Fokkes, Felberg) und können 1½ bis 2 Minuten (Mac Farlane) bezw. für die Dauer von 3 bis 4 Wellenbewegungen (Snowman) zusammengesessen haben.

Schiffer Ludwig hat vor Schluß der Beweisaufnahme noch erklärt, daß der belgische Consul in Portsmouth ihn über den in Frage stehenden Unfall niemals weder mündlich noch schriftlich angesprochen oder durch Beauftragte bei ihm habe anfragen lassen.

Nach Schluß der Beweisaufnahme hat der Reichscommissar den Antrag gestellt, dem Schiffer Ludwig und dem dritten Steuermann Bock die Befugniß zur ferneren Betreibung des Schiffergewerbes zu entziehen.

Gründe. I. Der Ansicht der Sachverständigen, daß das gesunkene Schiff der „Adrien David“ aus Antwerpen gewesen sei, hat das Seeamt keinen Anlaß, sich nicht anzuschließen und erkennt an, daß die Identität dieses Schiffes mit dem untergegangenen durch die vorhin referirten Thatsachen auf die höchste Stufe der Wahrscheinlichkeit erhoben ist.

Von dieser Annahme ausgehend ergiebt sich im Folgenden eine annähernd die einzelnen Phasen des Unfalls verdeutlichende Darstellung der Bewegungen beider Schiffe nach den Aussagen der Besatzung der „Westphalia“.

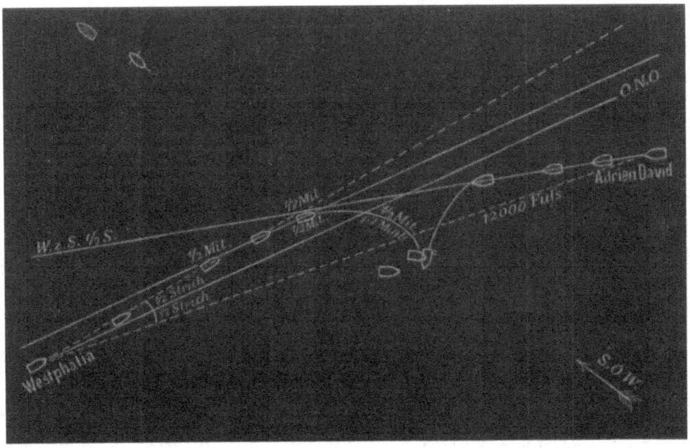

Die „Westphalia“ durchlief etwa 1150 Fuß in der Minute, der „Adrien David“ etwa 800 Fuß in derselben Zeit. Da nun die „Westphalia“ des „Adrien David“ in ungefähr 2 Seemeilen Abstand ansichtig wurde, legte sie bis zum Zusammenstoß etwa 7000 Fuß, der „Adrien David“ ungefähr 4800 bis 4900 Fuß in je 6 Minuten zurück. Anfänglich erblickte die „Westphalia" den „Adrien David" ½ Strich, darauf in Folge des vom ersten Steuermann Bauer commandirten Steuerbordruders 1 Strich an Steuerbord. Hiernach waren die Curse beider Schiffe im Verhältniß zu einander sich kreuzende Curse und es war eine fehlsame Auffassung des Schiffers Ludwig und des ersten Steuermanns Bauer, die Schiffe als sich in gerader Richtung begegnende zu behandeln. Denn nach Artikel 15 der Kaiserlichen Verordnung sind Dampfschiffe nur dann als sich in gerader oder beinahe gerader entgegengesetzter Richtung einander nähernde Schiffe anzusehen, wenn bei Nacht jedes der beiden Schiffe in solcher Stellung sich befindet, daß beide Seitenlichter des andern Schiffes zu sehen sind. Auf der „Westphalia" ruhte also nach Artikel 16 der Kaiserlichen Verordnung die Verbindlichkeit, aus dem Wege zu gehen, auf dem „Adrien David" nach Artikel 22 die, seinen Curs zu halten. Es stand dem Schiffer Ludwig frei, nach Steuerbord oder Backbord auszuweichen und hätte er die vom ersten Steuermann Bauer unternommene Cursänderung nach Backbord gelten lassen und nicht redressirt, so wäre, nach dem Erfolge zu urtheilen, die Collision wahrscheinlich vermieden worden, wenngleich anzuerkennen ist, daß dieses Commando auf das bloße Erblicken eines weißen Lichtes hin nicht als gerechtfertigt erscheinen durfte. Die Schiffe näherten sich in einem obliquen Winkel. Auf der „Westphalia" kannte man weder die Direction noch die Fahrgeschwindigkeit des „Adrien David", auch die Distanz war nicht mit Sicherheit auszumachen. Diese Combination birgt stets eine große Gefahr in sich, und die größte Vorsicht ist gerade in den Fällen geboten, wo die Grenze zwischen sich in gerader Richtung begegnenden und kreuzenden Schiffen eine so precäre ist. Denn wenn die „Westphalia" ONO anlag, so war im denkbar ungünstigsten Fall der Curs des „Adrien David" auf WzS½S gesetzt. Diese gefährliche Position konnte die „Westphalia" in eine sichere verwandeln, indem sie ihr eigenes rothes Licht dem rothen Licht des „Adrien David" zeigte. Der Versuch ist auch gemacht, aber zu einer Zeit, als auf dem „Adrien David" offenbar bereits das Ruder hart nach Steuerbord übergelegt war und das rothe Licht desselben folgeweise alsbald verschwand. Wenn jetzt die Collision erfolgte, obgleich noch 1 bis 2 Minuten bis zur Katastrophe verstrichen und also ein Zwischenraum von ungefähr ½ Seemeile, also mindestens 2000 Fuß zur Verfügung stand, so liegt die Erklärung hierfür schon hinlänglich in dem Umstand, daß die „Westphalia" bis zum Eintritt des Zusammenstoßes mit ungeminderter Fahrt vorwärts ging. Und dieser Verstoß des Schiffers Ludwig gegen den Artikel 18 der Verordnung ist zu rügen. Denn es lag für ihn von dem Augenblick des Erblickens des rothen Lichtes des „Adrien David“ an, wegen der unverkennbaren Gefahr der Collision, die dringendste Veranlassung vor, seine Fahrt zu mindern oder, wenn nöthig, zu stoppen und rückwärts zu gehen. Das war für ihn auch die sicherste Art des Ausweichens, da er auf diese Weise den Gegendampfer hinten passirte. Daß nicht schon die Rücksicht auf das Regenwetter eine Ermäßigung der Fahrt erheischte, nimmt das Seeamt im Hinblick auf die Thatsache, daß das rothe Licht des „Adrien David“ auf 1½ bis 2 Seemeilen Abstand bereits in Sicht war, an.

II. Die einzige Entschuldigung, welche der Schiffer Ludwig zur Entfreiung wegen der prima facie unangemessen erscheinenden Navigirung der „Westphalia“ vorzubringen vermag und welche er auch thatsächlich vorgetragen hat, ist die des Verstoßes gegen das internationale Straßenrecht zur See seitens der Führung des „Adrien David“. Dabei ist vorweg zu nehmen, daß die Behauptung des Schiffers Ludwig und des ersten Steuermanns Bauer, das grüne Licht des „Adrien David“ habe nicht gebrannt, nur mit der größten Vorsicht aufzunehmen ist. Denn einerseits haben Eybe und Mungaard überhaupt kein farbiges Licht gesehen, während Ludwig und Bauer, welche ihrerseits die vom ersteren wahrgenommenen zwei Masten des „Adrien David“ nicht erblickten, doch eine Zeitlang das rothe in Sicht gehabt zu haben gestanden und das grüne vielleicht, wenn es auch brannte, von ihnen unbemerkt blieb, andererseits ist es in Anbetracht der herrschenden Windrichtung sehr wohl möglich, daß das grüne Licht des „Adrien David“ durch den Dampf dieses Schiffes verschleiert und unsichtbar gemacht wurde und im letzten Moment schon um deswillen unerkennbar blieb, weil der „Adrien David“, als das kleinere Schiff, zu tief unter dem Bug der „Westphalia“ lag. Dagegen würde der Vorwurf einer eclatanten Uebertretung der Fahrregeln zur See die Führung des „Adrien David“ treffen, wenn dieses Schiff, welches seinen Curs nach dem Gesetze beizubehalten hatte, seinen Curs nach Backbord änderte. Die Frage, ob diese Cursänderung ein Act der Verzweiflung war, um der anscheinend ihrer Pflicht nicht gehorchenden „Westphalia“ seinerseits auszuweichen, da dieselbe so lange mit der Erfüllung der ihr obliegenden Verpflichtung, aus dem Wege zu gehen, zögerte, daß die Annahme, sie wolle dieser Pflicht nicht genügen in concreto gerechtfertigt erschien, oder ob noch ein genügender Spielraum für ein Ausweichungsmanöver der „Westphalia“

zur Verfügung stand und somit die Cursänderung des „Adrien David" als eine voreilige sich darstellen mußte, ist nicht mit der genügenden Sicherheit aufgeklärt, um zu entscheiden, ob die Ursache der Collision allein auf das Verschulden der Führung der „Westphalia" oder des „Adrien David" oder beider Schiffe zu setzen ist. Und diese Ungewißheit der vom Seeamt zu ermittelnden Ursache des Unfalls mußte nach dem Grundsatze, daß im Zweifel die mildere Anschauung den Vorzug verdient, dahin führen, daß ein ausschließliches oder überwiegendes Verschulden des Schiffers Ludwig an dem vorliegenden Unfall nicht zu statuiren und demnach dem Antrage des Reichscommissars, dem Schiffer Ludwig die Befugniß zur Ausübung des Schiffergewerbes für die Zukunft zu entziehen, nicht Raum zu geben sei.

III. Desgleichen hat das Seeamt nicht die Ueberzeugung gewonnen, daß der Ansicht des Reichscommissars, dem dritten Steuermann Bock dürfe die Befugniß zur Betreibung des Schiffergewerbes im Interesse der Sicherheit der Seefahrt nicht fürderhin belassen werden, beigestimmt werden müsse. Denn wenn es auch richtig ist, daß es sowohl dieses Steuermanns wie des Schiffers Ludwig Pflicht gewesen wäre, dafür Sorge zu tragen, daß das von der „Westphalia" aus zum Beistande nach dem „Adrien David" abgesandte Boot gehörig verproviantirt wurde, umsomehr als beide sich der Erkenntniß nicht verschlossen, daß die Bootsbesatzung möglicher-, ja vielleicht wahrscheinlicherweise nicht im Stande sein werde, wieder an die „Westphalia" zurückzukehren, so kann doch nicht verkannt werden, daß dieses Versehen durch die Aufregung, in welche die Situation versetzte und durch die Eile, mit welcher die Absendung, nachdem dieselbe einmal definitiv beschlossen war, erfolgte, wenn auch nicht gerechtfertigt, so doch einigermaßen erklärt und entschuldigt erscheint. Auffälliger dagegen mußte es erscheinen, daß das Boot, obgleich es vor See und Wind lief, so erheblich, nach Angabe des dritten Steuermanns Bock, abtrieb, daß es der Besatzung nicht nur nicht gelang, an das hülfsbedürftige Schiff heranzukommen, sondern auch über die Stelle des Unterganges desselben zu rudern und nach Menschen oder an die Oberfläche kommenden Trümmern zu fischen, sich als unmöglich erwies. Diese bedauerliche Thatsache scheint darauf hinzudeuten, daß auf der „Westphalia", wie auf vielen der heutigen Dampfschiffe, die Uebung der Mannschaft im Ruderdienst leider einer argen Vernachlässigung anheim gefallen ist. Und diese sich oft findende stiefmütterliche Behandlung des Bootsdienstes auf Dampfschiffen ist um so mehr zu moniren, als die Einhaltung der Kaiserlichen Verordnung vom 15. August 1876 über das Verhalten der Schiffer nach einem Zusammenstoß in der erdrückenden Mehrzahl der Fälle gerade eine ausreichende Geschicklichkeit der Mannschaft im Rudern erfordert.

IV. Die Länge der Zeit, welche das Ausschwingen der Boote und das Wegtrimmen der Ladung in Anspruch nahm, findet ihre Erklärung in dem Arbeiten und Rollen des Schiffes in der hohen See und der Störung, welche erfahrungsgemäß in der Stunde der Noth die Arbeiten der Schiffsmannschaft durch die Passagiere erfahren, da ein Theil der Besatzung zur Ueberwachung und eventuell Isolirung derselben auf gewisse Schiffsräume verwandt und dem eigentlichen Schiffsdienste entzogen werden muß. Und der Umstand, daß die Ladeschotten der „Westphalia" nur bis zum Zwischendeck reichten und für sich allein keine den Druck des den vorliegenden Schiffsraum ausfüllenden Wassers tragende Widerstandsfähigkeit besaßen, schob nothwendigerweise den Zeitpunkt der Constatirung der eigenen wenigstens relativen Sicherung eine gewisse Zeit hinaus. Daß das zum Beistande abgeschickte Boot erheblich früher expedirt worden wäre, wenn die Schotten in sich selbst eine größere Stärke besessen und bis zum Hauptdeck gereicht hätten, hat das Seeamt aus den Auslassungen sämmtlicher Officiere der „Westphalia" entnommen. Freilich kann die Bemerkung nicht unterdrückt werden, daß trotz der obgedachten Erwägungen die Zeit, binnen welcher man sich über den Zustand der „Westphalia" vergewisserte, bevor der Entschluß, Hülfe zu leisten, gefaßt wurde, ziemlich lange erscheint.

V. Der vom Schiffer Ludwig und dem ersten Steuermann Bauer abgegebenen Erklärung, daß sie über die zur Ausführung der verschiedenen Manöver in bestimmten Gangarten erforderliche Zeit keine Auskunft zu geben vermöchten, hat das Seeamt nicht die Bedeutung der Unwissenheit derselben über die Leistungsfähigkeit der „Westphalia" im Manövriren beimessen zu sollen geglaubt, sondern nur die, daß die beiden Zeugen nicht nach genaueren Zeitmaßen in Secunden ihre Kenntnisse in diesem Punkt zu fixiren beabsichtigten. Ein erfahrener Schiffer hat im Moment des Handelns die Manövrirfähigkeit seines Schiffes so zu sagen instinctiv im Gefühl. Und daß dem Schiffer Ludwig und dem ersten Steuermann Bauer diese durch Uebung gestählte Gewandtheit fehlte, hat das Seeamt aus jenen Aussagen nicht zu entnehmen vermocht.

VI. Eine entschiedene Mißbilligung verdient auch der am 12. December 1882 gemachte Versuch des ersten Steuermanns Bauer, für die von ihm nach der Collision in Portsmouth gemachten Eintragungen in das Journal anderslautende zu substituiren. Die Richtigkeit der Correctur der Variation ist evident und nur zu tadeln, daß einem erfahrenen Seemann ein so auffälliges Versehen passiren konnte. Dagegen kann die wachweise specialisirte Ausfüllung der Lücken nur einen geringen Anspruch auf Correctheit erheben und völlig unzulässig mußte die in der Umwandlung der Worte: „Stürmische Witterung mit anhaltendem Regen" in „stürmisch mit Regenböen" sich manifestirende Tendenz, der eventuellen Anwendbarkeit des Artikels 13 der Kaiserlichen Verordnung entgegenzutreten, sich darstellen. Uebrigens ist das Journal im Widerspruch mit Artikel 487 des Reichs-Handelsgesetzbuchs weder vom Schiffer noch vom Steuermann unterschrieben.

Die Entscheidung des Ober-Seeamts lautet:

daß der Spruch des Seeamts in Hamburg vom 3. Februar 1883 in Bezug auf den Schiffer Karl Berthold Richard Ludwig in Hamburg dahin abzuändern, daß demselben die Befugniß zur Ausübung des Schiffergewerbes zu entziehen, die Befugniß zur Ausübung des Steuermannsgewerbes aber zu belassen, in Betreff des Steuermanns Emil Reinhold Bock in Hamburg zu bestätigen und die baaren Auslagen des Verfahrens außer Ansatz zu lassen.

Gründe. Die Beschwerde macht dem Schiffer Ludwig in Bezug auf fünf Punkte einen Vorwurf, indem sie ausführt, daß derselbe 1) nicht richtig und consequent dem ihm begegnenden Dampfer ausgewichen sei, 2) mit einer in Ansehung des dicken Wetters zu großen Fahrt gefahren habe, 3) diese Fahrt auch nicht gemäßigt habe, als die Collision drohend wurde, 4) dem andern Schiffe keine oder zu späte Hülfe geleistet und 5) ein Boot, ohne es mit Proviant zu versehen, in dunkler Nacht und bei stürmischer Witterung, welche eine Rückkehr erschwerte, abgesandt habe.

I. Was das Ausweiche-Manöver der „Westphalia" und des Gegendampfers betrifft, so läßt sich mit Bestimmtheit nicht feststellen, ob und welche Fehler von dem Führer eines jeden der beiden Dampfer gemacht worden sind, weil nur die Aussagen der Besatzung der „Westphalia" vorliegen, welche die Schuld im Ausweiche-Manöver des andern Dampfers sucht. Aus den einseitigen Angaben jener

Besatzung folgt aber doch so viel, daß entweder die Darstellung, welche der Schiffer Ludwig von der Situation gegeben hat, eine Unwahrscheinlichkeit — wenn nicht Unmöglichkeit — enthält, oder daß der Gegendampfer zur Zeit jenes Ausweiche-Manövers sich bereits dicht vor dem Bug der „Westphalia" befand.

Der Schiffer Ludwig führt in seiner Gegenerklärung nämlich aus, daß er, nachdem er nebst dem ersten Steuermann Bauer das rothe Licht des Gegendampfers erkannt hatte, hart Backbordruder habe geben lassen, daß er hierdurch den Gegendampfer einen Strich an die Backbordseite der „Westphalia" gebracht und daß dieses Rudercommando erst in Steuerbordruder abgeändert worden sei, als der Vordertheil des fremden Schiffes sich bereits unter dem Bug der „Westphalia" befand. Hiernach hätte sich also der der „Westphalia" zunächst das rothe Licht, also die Backbordseite, zukehrende fremde Dampfer bereits einen Strich an Bockbordseite der ersteren befunden, und er soll — obwohl auf der „Westphalia" zunächst hart Backbordruder liegen blieb — nicht weiter nach Backbord ausgewandert, sondern vor den Bug der „Westphalia" gekommen sein. Der Schiffer hat behauptet, die Luft sei feuersichtig gewesen; Bauer glaubt, daß farbige Lichter auf 1 ½ Seemeilen Entfernung sichtbar gewesen seien. Nimmt man nun selbst an, daß die „Westphalia" ein ganz schlecht drehendes Schiff sei (das Gegentheil behaupten die beiden Ruder-Quartermaster Schulz und Traut), so kann sie doch, wenn sie mit Ruder hart zu Bord bei Volldampf im Drehen ist, unmöglich länger als ½ Minute brauchen, um einen Strich zu drehen. Wollte ein Dampfer in 1 ½ Seemeilen Entfernung dieser Drehung derart folgen, daß er in genau derselben Richtung zum drehenden Schiffe bliebe, so müßte er dazu weit über 30 Knoten Fahrt laufen, wie eine einfache Berechnung oder graphische Darstellung sofort ersehen läßt. Da der fremde Dampfer in vorliegendem Falle aber trotz der zu dieser Zeit nach Angabe des Schiffers Ludwig gar nicht unterbrochenen Drehung der „Westphalia" nicht nur nicht weiter nach Backbord auswanderte, sondern von einem Strich an Backbord bis vor den Bug der „Westphalia" gekommen sein soll, so hätte er noch weit rascher (über 60 Knoten) gelaufen haben müssen. Als Maximum der Geschwindigkeit des fremden Dampfers wird man höchstens 10 Knoten annehmen dürfen; es folgt hieraus ohne weiteres, daß entweder die Darstellung des Schiffers Ludwig von der Situation und dem Manöver der „Westphalia" unrichtig ist, oder daß der fremde Dampfer beim Insichtkommen seines farbigen Lichtes nicht einmal ¼ Seemeile entfernt gewesen ist; denn höchstens in dieser kurzen Entfernung hätte er unter obigen Voraussetzungen das Ausweiche-Manöver der „Westphalia" vereiteln und vor ihren Bug gerathen können.

II. Die sämmtlichen Zeugenaussagen über die Art des Wetters zur Zeit der Katastrophe lassen einen Zweifel darüber nicht zu, daß das Wetter sehr dick war. Wenn einige Zeugen angeben, daß es ihnen trotz des Regens feuersichtig erschienen ist, so ist hierauf ein besonderer Werth nicht zu legen, da man Lichter in einer derartigen dunklen Nacht, in Folge des Contrastes, meist ziemlich hell sieht, sobald sie, wenn der Regen zeitweilig etwas nachläßt, oder bei großer Annäherung überhaupt in Sicht kommen. Von maßgebender Bedeutung ist hingegen die Aussage der beiden Ausguckleute Mungaard und Eybe, nach welcher man Schiffslichter nicht weiter als auf 3 bis 4 Schiffslängen hat sehen können; denn einmal mußte diesen Leuten, da sie zum Dienst als Ausguckleute ausgewählt waren, das beste Urtheil über die Sichtigkeit der Luft beiwohnen; sodann steht ihre Angabe in völligem Einklang mit den Schlüssen, die man sowohl aus dem zu I. Entwickelten wie auch aus den folgenden Umständen zu ziehen berechtigt ist.

Die farbigen Lichter des Gegendampfers sind — außer vom Schiffer Ludwig und dem ersten Steuermann Bauer, welche das rothe Licht gesehen haben wollen, — soweit die Ermittelungen des Seeamts reichen, weder von den Ausguckleuten, noch von sonst Jemand an Bord der „Westphalia" gesehen worden. Dies läßt sich kaum anders als durch die zeitweilige große Unsichtigkeit des Wetters erklären; denn der Schiffer Ludwig hat bei der Hauptverhandlung zweiter Instanz angegeben, daß er und der erste Steuermann das rothe Licht nur durch das Nachtglas haben sehen können, und er fand darin die Erklärung des Umstandes, daß die Ausguckleute es nicht gesehen haben. In den Ausweiche-Manövern der „Westphalia" documentirt sich aber ferner eine ganz außerordentliche Unruhe des Schiffsführers. Zuerst wurde das Ruder Steuerbord gelegt, dann gestützt, dann hart Backbord gelegt, dann gestützt, dann wieder hart Backbord und schließlich Steuerbord gelegt. Dabei wurden die beiden Commandos „hart Backbord" als dringliche gegeben. Der Schiffer hat zwar den Versuch gemacht, diese letzteren Commandos als eins darzustellen; indeß widersprechen dem in directer Weise die ganz bestimmten Zeugenaussagen aller vier am Ruder befindlich gewesenen Personen, nämlich der beiden Quartermaster Schulz und Traut und der beiden Matrosen Biesterfeldt und Zimmermann. Für eine solche Unruhe im Commando eines Schiffers von so langjähriger Erfahrung, wie sie Ludwig besitzt, giebt es kaum eine andere Erklärung als die, daß das entgegenkommende Schiff bereits ganz nahe und die Collisionsgefahr groß war, als die Lichter auf der „Westphalia" gesehen wurden.

Zieht man Alles zusammen in Betracht, so muß es als feststehend angesehen werden, daß das Wetter vor und während der Collision sehr dick war. Unter solchen Umständen ist es aber eine nicht zu verantwortende Handlungsweise, wenn — noch dazu in einem so belebten Gewässer, wie der englische Canal es ist — ein Dampfer mit etwa 12 Knoten Fahrt läuft, ohne den Artikel 13 der Kaiserlichen Verordnung vom 7. Januar 1880 zu beachten, welcher das Fahren mit mäßiger Geschwindigkeit nicht nur bei Nebel, sondern auch bei „dickem Wetter oder Schneefall" vorschreibt.

III. Noch schlimmer als der Verstoß des Schiffers Ludwig gegen den Artikel 13 der Verordnung vom 7. Januar 1880 wiegt der Verstoß gegen Artikel 18, welcher bestimmt:

> „Jedes Dampfschiff, welches sich einem andern Schiffe in solcher Weise nähert, daß dadurch Gefahr des Zusammenstoßens entsteht, muß seine Fahrt mindern oder, wenn nöthig, stoppen und rückwärts gehen."

Die Gefahr des Zusammenstoßens war in Anbetracht des regnigen Wetters, welches stets die Sichtbarkeit der an und für sich schwachen farbigen Lichter beeinträchtigt, von dem Augenblick an eine eminente, als der Schiffer Ludwig die Lichter des fremden Dampfers von der Steuerbordseite mit Backbordruder auf die Backbordseite der „Westphalia" zu bringen suchte; denn durch dieses Manöver wurde der fremde Dampfer zeitweilig vor den Bug der mit der großen Geschwindigkeit von 12 Knoten auf ihn zulaufenden „Westphalia" gebracht. Da der fremde Dampfer am Hintertheil getroffen wurde, so ist klar, daß, wenn die „Westphalia" den Artikel 18 der Verordnung befolgt und langsamer gegangen wäre oder gestoppt hätte, jener entweder ungefährdet vor ihrem Bug vorübergekommen oder doch die Collision erheblich abgeschwächt worden wäre. Die Entschuldigung des Schiffers Ludwig, daß sein Dampfer mit voll Dampf besser als mit langsamer Fahrt dem Ruder gehorche, ist Angesichts des Artikels 18 eine ganz hinfällige; denn daß jeder Dampfer dem Ruder mit voll Dampf etwas rascher als bei langsamer Fahrt folgt, ist ohne Frage bei Abfassung der Verordnung vom 7. Januar 1880 nicht unbekannt gewesen; trotzdem hat diese es für richtig gehalten, zu bestimmen, daß unter den im Artikel 18 angeführten Umständen, nämlich bei drohender Collision, auf das raschere Drehen zu verzichten und langsamer zu fahren oder zu stoppen und rückwärts zu gehen ist. In dem hier vorliegenden Falle trifft die Entschuldigung des Schiffers Ludwig aber umsoweniger zu, als offenbar der andere Dampfer eine bessere Chance gehabt hätte, vor der „Westphalia" glücklich vorüberzukommen, wenn dieselbe ihrem Backbordruder nicht so rasch gefolgt, wenn sie also weniger nach rechts abgefallen wäre.

Alle beide hier in Betracht kommenden Momente, welche bei Befolgung des Artikels 18 in Wirksamkeit getreten wären, nämlich langsamere Fahrt und langsamere Wendung der „Westphalia", würden also zur Verminderung der Collisionswahrscheinlichkeit beigetragen haben.

IV. Der §. 1 der Kaiserlichen Verordnung vom 15. August 1876 schreibt vor, daß nach einem Zusammenstoß von Schiffen der Führer eines jeden derselben dem anderen Schiffe und den dazu gehörigen Personen den erforderlichen Beistand leisten soll, soweit er dazu ohne erhebliche Gefahr für das eigene Schiff und die darauf befindlichen Personen im Stande ist.

Dieser Beistand ist von Seiten des Schiffers Ludwig dem angerannten fremden Dampfer erst so lange Zeit nach der Collision zu leisten versucht worden, daß er ohne Wirkung blieb. Die unterlassene rechtzeitige Hülfe ist vermuthlich die mittelbare Ursache davon geworden, daß sämmtliche an Bord des fremden Dampfers befindlichen Personen den Tod in den Wellen gefunden haben.

Der Schiffer Ludwig hat angegeben, daß sein Boot erst nach Abstützung des Ladeschotts gegen 3 Uhr habe abgesandt werden können, weil bis dahin eine erhebliche Gefahr für die Sicherheit des eigenen Schiffes vorhanden war, und daß er, so lange diese Gefahr bestand, kein Boot habe entbehren können, weil in Folge der Schlagseite des Schiffes nur die Boote der einen Seite sich hätten aussetzen lassen, wenn dies zur Rettung der Reisenden und der Mannschaft erforderlich geworden wäre.

Hiergegen ist Folgendes in Betracht zu ziehen. Zunächst ist durch die beeidete Zeugenaussage des Bäckers Wiese, der zu den entscheidenden Zeiten nach der Küchenuhr gesehen hat, festgestellt, daß die Aussendung des Bootes nicht gegen 3, sondern erst nach 3½ Uhr, also mehr als zwei Stunden nach erfolgter Collision vor sich ging. Sodann kann aber nicht eingeräumt werden, daß die Gefahr für die „Westphalia" in Folge der Beschädigung des Collisionsschotts groß genug war, um eine dem fremden Dampfer zu erweisende Hülfeleistung auszuschließen. Nicht nur das Collisionsschott, sondern alle eisernen Querschotten eines Dampfers haben den Zweck, dem Wasserdruck Widerstand zu leisten, falls das Schiff irgendwo einen Leck erhält. Das auf das Collisionsschott folgende Schott der „Westphalia" und das ganze übrige Schiff erwies sich nach der Collision als völlig dicht, indem nur eine von den Pumpen leicht zu bewältigende Quantität Wasser in die Bilge des Laderaums eindrang, welche aber nicht einmal von einer Undichtigkeit des Ladeschotts herrührte, sondern durch den offenen Hahn einer die Bilge des Laderaums mit dem vorderen Compartment verbindenden Rohrleitung eingedrungen war. Es war daher zwar eine durchaus zweckmäßige Vorsichtsmaßregel, daß der Schiffer Ludwig behufs der Fortsetzung seiner Reise, bei welcher der Wasserdruck auf das Ladeschott sich vermehren konnte, dieses letztere abstützen ließ; es kann aber nicht zugegeben werden, daß ohne dieses Abstützen eine erhebliche Gefahr für die „Westphalia" und die Personen an ihrem Bord vorgelegen hätte, namentlich nicht, so lange sie ihre Reise nicht fortsetzte. Hierzu kommt, daß an Bord der „Westphalia" sich im Verhältniß zu ihren Einrichtungen nur wenige Reisende befanden und daß zur Rettung dieser und der Besatzung im Falle der Noth lange nicht alle Boote, welche das Schiff besaß, erforderlich waren. Wenn der Schiffer Ludwig gemeint hat, daß es der Schlagseite des Schiffes wegen schwierig gewesen wäre, die Boote der Steuerbordseite zu Wasser zu bringen, und er somit nur die Boote der Backbordseite disponibel gehabt habe, so hätte er, indem er die Steuerbordseite zur Leeseite machte, wodurch die Schlagseite des Schiffes vielleicht nahezu ausgeglichen worden wäre, wenigstens den Versuch unternehmen sollen, eines der Boote dieser Seite gleich nach der Collision dem fremden Dampfer zur Assistenz zu senden. Der Schiffer hat übrigens in seiner Gegenerklärung bemerkt: „mir blieben also nur die vier Backbordboote und von diesen konnte ich unmöglich mehr als eins entbehren". Wenn er dieses eine Boot nur rechtzeitig entsendet hätte, wäre die Besatzung des fremden Dampfers aller Wahrscheinlichkeit nach gerettet worden. Die vier bis fünf Mann, welche für das Boot erforderlich waren, konnten bei Abstützung des Ladeschotts jedenfalls entbehrt werden, wenn die in der Maschine nicht beschäftigten Heizer und Kohlentrimmer mit zur Arbeit beim Wegtrimmen der Ladung und bei der Abstützung des Schotts herangezogen wurden. Es war für den Schiffer Ludwig umsomehr geboten, jede denkbare Anstrengung zu machen, um die aus Menschlichkeitsrücksichten ebensowohl wie nach dem Gesetze gebotene Hülfe zu leisten, als er aus der Art, in welcher sich die Collision vollzog, wußte oder wissen mußte, daß der andere kleinere Dampfer, in dessen Breitseite die „Westphalia" mit ihrem stärksten Theile, nämlich mit der Schärfe des Bugs, hineingerannt war, jedenfalls eine viel schwerere Beschädigung als die „Westphalia" erlitten hatte.

Der Schiffer Ludwig hat somit in drei Punkten eine auffallende Nichtachtung gegen diejenigen Verordnungen an den Tag gelegt, welche erlassen worden sind, um die Gefahren der Schiffahrt zu mindern; er hat dadurch ein schweres Unglück angerichtet oder wenigstens, wenn man annehmen will, daß auch vom Gegendampfer Fehler gemacht worden sind, zum Entstehen eines solchen Unglücks in unentschuldbarer Weise mitgewirkt. Es kann ihm unter solchen Umständen die Befugniß zur Ausübung des Schiffergewerbes trotz einer sonst nicht anzuzweifelnden guten Qualifikation als Schiffer nicht belassen werden.

V. Der letzte Vorwurf, welchen die Beschwerde dem Schiffer Ludwig macht, wendet sich gleichzeitig auch gegen den Steuermann Bock, und geht dahin, daß diese beiden nicht für Verproviantirung des abgesandten Bootes gesorgt haben; die Beschwerde beschuldigt ferner den Steuermann Bock, daß er bei dem ihm übertragenen Rettungswerk nicht die von einem Schiffer in Bezug auf Umsicht und Muth zu verlangenden Eigenschaften an den Tag gelegt habe, indem er sich nicht in dem erforderlichen Maße bemüht habe, dem sinkenden Dampfer wirklich Hülfe zu bringen, vielmehr aus Furcht vor den auftauchenden Schiffstrümmern und vor den mit dem Tode Ringenden nicht rasch genug und nicht direct auf die Unglücksstelle zugefahren sei.

Da der Schauplatz des Ereignisses eine sehr stark befahrene Wasserstraße war, kann dem Vorwurf der unterlassenen Verproviantirung des Bootes eine wesentliche Bedeutung nicht beigelegt werden. Hier kam es vor allen Dingen darauf an, ein Boot rasch zu expediren, und jede mit der Verproviantirung versäumte Secunde konnte den Hauptzweck beeinträchtigen. Abgesehen hiervon besteht aber auch kein Causalnexus zwischen der unterlassenen Verproviantirung des Bootes und dem vorliegenden Seeunfall.

Was den dem Steuermann Bock vorgeworfenen Mangel an Muth und Umsicht betrifft, so ist ein ausreichender Beweis dafür nicht beigebracht, daß Bock sich wirklich unentschlossen und zögernd bei dem ihm aufgetragenen Rettungswerk benommen habe. Er selbst stellt dies in Abrede. Es muß zwar einen ungünstigen Eindruck machen, daß der Steuermann Bock mehrere in seinen ersten Berichten und Aussagen mitgetheilte Umstände später in ganz abweichender Weise darstellte, so daß hinsichtlich seiner Glaubwürdigkeit Zweifel aufkommen können; indeß findet in den Aussagen der Bootsbesatzung der gemachte Vorwurf keinen genügenden Halt; es scheint danach — abgesehen von der zu späten Entsendung des Bootes — vielmehr nur das sehr schlechte Wetter und die weite Entfernung des sinkenden Dampfers von der „Westphalia", vielleicht auch — wie das Seeamt annimmt — die Ungeübtheit der Matrosen im Rudern die Ursache davon gewesen zu sein, daß die versuchte Hülfeleistung fehlschlug.

Es lag daher ein ausreichender Grund nicht vor, dem Steuermann Bock die Berechtigung zur Ausübung des Schiffergewerbes zu entziehen.

Die baaren Auslagen bleiben außer Ansatz, weil die Beschwerde vom Reichskommissar eingelegt worden ist.

34. Spruch des Seeamts zu Emden vom 12. Juli 1883 und Entscheidung des Kaiserlichen Ober-Seeamts vom 2. November 1883, betreffend den Seeunfall des Schooners „Maria" von Neuharlingersiel.

Der Spruch des Seeamts lautet:

Der Unfall des Schooners „Maria" von Neuharlingersiel ist auf das plötzliche Leckspringen des Schiffes, sowie auf unvorhergesehene, durch das in der Nacht vom 6. auf den 7. November 1882 herrschende schwere Wetter veranlaßte Strömungen zurückzuführen und dem Schiffer Egberts die Befugniß zur ferneren Ausübung des Schiffergewerbes zu belassen.

Gründe. 1. Der zu Neuharlingersiel heimathberechtigt gewesene Schooner „Maria", Unterscheidungssignal KCGH, erbaut im Jahre 1864 zu Papenburg, vermessen zu 287,1 cbm = 101,35 britischen Register-Tons Netto-Raumgehalt, und im Alleineigenthum des Schiffers Geerd Hinrich Egberts zu Carolinensiel stehend, welcher das Schiff beim Compacte Harmonie in Leer für 13 000 M. versichert hatte, ist in der Nacht vom 6. auf den 7. November 1882 im Finnischen Meerbusen unweit Cap Surup gestrandet und wrack geworden.

2. Die „Maria" war im Sommer 1882 zuletzt in Brake gekielholt, hatte nach beschaffter Reparatur Classe A des Germanischen

Lloyd auf die Dauer von 6 Jahren erhalten und alsdann eine Reise mit einer Ladung Petroleum von Bremerhaven nach Reval gemacht. Hier nahm sie etwa 40 Tons angeblich gut trockenen Sandballast ein, um nach Kottka zu versegeln, legte am 4. November 1882 auf die Rhede von Reval und ging von dort am 6. November um die Mittagszeit mit ihrer regelmäßigen Besatzung von 5 Personen bei gutem Wetter in See.

3. Nach Inhalt der von der Besatzung der „Maria" belegten Verklarung befand sich das Schiff bei der Ausfahrt von Reval in gutem dichten Zustande und war auch sonst gehörig ausgerüstet. Ob diese Angaben vollständig richtig sind, könnte zwar vielleicht nach der beeidigten Aussage des auf desfallsige Requisition vom Amtsgericht Bremerhaven vernommenen Leichtmatrosen Harjes, welcher im September 1882 an Bord der „Maria" gekommen war und auf derselben die Reise von Bremerhaven nach Reval mitgemacht hatte, in Zweifel gezogen werden, indem der genannte Zeuge behauptet, daß die „Maria" auf jener Reise nicht unerheblich Wasser gemacht habe und die Pumpen, obgleich Mittags und Abends von der ganzen Mannschaft gepumpt worden, nur selten lenz geschlagen hätten. Indessen bezeichnet nicht blos der Schiffer Egberts jene Angaben des Harjes als unwahr, sondern bezeugt auch der damalige Steuermann der „Maria", daß das Wassermachen derselben nur unerheblich gewesen sei und enthält denn auch das vom Steuermann für die Reise von Bremerhaven nach Reval geführte Journal den regelmäßigen Vermerk „Pumpen lenz", ohne daß die Nothwendigkeit eines außergewöhnlichen Pumpens erwähnt wäre und wird dem gegenüber auf die Aussagen des Zeugen Harjes wohl umsoweniger Gewicht gelegt werden dürfen, als das Amtsgericht Bremenhaven am Schlusse des Protocolls über die Vernehmung des p. Harjes sich zu der Bemerkung veranlaßt gesehen hat,

> daß fast Wort für Wort aus dem Zeugen herausgeholt werden mußte, da derselbe sehr schwerfällig von Gedanken zu sein schien und eine zusammenhängende Erzählung von ihm nicht zu erlangen war.

Dazu kommt, daß auch der Harjes anerkennt, daß die „Maria" im Hafen von Reval wieder vollständig dicht gewesen sei, und wenn nun ferner feststeht, daß die „Maria" erst vor kurzer Zeit reparirt und von einem Experten des Germanischen Lloyd für die Classe A desselben gut befunden war, so scheinen diesem Allen nach keine ausreichenden Gründe vorzuliegen, welche zu Bedenken rücksichtlich der

Seetüchtigkeit der „Maria" zur Zeit ihrer Ausfahrt von Reval Veranlassung bieten könnten.

4. Am Nachmittage des 6. November 1882 trat stürmisches Wetter mit Regen und Schneegestöber ein und wurden zunächst die leichten Segel, sodann auch Klüver und Topsegel festgemacht, sowie das Großsegel einmal gerefft.

Späterhin wurde noch ein zweites Reff in das Großsegel genommen, auch das Schoonersegel einmal gerefft. Als Nachmittags um 4 Uhr die Pumpen angesetzt wurden, gewahrte man, daß dieselben unklar waren, auch das Wasser bereits 1½ Fuß über den Bauchdielen stand. Es wurde daher versucht, das Wasser mit Pützen auszuschöpfen, und ging der Steuermann mit dem Matrosen zu solchem Zweck in den Raum, während der Leichtmatrose und Koch die Pützen aufholten und ausgossen, der Schiffer selbst aber das Ruder bediente.

5. Schon Nachmittags 5½ Uhr hatte das Wasser im Raum trotzdem so zugenommen, daß der Ballast ins Treiben gerieth, und beschloß der Schiffer nun, als Abends um 7 Uhr das Feuer von Kokskar SSO mit 3 Seemeilen Abstand gepeilt wurde, Baltischport anzulaufen. Der Schiffer setzte daher seinen Curs auf Revalstein-Feuerschiff, passirte letzteres, vor gereffter Stagfock und Sturmstagsegel lensend, Abends um 9 Uhr in unmittelbarer Nähe und peilte um 12 Uhr Nachts das Feuer von Nargen SO nach dem Compaß in einer geschätzten Distanz von 5 Seemeilen. Hiernächst wurde bei Regen und Schneegestöber mit unsichtiger Luft und orkanartigem Wind aus ONO der Curs SSW genommen, um 1 Uhr gelothet, wobei sich 43 Faden Wasser ergaben, und der seitherige Curs beibehalten, bis etwa 15 bis 20 Minuten später das Feuer von Cap Surup in Sicht kam.

6. Jetzt wurde die „Maria" über Backbord beim Winde gelegt und das gereffte Schoonersegel gesetzt, unmittelbar darauf stieß jedoch das Schiff wiederholt auf und blieb festsitzen. In Folge dessen nahm das Wasser im Raum schnell zu, die „Maria" legte sich mehr und mehr auf die Seite und mußten, um das Kentern derselben zu verhindern, die Masten gekappt werden. Zugleich zeigte man Flackerfeuer, um vom Lande Assistenz zu erhalten. Des schweren Wetters wegen konnten jedoch nach Angabe der Besatzung während der Nacht Boote nicht herauskommen und fanden sich erst, als am Morgen das Wetter abnahm und die See sich beruhigte, Leute vom Lande beim Schiffe ein.

7. Es stellte sich nun heraus, daß der Boden des Schiffes auf dem steinigen Grunde durchgestoßen war, von einem Wiederabbringungsversuche mußte daher, obgleich ein Dampfer in die Nähe kam, abgesehen werden, vielmehr wurde mit Hülfe der Küstenbewohner mit der Bergung des Inventars begonnen und, nachdem letztere bis zum Nachmittage des 8. November beschafft, das Schiff selbst aber inzwischen ganz voll Wasser gelaufen war, die „Maria" von der Besatzung verlassen.

8. Nach den Aussagen der vernommenen Zeugen herrschte in der Nacht vom 6. zum 7. November 1882 an der Küste von Reval schwerer Sturm mit unsichtiger Luft. Diese Aussagen finden allerdings durch den von der deutschen Seewarte in Hamburg eingezogenen Witterungsbericht keine volle Bestätigung; dabei ist indessen zu berücksichtigen, daß jener Witterungsbericht Abendbeobachtungen für Reval und Baltischport nicht enthält, und kommt ferner in Betracht, daß zu einer anderen seeamtlichen Untersuchungssache die Correspondenz eines Schiffers aus Norden vorliegt, welcher am 6. November 1882 in Reval anwesend war. Dieser erwähnt in einem vom 6. November aus Reval datirten Schreiben, daß daselbst ein orkanartiger Sturm aus NO herrsche und äußert zugleich Bedenken, ob der Schiffer Egberts, welcher gerade nach Finnland abgegangen sei, sich in der Nacht wohl von der Küste werde frei halten können. Die Glaubwürdigkeit der Angaben jenes Schiffers, der inzwischen mit dem von ihm geführten Schiffe verschollen ist, zu bezweifeln, fehlt es an allem und jedem Grunde, und war somit als erwiesen anzusehen, daß in der That in der Nacht vom 6. zum 7. November 1882 an der Küste bei Reval ein außergewöhnlich schweres Wetter geherrscht habe.

9. Allem Vorstehenden nach war die nächste Ursache des Unfalls der „Maria" in dem am Nachmittag des 6. November 1882 plötzlich eingetretenen Leck zu finden, der den Schiffer nöthigte, einen Nothhafen zu suchen; die Entstehung des Lecks hat indessen nicht näher aufgeklärt werden können. In dieser Beziehung ist denn auch seitens des Reichscommissars gegen den Schiffer Egberts ein Vorwurf nicht erhoben, dagegen aber demselben zur Last gelegt, daß er in Folge ungenügenden Gebrauchs des Lothes und vollständig unterlassenen Gebrauchs des Loggs die „Maria" versegelt habe, dieserhalb auch der Antrag gestellt, dem Schiffer Egberts, welcher sich im Besitz eines Befähigungszeugnisses als Schiffer für große Fahrt befindet, die Befugniß zur ferneren Ausübung des Schiffergewerbes zu entziehen.

10. Was die thatsächliche Begründung dieses Antrages anbe-

trifft, so erkennt der Schiffer Egberts an, daß er weder bei der Peilung des Feuers von Nargen seine Schätzung der Distanz durch Werfen des Lothes controlirt, noch sonst vom Loth einen weiteren Gebrauch, als unter 5. erwähnt, gemacht habe, sowie, daß von ihm das Logg überhaupt nicht benutzt worden sei, indessen hält er einestheils diese Unterlassung für irrelevant und macht anderntheils zu seiner Entschuldigung geltend, daß es ihm für den Gebrauch von Logg und Loth an der erforderlichen Zeit gefehlt habe.

11. Diesen Ausführungen des Schiffers war im wesentlichen beizutreten. Denn zunächst ist es völlig zweifellos, daß die unterlassene Controlirung der Schätzung des Abstandes von Nargen für den Unfall der „Maria" völlig bedeutungslos gewesen ist, da die „Maria" die Insel Nargen in der That ohne irgendwelchen Zwischenfall glücklich passirt hat, und erscheint auch der weiter unterlassene Gebrauch des Loggs und Loths um deswillen nicht von Gewicht, weil der Schiffer in einem ausreichend mit Feuern versehenen Fahrwasser segelte.

Dazu kommt, daß, nachdem der Schiffer die etwa 12 Seemeilen betragende Distanz zwischen Revalstein und Nargen recht vor dem Winde in 3 Stunden zurückgelegt hatte, er unmöglich annehmen konnte, in den folgenden 1¼ Stunden, während welcher das Schiff mehr am Winde gelegen hatte, sich der Küste bereits soweit genähert zu haben, um irgendwelche Gefahr befürchten zu müssen, und hatte daher der Schiffer denn auch keine Veranlassung, von dem Lothe früher Gebrauch zu machen, als solches in Wirklichkeit um 1 Uhr Nachts geschehen ist. Wie es nun zu erklären, daß der Schiffer damals 43 Faden Wasser gefunden haben will, obgleich er sich, wie sich gleich nachher herausstellte, bereits in unmittelbarer Nähe von Cap Surup befand, muß freilich den Angaben der Karte gegenüber dahin gestellt bleiben, im übrigen aber läßt sich die außergewöhnlich schnelle Annäherung an die Küste nur durch eine nicht vorauszusehende, außerordentliche Strömung erklären, welche durch das orkanartige Wetter der fraglichen Nacht veranlaßt sein muß.

12. Sollte indessen der Schiffer sich auch über eine solche Strömung durch Gebrauch des Loggs zeitig haben unterrichten können, mithin der unterlassene Gebrauch des letzteren bezw. der unterlassene öftere Gebrauch des Lothes zu einer Bemängelung an sich Veranlassung bieten, so läßt sich doch auch die Entschuldigung des Schiffers, daß es ihm an Zeit gefehlt habe, umsoweniger ohne weiteres zurückweisen, als die „Maria" sich erwiesenermaßen in einem so schwer

lecken Zustande befand, daß die gesammte Schiffsmannschaft, mit alleiniger Ausnahme des Schiffers, zum Ausschöpfen des Wassers herangezogen werden mußte und der übrigens auf sich allein angewiesene Schiffer durch die Bedienung des Ruders in Anspruch genommen wurde. Somit war denn nicht als erwiesen anzusehen, daß der Unfall der „Maria" seitens des Schiffers Egberts durch den Mangel solcher Eigenschaften verschuldet worden sei, wie sie zur Ausübung des Schiffergewerbes erforderlich sind, und konnte daher auch dem vom Reichscommissar gestellten Antrage auf Entziehung des Schifferpatents nicht stattgegeben werden.

Die Entscheidung des Ober-Seeamts lautet:

daß der Spruch des Königlich preußischen Seeamts zu Emden vom 12. Juli 1883 zu bestätigen und die baaren Auslagen außer Ansatz zu lassen.

Gründe. Das Seeamt hat die Strandung der „Maria" auf einen plötzlich entstandenen Leck und auf unvorhergesehene Strömungen zurückgeführt. Die Beschwerde nimmt an, daß die Entstehung des Lecks dem Schiffer nicht zur Last zu legen sei, daß aber zur Zeit des Unfalls eine Strömung, durch welche die „Maria" versetzt worden, nicht vorhanden gewesen, sondern die Strandung vom Schiffer insofern verschuldet sei, als er das Feuer von Nargen nicht genau genug gepeilt und sowohl das Loggen als das Lothen vernachlässigt habe.

Dieser Auffassung der Beschwerde ist beizutreten. Die Annahme des Seeamts, daß eine Stromversetzung stattgefunden habe, kann als erwiesen nicht angesehen werden. Es fehlt an allen denjenigen Umständen, aus welchen sich folgern ließe, daß die „Maria" durch eine Strömung aus ihrem Curse nach der Strandungsstelle getrieben worden sei. Der Schiffer ist vielmehr von seinem Curse dadurch abgekommen, daß er unterlassen hat, denselben mit der erforderlichen Sorgfalt zu controliren, obwohl dies um so nothwendiger gewesen wäre, als das Wetter sehr stürmisch, die Nacht dunkel und die See stark bewegt war. Der Schiffer hat in dieser Nacht zwar das Feuer von Nargen gepeilt und dessen Abstand in SO auf fünf Seemeilen nach Gissung geschätzt. Diese Peilung war für die weitere Fahrt der „Maria" von maßgebender Wichtigkeit; sie konnte aber unter den begleitenden Umständen für sich allein nicht als sicher gelten und hätte deshalb durch Loggen und Lothen ergänzt werden sollen. Der Schiffer hat jedoch vom Logg gar keinen Gebrauch gemacht und das Loth nur einmal geworfen.

Das Loggen ist hauptsächlich deshalb unterblieben, weil der Schiffer der Meinung war, er kenne aus Erfahrung die Geschwindigkeit der Fortbewegung seines Schiffes genügend, um dieses Hülfsmittel der Navigation entbehren zu können. In der Praxis wird freilich, namentlich auf kleineren Schiffen, vielfach das Logg nicht so häufig angewandt, wie es zu einer sicheren Cursbestimmung erforderlich ist; wenn aber diese Unterlassung schon bei hellem Tage ein bedenkliches Verfahren ist, welches nicht selten Strandungen zur Folge gehabt hat, so ist sie in der Dunkelheit unbedingt zu mißbilligen, weil diese den Schiffer völlig verhindert, diejenigen Merkzeichen wahrzunehmen, welche bei Tage allenfalls den Gebrauch des Loggs ersetzen können, sodaß es als eine ungerechtfertigte Ueberhebung erscheint, wenn ein Schiffer behauptet, er könne in der Finsterniß ohne Logg sicher navigiren. Das Loth hat der Schiffer einmal geworfen, er will dabei eine Wassertiefe von 43 Faden gefunden und von fernerem Lothen deshalb abgesehen haben, weil er auf seinem Curse nicht habe erwarten können, bei Fortsetzung der Fahrt eine geringere Wassertiefe zu finden. Diese Voraussetzung wäre vielleicht eingetreten, wenn er sich fortgesetzt in gehöriger Entfernung vom Lande gehalten hätte. Da es aber gerade darauf ankam, Gewißheit darüber zu erlangen, ob er sich in der Nacht nicht etwa zu sehr dem Lande näherte und dadurch Gefahr lief, auf eine Untiefe zu gerathen, so war es ein Gebot der Vorsicht, das Lothen öfter zu wiederholen, und hätte der Schiffer dies regelmäßig gethan, so hätte er eine gefährliche Abnahme der Wassertiefe ermittelt, ehe er an die Strandungsstelle kam, und er hätte Zeit und Gelegenheit gehabt, diese zu umschiffen.

Die begangenen Unterlassungen sind so ernster Natur, daß es gerechtfertigt wäre, um ihretwillen dem Schiffer die Gewerbebefugniß zu entziehen; wenn dies dennoch nicht geschieht, so veranlaßt dazu lediglich folgende Erwägung. Die „Maria" war schwer leck; die Pumpen hatten sich durch eingedrungenen Ballast verstopft; der starke Zufluß des Wassers in den Schiffsraum konnte nur dadurch einigermaßen beseitigt werden, daß von der aus vier Personen bestehenden Mannschaft beständig zwei das Wasser mit Pützen aus dem Raume schöpften und die zwei anderen die letzteren über Bord gossen, während zur Führung des Ruders allein der Schiffer übrig blieb. Hätte der letztere in dieser bedrängten Lage regelmäßig loggen und lothen lassen, so hätte er die Arbeit des Wasserausschöpfens unterbrechen lassen müssen. Daß er dies scheute, indem er sich der Besorgniß hingab, die „Maria" gehe dem Sinken entgegen, wenn diese Arbeit nicht unablässig fortgesetzt werde, ist erklärlich und gereicht den erwähnten Unterlassungen zur Entschuldigung.

Die baaren Auslagen des Verfahrens bleiben außer Ansatz, weil die Beschwerde vom Reichscommissar eingelegt ist.

35. A. Spruch des Seeamts zu Emden vom 30. September 1882, B. Entscheidung des Kaiserlichen Ober-Seeamts vom 3. Januar 1883 und C. Spruch des Seeamts zu Emden vom 3. November 1883, betreffend den Zusammenstoß der Schoonergaliote „Emma" von Emden mit dem Schooner „Leo" von Rügenwalde.

A.

Der Spruch des Seeamts vom 30. September 1882 lautet:

> Der Verlust der Schoonergaliote „Emma" von Emden in Folge des Zusammenstoßes mit dem Schooner „Leo" von Rügenwalde ist auf das nicht rechtzeitige Abhalten des letzteren, bezw. das zur Zeit der Collision herrschende unsichtige und stürmische Wetter zurückzuführen, übrigens sowohl dem Schiffer Fiß, als auch dem Schiffer Penon und dem Steuermann Müggenborg die Befugniß zur ferneren Ausübung ihrer Gewerbe zu belassen.

Gründe. 1. Die zu Emden heimathberechtigt gewesene Schoonergaliote „Emma", Unterscheidungssignal KCTB, Eigenthum des Kaufmanns R. W. Remmers in Emden, erbaut im Jahre 1845 zu Elsfleth und vermessen zu 303,5 cbm = 107,14 britischen Register-Tons Netto-Raumgehalt, ist in der Nacht vom 8. auf den 9. Mai 1881, als sie sich mit einer Ladung Dachziegel auf der Reise von Antwerpen nach Memel befand, auf der Höhe von Rixhöft mit dem zu Rügenwalde heimathberechtigten Schooner „Leo", Unterscheidungssignal JBVM, vermessen zu 125,9 cbm = 44,45 britischen Register-Tons Netto-Raumgehalt, welcher dem Schiffer Fiß aus Bauerhufen gehörte, und damals mit einer Ladung alten Eisens auf der Reise von Flensburg nach Danzig begriffen war, in Collision gerathen. Die aus 5 Personen bestehende Besatzung der „Emma" sprang nach stattgehabtem Zusammenstoße auf den „Leo" über und wurde am 10. Mai, nachdem die Versuche, die „Emma" wieder aufzufinden, erfolglos geblieben waren, bei Vitte unweit Rügenwalde gelandet, worauf der „Leo" seine Reise nach Danzig fortsetzte, dort auch ohne weiteren Unfall anlangte und nach Ausbesserung der bei der fraglichen Collision erlittenen Beschädigungen seine Fahrten wieder aufnahm.

2. Nach den übereinstimmenden Aussagen der zur Besatzung der beiden obengenannten Schiffe gehörig gewesenen Personen wehte in der Nacht vom 8. auf den 9. Mai 1882 bei hochgehender See und Regen ein heftiger Nordoststurm, übrigens war die Luft wenigstens soweit feuersichtig, daß ein Gebrauch des Nebelhorns von keinem der beiden Schiffsführer für erforderlich erachtet wurde. Daneben ist durch die bezüglichen Zeugenaussagen ferner constatirt, daß auf beiden Schiffen, auf welchen die resp. Schiffsführer selbst das Commando hatten, die vorschriftsmäßigen Lichter hell und klar brannten, auch auf beiden Schiffen ordnungsmäßiger Ausguck gehalten ist, ferner, daß beide Schiffe beim Winde lagen, die „Emma" mit Steuerbordhalsen, der „Leo" mit Backbordhalsen, sowie endlich, daß im Augenblicke der Collision die „Emma" eine etwa dreimal stärkere Fahrt als der „Leo" machte.

3. Seitens des Führers des „Leo" wird nun anerkannt, daß er seinerseits zum Ausweichen verpflichtet gewesen sei, er behauptet jedoch, auch sofort nachdem er sich vergewissert habe, daß das vom „Leo" aus bemerkte rothe Licht nicht einem Mitsegler, sondern einem Gegensegler angehöre, den Befehl zum Abhalten gegeben zu haben, und versichert der Rudermann des „Leo" ebenso, daß diesem Befehl unverzüglich Folge gegeben sei, beide geben aber weiter an, daß der „Leo", welcher das dichtgereffte Großsegel, das doppeltgereffte Schoonersegel und das kleine Stagsegel führte, nicht so schnell habe abfallen wollen, als dies sonst bei weniger hohem Seegange der Fall gewesen sei. Bei der geringen Fahrt, welche der „Leo" machte, nämlich einen Knoten, erscheint dies vollständig erklärlich, nicht weniger sind aber unter solchen Umständen die Aussagen derjenigen Personen von der Besatzung der „Emma" glaubwürdig, nämlich daß man auf der „Emma" stets das grüne Licht des „Leo" in Sicht behalten habe und deshalb habe glauben müssen, daß derselbe auf seinem alten Curse liegen bleibe.

4. Die Zeit zwischen dem Insichtkommen der resp. Lichter bis zum Augenblick der Collision wird verschieden — seitens der „Emma" auf 8 bis 10, seitens des „Leo" auf 4 bis 5 Minuten — angegeben,

im übrigen aber ist durch die Aussagen des Führers der „Emma", Schiffers Penon, sowie diejenigen des Schiffskochs und des Rudermanns der „Emma" festgestellt, daß die „Emma" zunächst ihren Curs beibehielt, demnächst aber, als beim Näherkommen des „Leo" stets noch dessen grünes Licht in Sicht blieb, vom Schiffer Penon Befehl zum Abhalten gegeben und dieser auch vom Rudermann ausgeführt ist. Nach Angabe des Rudermanns ist dieser Befehl „einige Minuten" vor der Collision gegeben, nach Angabe des Schiffskochs unmittelbar vor der Collision, nach Angabe des Schiffers Penon aber erst in dem Augenblicke, als der Zusammenstoß erfolgte.

5. Von diesen auseinander gehenden Angaben erscheinen indessen die Angaben des Schiffers oder doch mindestens des Kochs, als die glaubwürdigeren, weil die „Emma" beim früheren Abhalten an der Steuerbordseite hätte getroffen werden müssen, während doch feststeht, daß dies an der Backbordseite vorne am Bug geschehen ist, und, wenn damit als erwiesen angesehen werden mußte, daß der Schiffer Penon erst im letzten Augenblick sich zum Abhalten entschlossen habe, so wird ihm daraus umsoweniger ein Vorwurf zu machen sein, als nach Artikel 23 der Allerhöchsten Verordnung vom 7. Januar 1880 zur Verhütung des Zusammenstoßens der Schiffe auf See der Schiffsführer unter Umständen behufs Abwendung unmittelbarer Gefahr zu einer Abweichung von den gesetzlichen Vorschriften für verpflichtet zu halten ist.

6. Nicht in dem erwähnten Vorgehen des Schiffers Penon, wie seitens des Reichscommissars angenommen wird, ist daher die Ursache der stattgehabten Collision zu finden, sondern lediglich darin, daß seitens des „Leo" nicht so frühzeitig abgehalten war bezw. hatte abgehalten werden können, als es erforderlich gewesen wäre, um ein Freikommen der beiden Schiffe von einander zu ermöglichen. Ein Vorwurf wird daraus jedoch dem Führer des „Leo" um deswillen nicht gemacht werden können, weil einestheils dem Obigen zufolge ordnungsmäßiger Ausguck gehalten war, anderentheils aber mit Rücksicht auf das in der fraglichen Nacht herrschende Regenwetter angenommen werden muß, daß die Aussicht etwas behindert gewesen sei und es somit nicht unglaubhaft erscheint, daß, als der Führer des „Leo" das Licht der „Emma" als dasjenige eines Gegenseglers erkannte, trotz sofortigen Abhaltens in der That nicht mehr die erforderliche Zeit übrig blieb, deren der „Leo" bei dem stürmischen Wetter und hohen Seegange mit seiner geringen Segelführung und unbedeutenden Fahrt zum ausreichenden Abfallen bedurfte.

7. Als nach erfolgtem Zusammenstoße die Besatzung der „Emma" auf den „Leo" übergesprungen war, ist letzteres Fahrzeug noch etwa 15 bis 30 Minuten gehalst, um nach der „Emma" zu suchen. Daß dies nicht bereits früher hat geschehen können, ist deshalb erklärlich, weil der „Leo" bei der stattgehabten Collision, von sonstigen Beschädigungen abgesehen, den Klüverbaum und das Bugspriet verloren hatte, mithin keine Vorsegel führte, auch das in Folge der Collision erforderlich gewordene Peilen der Pumpen bezw. die dadurch bedingten Aufklarungsarbeiten nicht ohne einen gewissen Aufenthalt zu beschaffen waren. Ebensowenig liegt ein Grund zu einem Vorwurfe für den Schiffer Fiß vor, wenn derselbe, nachdem während des 9. Mai vergeblich nach der „Emma" gesucht war, von weiteren Wiederauffindungsversuchen absah und hat unter solchen Umständen der Auffassung des Reichscommissars, daß der Schiffer Fiß die ihm nach der Kaiserlichen Verordnung vom 15. August 1876 über das Verhalten der Schiffer nach einem Zusammenstoße von Schiffen auf See obliegenden Verpflichtungen außer Acht gelassen habe, nicht beigetreten werden können.

8. Der Umstand, daß die erwähnten Versuche zur Wiederauffindung der „Emma" erfolglos geblieben sind, auch sonst von diesem Schiffe nichts wieder zu Tage gekommen ist, macht den Untergang desselben zweifellos und ist deshalb die Annahme gerechtfertigt, daß der Untergang der „Emma" mit der stattgehabten Collision in ursächlichem Zusammenhang steht, insbesondere die „Emma" in Folge der durch jene Collision erlittenen Beschädigungen voll Wasser gelaufen und gesunken ist. Diese Beschädigungen der „Emma" haben nach den Aussagen des Schiffes Penon und seines Steuermanns Müggenborg bezw. der von der Besatzung der „Emma" belegten Verklarung darin bestanden, daß an der Backbordseite ein großer Theil der Verschanzung, Regeling und Regelingstützen zertrümmert war, auch will der Steuermann Müggenborg beim Scheine der Schiffslaterne bemerkt haben, daß der Schanddeckel der „Emma" und die erste Planke unterhalb desselben beschädigt waren. Thatsachen, welche Zweifel an der Richtigkeit jener Angabe zu begründen vermöchten, sind überall nicht nachgewiesen, das Sinken der „Emma" wird mit Rücksicht auf das herrschende stürmische Wetter durch jene Angaben vollständig erklärt und spricht für die Schwere der eingetretenen Beschädigungen außerdem der Umstand, daß schon bei Tagesanbruch von der „Emma" nichts mehr zu sehen gewesen ist, das Sinken derselben mithin bereits nach kurzer Zeit erfolgt sein muß. Allerdings ist dabei die Möglichkeit

nicht ausgeschlossen, daß, wenn nachgewiesenermaßen beim Verlassen der „Emma" das Ruder derselben nicht festgebunden wurde, letzteres weitere Beschädigungen des Schiffskörpers veranlaßt und das Sinken des Schiffes beschleunigt haben mag, indessen handelt es sich in solcher Beziehung doch mehr oder weniger nur um Muthmaßungen und ist völlig unerfindlich, weshalb letzteren ein größeres Gewicht beigemessen werden müßte, als den von der Besatzung der „Emma" über die Beschädigung der letzteren gemachten bestimmten thatsächlichen Angaben.

9. Daß das Sinken der „Emma" abzuwenden gewesen wäre, wenn die Besatzung an Bord derselben ausgehalten hätte, erscheint nach Lage der Sache allerdings nicht ohne weiteres ausgeschlossen, andererseits aber doch den vorstehenden Ausführungen zufolge mit Rücksicht auf das stürmische Wetter, sowie das hohe Alter des Schiffes und dessen schwere Beladung genügend festgestellt, daß die Besatzung der „Emma" ausreichende Veranlassung hatte, beim Zurückbleiben am Bord der letzteren ihr Leben für ernstlich gefährdet zu halten, und konnte unter solchen Umständen weder das Verlassen des Schiffes überhaupt, noch, daß die sich dazu durch Ueberspringen auf den „Leo" bietende Gelegenheit sofort benutzt wurde, für ungerechtfertigt erachtet werden.

10. Diesem allen nach war endlich nicht als festgestellt anzunehmen, daß die Führer der beiden Schiffe und der Steuermann Müggenborg gelegentlich des fraglichen Seeunfalls einen Mangel solcher Eigenschaften zu erkennen gegeben haben, wie sie zur Ausübung ihrer Gewerbe erforderlich sind, und waren daher die Anträge des Reichscommissars, den Schiffern Fiß und Penon das Schifferpatent, dem Steuermann Müggenborg aber sowohl das Schiffer- als Steuermannspatent zu entziehen, abzulehnen.

B.

Die Entscheidung des Ober-Seeamts lautet:

daß der Spruch des Königlich preußischen Seeamts zu Emden vom 30. September 1882, soweit er sich auf den Steuermann Heinrich Georg Ludwig Müggenborg zu Emden bezieht, aufzuheben und das Verfahren gegen den letzteren zur nochmaligen Verhandlung und Entscheidung in die erste Instanz zurückzuverweisen, die baaren Auslagen des Beschwerdeverfahrens aber außer Ansatz zu lassen.

Gründe. In der Hauptverhandlung erster Instanz, welche am 30. September 1882 stattfand, hat der Reichscommissar beantragt, dem Steuermann Müggenborg sein Schiffer- und Steuermannspatent zu entziehen. An dieser Hauptverhandlung hat Müggenborg nicht Theil genommen; denn er war zu derselben nicht geladen worden. In Betreff seiner hat das Seeamt am Schluß dieser Verhandlung entschieden, daß ihm die Befugniß zur ferneren Ausübung seiner Gewerbe zu belassen sei.

Dieser Theil des seeamtlichen Spruchs ist vom Reichscommissar angefochten, welcher in seiner Beschwerde den Antrag, dem Steuermann Müggenborg das Schiffer- und Steuermannszeugniß zu entziehen, aufrecht erhalten hat. Ein Urtheil über diesen Antrag kann indessen zur Zeit in zweiter Instanz nicht gefällt werden, weil das Verfahren erster Instanz mit einem Mangel behaftet ist, welcher in zweiter Instanz nicht hat gehoben werden können.

Das Reichsgesetz vom 27. Juli 1877 bestimmt im §. 22:

> Der Schiffer und der Steuermann des Schiffes, dessen Unfall den Gegenstand der Untersuchung bildet, ... können Anträge stellen, über welche das Seeamt zu befinden hat, an die zur Vernehmung erschienenen Personen unmittelbar Fragen richten, auch sich eines rechts- oder sachkundigen Beistandes bedienen.

In den Motiven ist hierzu bemerkt:

> Mit Rücksicht darauf, daß das Verfahren für den Schiffer und den Steuermann den Verlust der Befugniß zur ferneren Ausübung seines Gewerbes nach sich ziehen kann, ist beiden gestattet, behufs der rechtzeitigen Wahrung ihrer Interessen sich eines rechts- oder schiffahrtkundigen Beistandes zu bedienen und Anträge zu stellen, über welche das Seeamt zu befinden verpflichtet ist.

Nach der Absicht des Gesetzes soll also der Schiffer oder Steuermann, wenn gegen ihn der Antrag auf Entziehung der Gewerbebefugniß gestellt wird, die Möglichkeit erhalten, sich gegen denselben im Hauptverfahren erster Instanz zu vertheidigen; zu diesem Zweck ist ihm das Recht beigelegt, Anträge, welche die möglichste Klarstellung des Sachverhalts herbeizuführen geeignet sind, an das Seeamt zu richten, den übrigen zur Vernehmung Erschienenen Fragen vorzulegen und sich in seinen Ausführungen durch einen Rechts- oder Schiffahrtskundigen unterstützen zu lassen. In diesen Befugnissen ist ihm eine wichtige Garantie für eine gerechte Beurtheilung des ihm zur Last gelegten Verhaltens gegeben. Damit er aber im Stande sei, die Vertheidigung in der ihm durch das Gesetz zugesicherten Weise zu führen, ist seine Zuziehung zur Hauptverhandlung erster Instanz unerläßlich. Wenn er daher zu derselben nicht geladen war, so ist das Seeamt, sobald der Reichscommissar gegen ihn den Antrag auf Entziehung der Gewerbebefugniß stellt, verpflichtet, das weitere Verfahren auszusetzen, einen neuen Termin zur Hauptverhandlung anzuberaumen und zu diesem ihn zu laden; denn nur durch eine solche Ladung erhält er die Möglichkeit, von den Rechten Gebrauch zu machen, welche das Gesetz ihm zur Wahrung seiner Interessen im seeamtlichen Verfahren beigelegt hat. Verfährt das Seeamt, wie dies im vorliegenden Falle geschehen ist, anders, so verletzt es das Gesetz in einer für den Rechtsschutz des Hauptbetheiligten wesentlichen Bestimmung.

Dem vorgekommenen Mangel hätte nur dann nachträglich abgeholfen werden können, wenn es gelungen wäre, den Steuermann Müggenborg zur Hauptverhandlung zweiter Instanz mit Erfolg zu laden. Sein Erscheinen in derselben hat aber nicht herbeigeführt werden können, weil er sich auf einer Reise nach Mexico befindet. Es bleibt deshalb nur übrig, den Spruch des Seeamts, soweit er sich auf Müggenborg bezieht, aufzuheben, damit über den gegen ihn seitens des Reichscommissars gestellten Antrag nach erfolgter Ladung zur Hauptverhandlung erster Instanz in letzterer anderweit verhandelt und entschieden werde.

Gegenüber den Schiffern Penon und Fiß ist der Spruch des Seeamts rechtskräftig geworden, weil der Reichscommissar denselben, soweit er sich auf diese Personen bezieht, nicht angefochten hat.

Die baaren Auslagen des Verfahrens bleiben außer Ansatz, weil die Beschwerde vom Reichscommissar eingelegt ist.

C.

Der Spruch des Seeamts vom 3. November 1883 lautet:

> Dem Heinrich Georg Ludwig Müggenborg aus Emden ist sowohl die Befugniß zur ferneren Ausübung des Schiffer- als auch des Steuermannsgewerbes zu belassen.

Gründe. 1. Durch Spruch des hiesigen Seeamts vom 30. September 1882 ist erkannt, daß der Verlust der Schoonergaliote „Emma" von Emden in Folge des Zusammenstoßes mit dem Schooner „Leo" von Rügenwalde auf das nicht rechtzeitige Abhalten des letzteren, bezw. das zur Zeit der Collision herrschende stürmische und unsichtige Wetter zurückzuführen sei, übrigens aber ausgesprochen, daß sowohl dem Schiffer Fitz — Führer des „Leo" — als auch dem Schiffer Penon — Führer der „Emma" — und dem Steuermann Müggenborg die Befugniß zur ferneren Ausübung ihrer Gewerbe zu belassen sei.

2. Gegen diesen Spruch wurde vom Reichscommissar insoweit Beschwerde erhoben, als dem gegen den Steuermann Müggenborg gestellten Antrage auf Patententziehung nicht stattgegeben war und durch Entscheidung des Kaiserlichen Ober-Seeamts in Berlin vom 3. Januar 1883 die Sache zur anderweiten Entscheidung über jenen Antrag in die erste Instanz zurückverwiesen, weil der p. Müggenborg, der sich damals auf weiter Seereise befand, zu der am 30. September 1882 beim Seeamt stattgehabten Verhandlung nicht geladen war und auch nicht hatte geladen werden können.

3. Nachdem nun Ladung des p. Müggenborg zur heutigen Sitzung erlassen und durch das Kaiserliche Consulat zu Hull zugestellt, auch in Folge derselben ein mit Vollmacht versehener Vertreter erschienen war, ist heute in Beziehung auf den gegen p. Müggenborg gestellten Antrag auf Patententziehung anderweit zur Sache verhandelt und dabei Folgendes festgestellt.

4. Zur Zeit der zwischen der „Emma" und dem „Leo" in der Nacht vom 8. auf den 9. Mai 1882 etwa um 1 Uhr, 24 Seemeilen NW von Rixhöft, stattgehabten Collision führte auf der ersteren der Schiffer Penon das Commando, eine Verantwortung für jene Collision selbst kann mithin dem p. Müggenborg in keiner Weise treffen.

5. Dagegen ist festgestellt, daß, als die im Jahre 1845 erbaute, mit einer Ladung Dachziegel auf der Reise von Antwerpen nach Memel begriffene „Emma" mit dem Schooner „Leo" zusammen gestoßen war, der Steuermann Müggenborg durch den Ruf „Jungs über" die Besatzung der „Emma", ohne daß vorher die Pumpen derselben gepeilt wären, zum Ueberspringen auf den „Leo" veranlaßt hat, so daß schließlich auch der Schiffer Penon, nachdem er zuerst seine Leute vergeblich aufgefordert hatte, an Bord zu bleiben, sein Schiff verlassen hat.

6. Daneben ist insbesondere constatirt, daß vor dem Verlassen der „Emma", deren Ruder nicht festgebunden ist, und sagt speciell der Matrose Hilders aus, daß er zwar noch einen Versuch zum Festbinden des Ruders gemacht, solches aber allein nicht habe bewerkstelligen können, sowie der Koch Freerichs, daß er die Pinne des Ruders heftig habe hin- und herschlagen sehen.

7. Rücksichtlich der Beschädigungen, welche die „Emma“ in Folge der Collision erlitten hatte, giebt der Koch Freerichs an, daß die Großwanten der Backbordseite, sowie die Verschanzungen an mehreren Stellen gebrochen, der Matrose Hilders, daß am Vordertheil der „Emma“ alles entzwei gewesen, namentlich die Verschanzung eingerannt sei, während der Steuermann Müggenborg beim Scheine der Laterne gesehen haben will, daß die ganze Regeling mit den Stützen an Backbordseite weggebrochen, sowie ferner auch der Schanddeckel und die erste Planke unterhalb desselben beschädigt worden sei, übrigens aber von den sämmtlichen vorgenannten Personen, wie auch vom Schiffer Penon übereinstimmend bezeugt wird, daß, nachdem die „Emma“ zunächst am Bug von dem Vordersteven des „Leo“ getroffen, letzterer darauf mit seinem Vordersteven die „Emma“ wiederholt an der Backbordseite gerannt habe.

8. Dem gegenüber behauptet zwar die Besatzung des „Leo“, daß die „Emma“ überhaupt nur einen, und dazu noch einen ganz unerheblichen Stoß erhalten habe, nach welchem beide Schiffe Backbord an Backbord nebeneinander hergestrichen seien, bestätigt jedoch auch ihrerseits die Angaben der Besatzung der „Emma“, daß, als nach dem Aufklaren des „Leo“ — etwa ½ Stunde nach der Collision — mit letzterem Schiff gehalst wurde, um nach der „Emma“ zu suchen, von dieser nichts mehr gesehen wurde und auch die am folgenden Tage fortgesetzten Nachforschungen ohne Erfolg geblieben sind.

9. Darnach kann es einem Zweifel nicht unterliegen, daß die „Emma“ schon bald, nachdem sie von ihrer Besatzung verlassen war, untergesunken ist und es fragt sich nun, ob letzteres in Folge derjenigen Beschädigungen geschehen, welche die „Emma“ bei der Collision selbst erlitten hatte, oder etwa in Folge derjenigen, welche das beim Verlassen der „Emma“ nicht festgebundene und deshalb hin- und herschlagende Ruder etwa veranlaßt hat.

10. Nach den Aussagen der Besatzung der „Emma“ über das wiederholte Rammen seitens des „Leo“, denen gegenüber auch die widersprechenden Angaben der Besatzung des letzteren von geringerem Gewichte erscheinen, weil nach den früheren Feststellungen der „Leo“ die Collision verschuldete und es somit in dessen Interesse lag, die Folgen derselben möglichst zu verkleinern, weil insbesondere ferner auch die von dem völlig uninteressirten Zeugen Freerichs bekundeten Beschädigungen der Großwanten der „Emma“ sich aus jenen von der Besatzung des „Leo“ gemachten Angaben nicht erklären lassen, ist

es aber, auch wenn man von den speciellen Angaben des Steuermanns Müggenborg, als durch dessen eigenes Interesse beeinflußt, glaubt absehen zu müssen, bei dem hohen Alter der „Emma" und dem in der fraglichen Nacht herrschenden schweren Wetter, welches trotz der geringen Fahrt des „Leo" die Gewalt seiner Stöße vollständig erklärt, kaum denkbar, daß die fragliche Collision ohne erhebliche Beschädigungen der „Emma" habe verlaufen können und liegt darnach auf der Hand, daß deren Lage bei der von ihr geführten schweren Ladung in hohem Grade gefährdet erscheinen mußte.

11. Mag indessen auch in dieser Beziehung ein strikter Beweis nicht erbracht sein, somit insbesondere auch die bei der Beschädigung der Großwanten der „Emma" indessen jedenfalls sehr fernliegende Möglichkeit nicht völlig ausgeschlossen erscheinen, daß beim Aushalten der Besatzung der „Emma" letztere habe gehalten werden können, so ist doch noch viel weniger nachgewiesen, daß gerade die durch das hin- und herschlagende Ruder veranlaßten Beschädigungen, insbesondere die dadurch bewirkte Lösung des Hinterstevens, die wirkliche Ursache des Sinkens der „Emma" gewesen sein sollten, und zwar umsoweniger, als in solchem Falle deren Sinken voraussichtlich nicht so schnell erfolgt sein würde, als es thatsächlich — auch nach den Angaben der Besatzung des „Leo" — der Fall gewesen ist.

12. In dem für den p. Müggenborg, welcher übrigens im Besitze eines Zeugnisses als Schiffer für große Fahrt ist, ungünstigsten Falle liegt die Sache daher so, daß nicht genügend festgestellt erscheint, ob das Sinken der „Emma" in dem einen oder dem anderen der unter 9 bezeichneten Gründe zu suchen sei; unter solchen Umständen konnte dann aber auch trotz der Feststellungen unter 5 selbstverständlich nicht als erwiesen angenommen werden, daß der p. Müggenborg den Verlust der „Emma" durch den Mangel solcher Eigenschaften, wie sie zur Ausübung seines Gewerbes erforderlich sind, verschuldet habe, und war daher der gegen ihn gestellte Antrag auf Patententziehung abzulehnen.

36. Spruch des Seeamts zu Hamburg vom 14. August 1883 und Entscheidung des Kaiserlichen Ober-Seeamts vom 3. November 1883, betreffend den Seeunfall der Schoonerbrigg „Elise" von Blankenese.

Der Spruch des Seeamts lautet:

Die am 2. März 1883 in der Bucht vor Petit Trou erfolgte Strandung und der dadurch herbeigeführte Verlust der in Blankenese beheimathet gewesenen Schoonerbrigg „Elise" ist dadurch herbeigeführt, daß Schiffer Stehr, als er unter Segel gehen wollte, Maßnahmen traf, welche die Strandung des Schiffes unter den obwaltenden Verhältnissen nothwendig herbeiführen mußten.

Es ist nicht festgestellt, ob Schiffer Stehr die Strandung des Schiffes durch die Wahl der angewendeten Manöver bezweckt hat, oder ob derselbe nur zur Führung eines Seeschiffes unter schwierigen Verhältnissen überall nicht fähig ist.

Da jedoch unter den vorliegenden Umständen eine dieser beiden Voraussetzungen angenommen werden muß, so wird dem Schiffer Johannes Stehr aus Blankenese hiermit die Berechtigung zur ferneren Ausübung des Schiffergewerbes entzogen.

Thatbestand. Die im Jahre 1866 auf der Werft des Schiffsbaumeisters C. Wriede zu Hamburg-Finkenwärder erbaute hölzerne Schoonerbrigg „Elise", Unterscheidungssignal RBQM, Heimathshafen Blankenese, deren Netto-Raumgehalt 600 cbm = 211,79 britischen Register-Tons betrug, ist am 2. März 1883 in der Bucht von Petit Trou gestrandet und als Wrack condemnirt worden.

Das Schiff hatte im November 1876 die Veritasclasse 3/3 A. 1. 1. auf 6 Jahre erhalten. Diese Classe wurde am 4. Januar 1883 durch Visa des Veritasexperten zu St. Thomas für eine Reise von San Domingo nach Europa mit dem Bemerken prolongirt, daß das Schiff im nächsten europäischen Hafen neu zu classificiren sei.

Das Casco des Schiffes, welches einer Blankeneser Partenrhederei gehörte, an welcher Schiffer Stehr mit 8/48 Part, Steuermann Stehr mit 4/48 Part betheiligt waren, stand mit 45000 M. unter Risico verschiedener Assecuranzgesellschaften, jedoch endete das Risico einer dieser Gesellschaften im Betrage von 5000 M. in St. Thomas, so daß die „Elise" zur Zeit der Strandung in Wahrheit mit 40000 M. unter Assecuranz stand.

Die Fracht war nicht versichert.

Die am 28. März 1883 vor dem Kaiserlich deutschen Consul zu San Domingo zwecks Ablage einer Verklarung über den stattgehabten Unfall erschienenen Bootsmann Fastje, Koch Hansen, Matrose Mücke, Matrose Stelling und Zimmermann Höltzing haben gegen den Inhalt der ihnen verlesenen, vom Schiffer Stehr aufgemachten Verklarung, sowie gegen den Inhalt des Schiffsjournals protestirt und die Unterschrift sowie die Beeidigung der erwähnten Verklarung verweigert, indem sie angaben, daß dieselbe von der Wahrheit abweiche. Schiffer Stehr, Steuermann Stehr, der 16 Jahre alte Jungmann Grau und der farbige Lootse Martini Senior aus San Domingo, dessen Lebensalter nicht ermittelt ist, haben hingegen die bestrittenen, in der Verklarung enthaltenen Angaben als wahrheitsgemäß durch ihre Namensunterschrift bestätigt. Mit Bezug auf die Bestätigung der in der Verklarung enthaltenen Angaben abseiten des Jungmanns Grau ist jedoch die nachfolgende, von demselben vor dem Seeamt abgegebene Erklärung nicht außer Acht zu lassen:

> „14 Tage nach der Strandung gingen wir nach San Domingo. Hier legte mir der Consul ein Schriftstück vor und forderte mich zur Unterschrift desselben auf. Ich habe das gedachte Schriftstück unterzeichnet, kann jedoch nicht angeben, ob es eine Verklarung war oder nicht. Ich selbst habe den Inhalt dieses Schriftstückes nicht gelesen; auch ist der Inhalt desselben mir nicht mitgetheilt worden."

Die vor dem Seeamt einzeln vernommenen Zeugen Fastje, Hansen, Mücke, Stelling und Höltzing haben bei Gelegenheit der Verklarungsverhandlung ihre Wahrnehmungen bei der Strandung des Schiffes „Elise" ein jeder einzeln für sich niedergeschrieben und diese Schriftstücke dem Kaiserlich deutschen Consul zu San Domingo behändigt. Die Angaben dieser Schriftstücke, welche dem Seeamt in beglaubigter Abschrift vorgelegen haben, sind von den genannten Zeugen bei ihrer vor dem Seeamt stattgehabten Vernehmung nach Confrontation mit Schiffer Stehr und Steuermann Stehr bestätigt und aufrecht erhalten auch nach voraufgegangener Verwarnung vor den Strafen des Meineides eidlich erhärtet worden. Schiffer Stehr und Steuermann Stehr haben sich mit den beeidigten Angaben der vorhin genannten Schiffsleute in Widerspruch gesetzt.

Hiernach empfiehlt es sich, die Sachdarstellung beider Parteien zu trennen.

Die unbeeidigt gebliebenen Angaben des Schiffers Stehr und des Steuermanns Stehr sowie die Angaben der gleichfalls unbeeidigt gebliebenen Verklarung bekunden den folgenden Sachverhalt:

Am 7. Januar 1883 Morgens 7 Uhr verließ die „Elise“ in Ballast St. Thomas, um nach San Domingo zu segeln und dort Arbeiter, einen Lootsen und eine Lansche zu engagiren, und für Petit Trou einzuklariren, woselbst die „Elise“ eine Holzladung einzunehmen hatte. Am Dienstag den 9. Januar 2¾ Uhr p. m. ging die „Elise“ auf der Rhede von San Domingo vor Anker. Am Donnerstag, den 11. Januar Morgens 5 Uhr 30 Minuten kam der Lootse mit vier Arbeitsleuten und einer Lansche an Bord. Man lichtete Anker und segelte dann unter Lootsencommando längs der Küste. Um 1 Uhr p. m. wurde Point Nisao und um 6 Uhr p. m. Catalina Point, welches man NW in 3 Seemeilen Abstand peilte, passirt. Es wehte eine flaue Brise (Nordostpassat). In der Nacht vom 11. auf den 12. Januar ließ Schiffer Stehr vor kleinen Segeln beidrehen, um nicht zu frühzeitig in die Einfahrt von Petit Trou zu gelangen, welche er nicht vor 10 Uhr Vormittags und nicht später als 4 Uhr Nachmittags erreichen wollte, um die in der Einfahrt liegenden Klippen besser im Auge halten zu können, welche seiner Angabe nach schlecht wahrnehmbar sind, wenn die Sonne nicht hoch genug steht. Die „Elise“ lag bei dem Winde vom Lande ab und ging um 2 Uhr Nachts wieder über Stag. Um 4 Uhr a. m. wurde abgehalten und die „Elise“ lief vor dem Winde bis 1½ Uhr p. m. an der Küste entlang und durch die Passage. Die gesammte Besatzung war auf Deck. Der Lootse stand auf dem Klüverbaum auf Ausguck, Schiffer, Steuermann und einige andere Personen auf der Back, ein farbiger Arbeiter am Ruder; die anderen Arbeiter standen bereit, um Segel einzunehmen. Die Passage wurde mit kleinen Segeln passirt und die „Elise“ ankerte einige Minuten nach 1½ Uhr p. m. vor Petit Trou. Vor Backbordanker wurden 90 Faden, vor Steuerbordanker 70 Faden Kette gesteckt (der Steuerbordanker hatte ein Gewicht von 1500 Pfund, der Backbordanker von 1300 Pfund). Die Segel wurden festgemacht, Bram- und Oberbram-Raae an Deck genommen und Ankerwache aufgesetzt. Die Pumpen waren lenz, das Wetter klar und still.

Am 13. Januar wurde begonnen Sandballast über Bord zu werfen. Nachdem die Hälfte des Ballastes entlöscht war, wurde der Warpanker mit 15 Faden Vertäukette und Pferdeleine zum Vertäuen der Lansche an Land gebracht. Dann wurde das Schiff innen- und außenbords überholt und nachdem dasselbe nach Angabe des Schiffers

Stehr in guter Ordnung befunden war, mit dem Einnehmen der aus Mahagoni- und Pockholz bestehenden Ladung begonnen.

Am 16. Januar wurde der letzte Ballast entlöscht und bis zum 4. Februar abwechselnd beim Einnehmen der Ladung gearbeitet.

Am Sonntag den 4. Februar Morgens wehte ein starker Sturm aus ONO. Morgens 6 Uhr beim Auspurren meldete der Koch Hansen dem Steuermann, daß die Steuerbordkette lose herabhinge. Der Steuermann fierte dann etwas von der Backbordkette nach und fand, daß Steuerbordkette und Anker nicht in Ordnung waren. Schiffer Stehr, welcher hiervon Meldung erhielt, kam auf Deck und ließ von der Steuerbordkette 15 Faden nach Backbord überschäkeln, so daß der Backbordanker jetzt vor 105 Faden Kette lag. Es wurde eine Gien auf die Backbordkette gesetzt, um dem Spill mehr Halt zu geben, da das Schiff, welches dem Lande etwas näher getrieben war, in der hochlaufenden Grundsee schwer arbeitete. Die „Elise" lag jetzt, nach Schätzung des Schiffers Stehr noch ungefähr 100 Faden von dem Lande entfernt, auf dem Winde. Schiffer Stehr behauptet dann, er habe eine kleine Boje über Bord werfen lassen, um sich Gewißheit darüber zu verschaffen, ob sein Schiff noch treibe. Das war aber nicht der Fall. Die „Elise" lag auf ungefähr 3¼ Faden Wassertiefe. Auf Anordnung des Lootsen ließ Schiffer Stehr seiner Angabe nach die Hauptsegel anschlagen, um nöthigenfalls manövriren zu können. Am 5 Februar stürmte es gleichfalls aus ONO bis Ost bei hochlaufender Grundsee, so daß man nach der Steuerbordkette nicht sehen konnte (Schiffer Stehr).

Am 6. Februar wehte gleichfalls ein heftiger Sturm aus ONO bis Ost und bemerkte man nach Angabe des Schiffers Stehr, daß die Steuerbordkette wieder straff kam. Die Effecten hatte die Besatzung — nach Angabe des Schiffers Stehr auf Anrathen des Lootsen — bereits als das Schiff etwas nach Land zu getrieben war, zusammengepackt, um dieselben im Falle der Noth bergen zu können. Der Sturm hielt bis Sonnabend den 10. Februar ununterbrochen an und flaute an diesem Tage gegen 3 Uhr p. m. ab. Nach 3 Uhr p. m. wurde die Steuerbordankerkette eingehievt und fand man, daß dieselbe auf ungefähr 4 Faden vom Anker gebrochen war. Jetzt wurde die Backbordkette, von welcher auch ungefähr 2 Faden eingehievt worden waren, auf 105 Faden ausgesteckt und das Gien wieder aufgesetzt.

Sonntag den 11. Februar wehte es stürmisch, so daß keine Ladung übergenommen werden konnte.

Am 12. Februar wurde etwas Ladung eingenommen.

Am 13. Februar war gutes Wetter; es wurde Ladung übergenommen. Schiffer Stehr, Steuermann Stehr und ein Mann fischten nach dem Steuerbordanker, fanden ihn aber nicht. Diese Arbeit wurde am 14. Februar fortgesetzt doch vergeblich.

Am 15. Februar lief eine hohe Grundsee, so daß weder Ladung übergenommen noch nach dem Anker gefischt werden konnte. Schiffer Stehr begab sich an diesem Tage an Bord der in der Nähe liegenden englischen Brigg „Adela" und kaufte dort einen kleinen ungefähr 600 Pfund schweren Anker, welcher am 16 Februar an Bord der „Elisa" geschafft und dann an der Stelle des verloren gegangenen 1500 Pfund schweren Steuerbordankers mit 60 Faden Kette ausgebracht wurde. Der ungefähr 350 Pfund schwere Reserveanker war zum Vertäuen der Lansche benutzt worden. Einen ungefähr 600 Pfund schweren Anker hatte Schiffer Stehr in Bahia an die Blankeneser Schoonerbrigg „Parthenope" verkauft, welche nach Angabe des Stehr beide Anker verloren hatte und anderweiten Ersatz in Bahia nicht beschaffen konnte.

Die Backbordkette der „Elise", von welcher 30 Faden ziemlich neu waren, war 1 1/8 Zoll stark, die Steuerbordkette 1 1/4 Zoll; beide waren gut erhalten.

Als am 16. Februar der Nothanker ausgebracht wurde, fand man nach Angabe des Schiffers Stehr, daß die Backbordkette an einigen Stellen sich auf dem Steingrunde blank gescheuert hatte. Am 17. und 18. Februar wehte es hart, so daß Ladung nicht eingenommen werden konnte.

Am 19. Februar wehte eine frische Brise aus östlicher Richtung; es wurde etwas Ladung eingenommen. Am 20. Februar wurde bei ruhigem Wetter vergeblich nach dem Steuerbordanker gefischt. Auch in den folgenden Tagen wurde Ladung übergenommen und vergeblich nach dem Anker gefischt. Am 24. Februar, bei schönem Wetter, wurde die Bramstenge an Deck genommen. Am 25. Februar wehte eine steife Brise. Die Großstenge wurde an Deck genommen. Am 26. und 27. Februar wurde Ladung übergenommen und vergeblich nach dem Anker gefischt. Am 28. Februar glaubte man den Steuerbordanker gefischt zu haben, allein es stellte sich heraus, daß es der Backbordanker war und so brachte man den aufgefischten Anker wieder aus.

Da nur noch wenig Laderaum frei war und die Beschaffenheit

der Luft auf schlechtes Wetter deutete, so wurde das Schiff segelfertig gemacht, um im Falle der Noth schnell ausgehen zu können.

Am Donnerstag den 1. März wehte Morgens eine steife Brise, welche gegen Mittag etwas abflaute. Nachmittags wurde noch ein Leichter voll Ladung übergenommen. Die Luft wurde jetzt diesig und da der Mond im letzten Viertel stand und, wie Schiffer Stehr angiebt, seiner Erfahrung nach unter diesen Umständen eine Veränderung des Wetters bevorstand, so wurde beschlossen, unter Segel zu gehen, um den Rest der Ladung in San Domingo einzunehmen. Der Tiefgang der „Elise" betrug jetzt nach Schätzung des Schiffers Stehr vorne 11 Fuß und hinten 12 Fuß. Freitag den 2. März 7½ Uhr a. m. bei Hochwasser wurde angefangen Anker zu hieven. Der Steuerbordnothanker kam auf und wurde gekattet und gefischt. Das Großsegel wurde mit halbgeheißter Piek gesetzt, der Hals aufgeholt und die Marssegel gesetzt. Die anderen Segel wurden fertig gemacht zum Heißen. Dann wurden die Raaen etwas Backbord angeholt, um — nach Angabe des Schiffers Stehr — einen in der Nähe und zwar an Steuerbord der „Elise" liegenden Küstenschooner zu klaren. Nachdem der Steuerbordnothanker gefischt und das Segelsetzen beendet war, wurde an Backbordkette, von welcher noch ungefähr 25 Faden aus waren, weitergehievt. Gleich darauf gerieth die „Elise" ins Treiben. Es wehte eine frische Brise aus ONO bei leicht bewegter See. Nachdem die „Elise" ins Treiben gerathen und bereits klar von dem in der Nähe liegenden Küstenschooner passirt war, wurden die Raaen scharf nach Backbord angeholt, um nach Steuerbord abzufallen. Einige Leute standen klar beim Klüverfall, welcher gleich darauf geheißt wurde und das Schiff etwas zum Abfallen brachte. Die Backbordkette wurde, so schnell es gehen wollte, gehievt, aber das Schiff backte rückwärts auf den Strand, weil, wie Schiffer Stehr angiebt, der Bug des Schiffes durch den Backbordanker zurückgehalten wurde und die Schratsegel noch nicht vollstanden. Da das Schiff hinten durchstieß und in Folge dessen mehr nach Steuerbord abfiel, so ließ Schiffer Stehr die Piek des Großsegels heißen, den Hals niedersetzen und dann die Stagsegel heißen. Das Schiff fiel immer mehr nach Steuerbord ab und so wurde der Klüver wieder niedergeholt. Die Raasegel waren inzwischen vollgeholt. Das Schiff stieß heftig durch. Da, wie Schiffer Stehr angiebt, an ein Abbringen des Schiffes nicht zu denken war, so wurde beschlossen, dasselbe so hoch wie möglich auf den Strand zu setzen, um Schiff und Inventar vor gänzlichem Verlust zu bewahren.

Nachdem Kette gesteckt war, wurden Klüver und Vorstengestagsegel aufgeheißt, die Fock gesetzt und das Großsegel niedergeholt, um das Schiff soviel wie möglich mit dem Bug auf den Strand und längs See zu bringen. Darauf stieß das Schiff wieder heftig auf und als man nun die Pumpen peilte, fanden sich 20 Zoll und einige Minuten darauf 3½ Fuß Wasser bei denselben. Auch bemerkte man, daß die Decknähte sich begaben.

Schiffer Stehr engagirte nun so viel Leute vom Lande, wie er erhalten konnte und begann mit dem Bergen des Inventars. Allein schon bei der zweiten Tour des Leichters, welcher sich an Leeseite des Schiffes befand, schlug derselbe um. Das Schiff hatte sich inzwischen höher auf den Strand gearbeitet und der Sand war von der See bereits so hoch aufgeworfen, daß die Besatzung dasselbe ohne Boot erreichen konnte. Bis gegen Abend war der größte Theil des Inventars, der Proviant und die Effecten der Besatzung geborgen. Das Wasser im Schiff stieg, bis es innen- und außenbords auf gleichem Niveau stand. Schiffer Stehr benachrichtigte das Kaiserlich deutsche Consulat zu San Domingo schriftlich von dem Vorgefallenen und ließ am Lande eine Hütte aus Segeltuch herrichten, in welcher die Besatzung vorläufig untergebracht wurde.

> „Am nächsten Tage — so giebt die Verklarung an — brach die See furchtbar über das Schiff hin. Nach einiger Zeit gelang es uns vermittels Schwimmen und an Bord befestigter Taue an das Schiff zu kommen und fanden wir das Vordeckmittschiff schon aufgebrochen, das Logis eingeschlagen, das Verdeck unter Wasser und die Fockwanten und Pardunen schlaff herunterhängend."

Am 4. März wurden die Bergungsarbeiten sistirt, da die hiermit beschäftigt gewesenen Personen, welche zwei Tage lang im Wasser gearbeitet hatten, der Ruhe bedurften.

Am 5. März wurde mit den Bergungsarbeiten fortgefahren. Anker und Ketten konnten der See und des Mahlsandes wegen nicht an Land geschafft werden.

Am 6. März wehte eine heftige Brise und die See brach fortwährend über das Schiff hin, so daß das Deck fast beständig unter Wasser stand. Man bemerkte vom Lande aus, daß das Schiff in der Mitte gebrochen war. In der folgenden Nacht und am Tage darauf (7. März) wehte es gleichfalls heftig. Die Besatzung des Schiffes hatte bis auf weiteres ständiges Quartier in der am Lande aus Segeltuch hergerichteten Hütte genommen.

Am Abend des 16. März kam das von dem deutschen Consul zu San Domingo gecharterte Schiff „El Pedrito", um die Mannschaft abzuholen. Die an Bord des „El Pedrito" befindlichen, vom Kaiserlich deutschen Consul in San Domingo ernannten Sachverständigen nahmen am 17. März eine Besichtigung des Wracks der „Elise" vor und condemnirten dasselbe.

Ueber die Condemnation des Wracks der „Elise" wurde das folgende Document ausgefertigt:

> „Wir Endesunterzeichnete Tomas de Brea, als Agent des Kaiserlich deutschen Consulats zu San Domingo und J. Catalina Vidal, Capitain zur See:
>
> Auf das an uns gerichtete Schreiben des Kaiserlich deutschen Consuls zu San Domingo, Herrn Miquel Pou, über die Besichtigung des in Petit Trou gestrandeten deutschen Schiffes „Elise", Schiffer Joh. Stehr, Bezug nehmend, haben wir, nachdem wir in Petit Trou angelangt sind, über dasselbe Folgendes beschlossen:
>
> Da das deutsche Schiff „Elise" auf der hier in Petit Trou bekannten Stelle „El Guanal" 10 Fuß mit dem Hintertheil und 12 Fuß mit dem Vordertheil sich im Sande befindet und da dasselbe voll Wasser und Sand steht und theilweise gebrochen und aus seiner Form gegangen ist und da hier gar keine Anstalten vorhanden sind, um das Schiff wieder in seetüchtigen Zustand zu setzen, weil es total wrack ist, condemniren wir dasselbe in Uebereinstimmung mit dem Schiffer und beordern, daß alle Gegenstände von dem Inventarium zu retten und sämmtlich nach San Domingo zu bringen und an den Meistbietenden zu verkaufen sind, wie auch das Schiff, der Leichter und die Ladung, in dem Zustande, in welchem sie sich befinden, für Rechnung dessen, den es angeht.
>
> Gegeben in Petit Trou am 17. März des Jahres 1883, welches der Capitain mit uns doppelt für einfach unterzeichnet.
>
> (gez.) T. de Brea, J. Catalina Vidal, Johs. Stehr."

Die geborgenen Inventarien wurden an Bord des „El Pedrito" gebracht und am 24. März im Zollhause zu San Domingo niedergelegt. Wrack, Ladung und Inventar wurden dann auf Anordnung des Kaiserlich deutschen Consuls zu San Domingo in öffentlicher Auction verkauft.

Der vorstehenden Darstellung entgegen bezw. dieselbe ergänzend lauten die eidlichen Depositionen der Zeugen Fastje, Hansen, Mücke, Stelling und Höltzing.

Dieselben beschuldigen Schiffer Stehr der absichtlichen Wegsetzung seines Schiffes. Die einzelnen Depositionen lauten:

Bootsmann Fastje: „Als wir durch die Rocks fuhren, hörte ich, wie der Schiffer zu seinem Bruder, dem Steuermann, sagte: „Ich müßte lachen, wenn der Lootse den alten Kasten auf einen der Rocks packte", oder ähnliche sinnverwandte Worte. Ungefähr zehn Schiffslängen (à 100 Fuß) vor der Brandung gingen wir vor beiden Ankern, deren Ketten bis auf den Tamp, ungefähr 90 Faden, ausgesteckt waren, in vier Faden Wassertiefe vor Anker. Dort wo die Brandung beginnt, sind nur 2½ Faden Tiefe. Am Strande lagen die Wracks von 25 bis 30 Schiffen. Außer uns lagen auf der Rhede der Braker Schooner „Porto Plata", welcher Mitte 1883 bei der Ausfahrt von der Rhede auf den Rocks scheiterte, und die englische Brigg „Adele", welche ebenfalls auf die Rocks stieß und jetzt meines Wissens in St. Thomas in Havarie liegt. Gegen Mitte Januar begannen wir, nachdem wir den Ballast gelöscht, mit dem Einladen des Holzes. Gegen Ende Januar wurde das Wetter, welches bis dahin schön gewesen war, schlecht und am 1. Februar verloren wir unseren Steuerbordanker. Die Kette brach 5 bis 6 Faden vor dem Anker, wie sich beim Einhieven des anderen Theiles später ergab. Der Schiffer sagte um diese Zeit herum, er wollte, daß der verdammte Kasten auf den Strand ginge, weg kämen wir doch nicht von hier. Wir lagen am 1. Februar also nur vor Backbordanker und schlugen Untermarssegel, Großsegel, Mittelstagsegel, Großstengestagsegel an. Klüver und Vorstagsegel waren unter. Das stürmische Wetter dauerte etwa 14 Tage und der Lootse, sowie die Arbeitsleute (sämmtlich Farbige) sagten wiederholt zu uns auf englisch, hier käme die „Elise" nicht wieder weg, wir sollten mal sehen, wir kämen noch alle per Dampfer nach Hamburg. Als etwa Mitte Februar die englische Brigg „Adele" sich zur Abfahrt rüstete, kaufte der Schiffer von derselben einen Warpanker, welcher etwa 450 Pfund wog; mehr wog er gewiß nicht, denn wir lüfteten ihn mit drei Mann. Diesen Warpanker brachten wir zu dem etwa 1200 bis 1300 Pfund schweren Anker über Steuerbord mit aus, während es das schönste Wetter war. Dabei bemerkte der Schiffer, jetzt kann ich ruhig sein, ich habe jetzt Recht zu sprechen, daß ich zwei Anker ausgehabt habe, wenn wir stranden. Der Schiffer mußte zu diesem Ankauf schreiten, weil er unseren Reserveanker in Bahia an einen anderen Schiffer verkauft hatte. Während der letzten

14 Tage des Februar war es schönes Wetter und Ende Februar ließ der Schiffer nach dem ungefähr 1300 bis 1400 Pfund schweren Steuerbordanker fischen. Natürlich hätte das schon viel früher geschehen können. Während der stürmischen Zeit hatte der Schiffer ein paar Mal die Backbordkette verlängern lassen und zwar bis auf den Tamp; dann war natürlich die Steuerbordkette immer mitgegangen; aber der Schiffer behauptete, sie müsse noch am Anker sein, obgleich wir alle aus der Art des Nachschleppens erkannten und sagten, sie sei gebrochen. Ferner waren wir über Steuer getrieben, als wir die Backbordkette einhievten und den Warpanker ausbrachten. Als nun endlich nach dem Steuerbordanker gefischt wurde, geschah dies unter Leitung des Schiffers und Steuermanns an einer Stelle, wo er gar nicht liegen konnte, vielmehr mußte er 50 Faden voraus liegen. Und in der That fischte der Steuermann am 25. Februar, wenn ich nicht irre, den Backbordanker auf und holte ihn mit der Kette ans Schiff, konnte ihn aber nicht aufhieven, weil zuviel Kette daran war. Als der Irrthum bemerkt war, wurde der Anker wieder ausgebracht und zwar so weit, wie wir ihn mit der Lansche reichen konnten, so daß die „Elise" jetzt vor 90 bis 95 Faden Backbordkette und etwa 75 Faden an Steuerbord (hier am Warpanker) vor Anker lag. Am 1. März waren wir mit dem Einnehmen der Ladung fertig. Es war feines Wetter. Abends sagte der Lootse zu mir, indem er auf den Strand deutete, hier geht das Schiff morgen an Land. Am Morgen des 2. März hievten wir den Warpanker hoch und holten Backbordanker bis auf 30 Faden ein. Wir setzten die Segel, ließen die Piek hängen, holten den großen Hals auf, schooteten das Untermarssegel, setzten Obermarssegel, die Raaen recht vierkant und die Segel back. Es stand eine schlanke ONOBrise gerade auf Land. Wir hievten den Backbordanker weiter und derselbe sprang aus. Ich fragte den Schiffer, als wir das Großsegel geheißt hatten, ob der Coweellnagel schon aus der Ruderkette wäre, und der Schiffer antwortete: „schon lange"; ich sah nun, daß das Ruder hart Backbord lag. Das Schiff trieb über Steuer und schlug in Folge der Ruderlage und der backen Segel mit dem Kopf 3 bis 4 Strich nach Backbord. Ungefähr eine Schiffslänge vor der Brandung legte der Schiffer das Ruder hart Steuerbord, doch gleich darauf stieß das Schiff auf und trieb in die Brandung. Zwei bis drei Minuten später stieß es noch einmal auf Grund und erst jetzt commandirte der Schiffer: „holt Backbordbrassen". Das Schiff schlug, da der Anker nunmehr vorne hielt, daraufhin nach Steuerbord, dann wurden die Raaen vollgebraßt, Segel gesetzt und

und die Piek geheißt. Als das Schiff ein paar Minuten so gesessen hatte, sagte der Schiffer: „nun sitzt er einmal, nun fiert das Großsegel nieder und steckt nur Kette und laß ihn heraufgehen, so weit er will.“ Das Großsegel wurde heruntergefiert und fest gemacht. Die Schwarzen waren rein außer sich vor Vergnügen, sprangen auf Deck herum, schrien »Caracho«, holten Segel nieder und heißten sie wieder und thaten gerade das Gegentheil von dem, was befohlen wurde. Die Ketten wurden 60 bis 65 Faden ausgesteckt und dann lag das Schiff dwars in der Brandung. Eine Viertelstunde, nachdem das Schiff sich quer in die Brandung gelegt hatte, peilte der Steuermann die Pumpe, trat dann an den Schiffer und mich heran und sagte: „Bootsmann, wie viel Wasser denken Sie ist im Schiff?“ und auf meine Bemerkung, das wisse ich nicht, weiter: „schon über 2 Fuß“. Da wir nun nur auf Sand aufgetrieben waren und kein Seegang war, so rief ich: „das kann nicht angehen, da muß eine Planke gesprungen sein“. Wir frühstückten dann und packten unser Zeug ein. Jetzt peilte ich, nach Verlauf von ³/₄ Stunden seit der Peilung des Steuermanns, die Steuerbordpumpe (in der Backbordpumpe war das Pumpgeschirr) und fand 6 Zoll Wasser. Das Schiff lag ganz gerade und hatte keine Schlagseite. Ich wischte den Peilstock trocken, peilte noch einmal und fand wieder 6 Zoll. Ich ging zum Schiffer, neben welchem der Steuermann und der Leichtmatrose Stelling standen, und meldete ihm den Befund. Beide widerstritten und ich sagte, um dem Zweifel ein Ende zu machen: „überzeugen Sie sich selbst“. Das haben sie aber nicht gethan. Unsere Sachen wurden dann an Land gebracht und ich mitgeschickt, um bis zum Abend darauf zu passen. Das Schiff lag ungefähr eine Schiffslänge (120 Fuß) vom Lande entfernt und ich konnte daher deutlich sehen, wie das Logis mit Axt und Hammer eingeschlagen wurde. Während des ganzen Tages war es schönes Wetter und keine See, höchstens etwas Spritzwasser schlug über Deck und dabei hatte das Schiff doch nur 2 Fuß Auswässerung mittschiffs. Am Lande waren plötzlich der Kaufmannsclerk Antoni und etwa 30 Schwarze. Der Kaufmann sagte mir, er wolle die Boote (Großboot und Sloop) kaufen, ging auch an Bord und kam erst nach einigen Stunden wieder an Land. Es ist während der ganzen Zeit nicht die geringste Anstrengung gemacht, das Schiff abzubringen und das wäre doch gar nicht so schwer gewesen. Am 4. März, wenn ich recht bin, brachen die Seen über Deck und in der Nacht vom 5. auf den 6., wenn ich nicht irre, brach die „Elise“ sichtlich in der Mitte durch. Sowohl vor als auch nach der Strandung sagte der Schiffer zu wiederholten Malen, wenn was darnach käme, so wolle er den Herren am grünen Tisch diesmal schon besser Bescheid sagen, als er es das erste Mal in Hamburg gethan. Diese Worte bezogen sich meiner Ansicht nach auf den Unfall der „Niobe". Mitte März gingen wir nach San Domingo, wo wir am 28. März vor dem deutschen Consul, dem Kaufmann Michael Pou, Verklarung belegen sollten. Als der Sohn des Consuls uns dieselbe verlesen hatte, fragte er uns, ob wir dieselbe beschwören könnten. Ich erklärte, ich könne das nicht und auch die Mannschaft weigerte sich. Schiffer und Steuermann erklärten, sie könnten die Angaben des Journals zehn Mal beschwören. Der Schiffer rief: „Bootsmann, Sie reißen mich ja herein". Der Consul überreichte mir das Journal und sagte: „Bedenken Sie, was Sie thun und lesen Sie, ob nicht doch Alles richtig ist", oder so ungefähr. Der Consul verlangte Beweise der Unrichtigkeit der Eintragungen des Journals und ich überreichte ihm eine Niederschrift der Einzelheiten des Unfalls, welche ich dem Matrosen Mücke im Lager am Strande, weil derselbe gerade in seine Heimath schrieb, dictirt hatte. Ich that dies, um unter dem frischen Eindruck des Gesehenen die Wahrheit der Details im Gedächtniß behalten zu können, weil ich aus den Reden des Schiffers schon vor Wochen erkannt hatte, daß derselbe sein Schiff hier verlieren würde. Vom Consul wurde ich dann veranlaßt, die Darstellung des Unfalls noch einmal in der Verhandlung niederzuschreiben. Der Schiffer legte beim Consul Arrest auf unsere verdiente Heuer und schickte uns mit dem amerikanischen Dampfer „San Domingo" im Anfang April nach New York, von wo wir mit dem Norddeutschen Lloyddampfer „Donau" nach Bremerhaven zurückkehrten. Schiffer und Steuermann sollen nach St. Thomas gegangen sein. Die „Elise" war, wie ich glaube, zu 45000 M. in St. Thomas versichert und hat dort auch erste Classe bis Liverpool wiederbekommen, da dieselbe in Bahia am 1. December 1882 abgelaufen war. Von Bahia bis St. Thomas waren wir ohne Classe gefahren. Die Kniehölzer der „Elise" waren zum Theil verrottet, aus einigen konnte man die faule Masse so mit den Händen herausgreifen und zu Pulver zerreiben. Die eisernen Bolzen fielen aus den Knieen von den Decksbalken heraus und das Schiff mußte ein neues Deck haben. Der normale Tiefgang der „Elise" betrug vorn 10 und hinten 11 Fuß. Ich bin mit dem Schiffer nicht verfeindet und habe mit demselben auch nie Streit gehabt".

Koch Hansen: „Am Tage der Strandung unterhielt ich mich

mit dem Bootsmann über die einzelnen Hergänge der Strandung, welche sich nach meiner Meinung unter verdächtigen Umständen abgespielt hatte. Auch der Bootsmann war etwas betroffen und sagte mir: „Der Schiffer hat beim Einsegeln in die Bucht zum Steuermann gesagt, er müsse lachen, wenn der Lootse das Schiff auf den Strand setze." Die „Elise" war ungefähr 5 Kabellängen vom Strande auf 4 Faden Tiefe vor Anker gegangen. Die Ketten wurden bis auf den Tamp ausgesteckt. In unserer Nähe lagen der Schooner „Porto Plata" und die Brigg „Adele". Vom Hörensagen weiß ich, daß der „Porto Plata" beim Aussegeln von Petit Trou auf den Felsenriffen gestrandet ist und daß die englische Brigg „Adele" beim Verlassen von Petit Trou gleichfalls Havarie erlitten haben soll.

Mitte Januar begannen wir mit dem Einnehmen der Ladung, nachdem wir zuvor unseren Ballast über Bord geworfen hatten. Das Wetter blieb anfänglich gut. Ende Januar oder in den ersten Tagen des Februar wurde es stürmisch. Der Wind war auflandig. Während der Dauer dieses Sturmwetters — ich kann die einzelnen Tage nicht genau angeben — brach unsere Steuerbordankerkette, doch kann ich nicht sagen, wie viel Faden Kette mit dem Anker verloren gingen.

Der Schiffer sagte an diesem Tage: „Ich wollte, daß der Kasten an Land ginge, man darf so etwas zwar nicht sagen, aber man muß ja".

Nach dem Brechen der Steuerbordankerkette lagen wir nur vor Backbordanker. Einen Reserveanker hatten wir nicht, der Schiffer hatte ihn in Bahia verkauft. Nach dem Brechen der Steuerbordankerkette ließ der Schiffer Großsegel, Untermarssegel, Mittelstagsegel und Großstengestagsegel anschlagen, Klüver und Vorstagsegel waren bereits unter. Während der nächstlaufenden 14 Tage blieb es stürmisch. Die schwarzen Arbeiter sagten wiederholt auf englisch, die „Elise" käme aus der Bucht von Petit Trou nicht wieder heraus und wir würden wohl per Dampfer zurückbefördert werden. Ungefähr Mitte Februar ließ der Schiffer von der englischen Bark „Adele" einen kleinen Anker holen, welcher über Steuerbord ausgebracht wurde. Und ferner: In der letzten Hälfte des Februar hatten wir beständiges und schönes Wetter und in den letzten Tagen dieses Monats ließ der Schiffer nach dem Steuerbordanker fischen, allein dort, wo der Schiffer fischen ließ, konnte der Anker nicht liegen, vielmehr mußte derselbe ungefähr 50 bis 60 Faden vorausliegen.

Der Steuermann fischte denn auch statt des verloren gegangenen Ankers den Backbordanker, welcher aber alsbald wieder ausgebracht wurde.

Am 1. März waren wir mit dem Einnehmen der Ladung fertig. Ich kann nicht angeben, ob der Lootse am Abend dieses Tages zu dem Bootsmann gesagt hat: „Hier geht das Schiff morgen an Land“. Einige Tage später, wir befanden uns schon im Zelte am Lande, erzählte der Bootsmann Fastje mir, daß der Lootse die vorstehende Aeußerung gemacht habe. Am 2. März hievten wir den Steuerbordanker und holten den Backbordanker etwas heran. Dann setzten wir Segel, ließen die Piek hängen, holten den Großhals auf, schooteten das Untermarssegel, setzten Obermarssegel und holten die Raaen vierkant. Die Segel standen back. Es wehte jetzt eine schlanke auflandige Brise. Als wir den Backbordanker weiter heranhievten, gerieth die „Elise“ ins Treiben und ging über Steuer. Nach einigen Minuten stieß das Schiff durch und trieb in die Brandung. Nachdem die „Elise“ einige Male hart gestoßen hatte, commandirte der Schiffer: „holt Backbordbrassen“. Dieser Befehl wurde ausgeführt und die „Elise“ legte sich mit dem Kopf nach Land zu. Dann wurden Segel gesetzt und die Piek geheißt. Der Schiffer sagte dann: „Steckt mehr Kette, er sitzt nun einmal, nun kann er auch so weit heraufgehen, wie er will“. Hierauf ließ der Schiffer das Großsegel herunterfieren und festmachen. Die farbigen Arbeiter freuten sich sehr, sprangen vor Vergnügen in die Höhe und schrieen »Caracho!« »Caracho!« Ich wollte, und zwar auf Befehl des Steuermanns, den Klüver aufheißen, allein die farbigen Arbeiter hinderten mich und setzten den Niederholer fest. Der Schiffer ließ dann mehr Kette stecken, doch kann ich nicht angeben wieviel. Ob der Steuermann und ob der Bootsmann die Pumpen gepeilt haben, vermag ich nicht anzugeben. Der Bootsmann theilte mir zwar mit, daß er 6 Zoll Wasser bei den Pumpen gefunden habe, allein ich befand mich in der Combüse und hatte selbst genug zu thun, so daß ich den Pumpen bezw. dem Peilen Aufmerksamkeit nicht schenken konnte. Nachdem ich das Frühstück fertig hatte, theilte ich dasselbe aus und packte bald darauf meine Sachen. Als wir uns sämmtlich am Lande befanden, sagte der Schiffer: „Wenn ich nach Hamburg komme, werde ich den Herren hinter dem grünen Tisch gegenüber nicht mehr so blöde sein, wie im „Niobefall“; hinter dem grünen Tisch können sie wohl segeln, aber auf See versteht keiner etwas davon“. Ungefähr Mitte März wurden wir per Schaluppe nach San Domingo befördert. Dort sollten wir Verklarung ablegen, weigerten uns jedoch dieselbe zu beeidigen, weil sie Unwahrheiten enthielt. Nachdem der Bootsmann das Journal durchgesehen hatte, sagte er zum Schiffer, daß er die darin enthaltenen

Angaben nicht beschwören könne. Schiffer Stehr rief hierauf: „Bootsmann, Sie reißen mich ja herein!" Da der Schiffer die Verklarung nicht berichtigen lassen wollte, so blieben wir bei unserer Eidesverweigerung und schrieben auf Anhalten des Consuls unsere eigenen Wahrnehmungen, und zwar ein Jeder für sich einzeln, nieder. Diese Schriftstücke hat der Consul in San Domingo an sich genommen. Ich will nicht verhehlen darauf hinzuweisen, daß ich dem Schiffer „nicht recht grün" bin. Nach der Strandung hatte der Schiffer uns mit Cognac tractirt und ich hatte wohl ein Gläschen zu viel getrunken, so daß ich etwas angeheitert war. Als ich in diesem Zustande in der Cajüte mit dem Schiffer zusammentraf, fragte mich derselbe, wie ich zu dem Rausch käme. Dies ärgerte mich sehr, da der Schiffer selbst nicht mehr nüchtern war, und so machte ich meinem Herzen Luft und hielt ihm die Strandung der „Elise" vor, indem ich u. A. sagte: „Wenn Schiffer und Steuermann zusammenstecken, dann kann wohl etwas passiren". Dann wollte ich auf Deck laufen, doch der Steuermann trat mir in den Weg und der Schiffer schlug wie rasend auf mich ein. Ich wurde ziemlich scharf zugerichtet, so daß ich ungefähr drei Wochen mit blaugeschlagenen Augen umherging. Gewehrt habe ich mich nicht, weil ich mein Recht nicht vergeben wollte. Sobald Schiffer Stehr hier ist, werde ich ihn anklagen. Der Consul in San Domingo, dem ich meine Klage vortrug, wies mich ab und sagte: „Das sind nicht meine Sachen, machen Sie das in Hamburg ab". Diese Vorfälle können mich jedoch nicht dazu bestimmen, von der Wahrheit abzuweichen, denn was aus der Strandungsgeschichte wird, ist mir gleichgültig. Ich wünsche nur, daß Schiffer Stehr dafür bestraft wird, daß er mich mißhandelt hat".

Matrose Mücke: „Die „Elise" lag am 2. März 1883 im Hafen von Petit Trou in Westindien mit einer dort eingenommenen Ladung Mahagoni- und Pockholz vor 2 Ankern. Wir waren im Begriff unsere Reise nach Liverpool anzutreten, und hievten zu diesem Zweck die Anker. Der Steuerbordanker (ein Warpanker) war aufgehievt, Unter- und Obermarssegel waren losgemacht, vom Großsegel die Klau aufgeheißt, der Hals aufgeholt, als das Commando kam: „Hiev Anker!" (Backbordanker). Während des Ankerhievens trieb das Schiff, welches die Raaen vierkant gebraßt hatte, mit ziemlicher Geschwindigkeit auf Land zu. Nach dem letzten Commando: „Hiev Anker!" (Backbordanker) verflossen ungefähr 10 Minuten, dann stieß die „Elise" bereits durch. Nachdem das Schiff zwei oder drei Mal gestoßen hatte, hakte der Backbordanker wieder im Grunde fest und der Schiffer ließ jetzt die Piek vom Großsegel und Klüver heißen, um, wie ich annahm, das Schiff frei von Land zu halten. Das Schiff wollte dem Ruder aber nicht mehr gehorchen, und so ließ der Schiffer das Großsegel niederholen und sämmtliche Schratsegel beisetzen, um, wie er sagte, das Schiff soweit wie möglich an Land zu bringen. Das Schiff trieb höher auf den Strand, indem wir dem haltenden Backbordanker mehr Kette nachfierten. Dann haben wir unser Frühstück eingenommen, unser Zeug gepackt, sämmtliche Schiffsutensilien, Segel, Tauwerk, Proviant &c. an Land gebracht und unser Schiff hierauf verlassen. Wiederabbringungsversuche sind nicht gemacht worden, auch schien es mir, als ob der Schiffer sich die Strandung der „Elise" nicht besonders zu Herzen nahm. Ich sprach nach der Strandung mit dem Steuermann Simon Stehr und drückte mein Bedauern und meine Verwunderung über die stattgehabte Strandung aus. Stehr antwortete mir, das Schiff säße nun einmal fest und unsere Effecten würden ja geborgen. Als Stehr mir diese Antwort gab, schien er sich in vergnügter Laune zu befinden: er lächelte. Wir schlugen uns Zelte am Lande auf und blieben dort 14 Tage liegen, dann wurden wir in einer Schaluppe nach San Domingo befördert. Um das Schiff haben wir uns nicht weiter gekümmert. Als wir nach San Domingo gingen, lag die „Elise" noch aufrechtstehend und, soviel ich weiß, wohlbehalten an ihrer Strandungsstelle. Meiner Meinung nach hätten wir die „Elise" abwarpen können, allein der Schiffer machte hierzu keine Anstalten. Im Monat Februar feierte Schiffer Stehr seinen Geburtstag und tractirte uns in dieser Veranlassung mit Wein. Wir hatten zu dieser Zeit schon über die Hälfte der Ladung eingenommen. Als Stehr uns mit Wein tractirte, drückte ich hierüber einem bei uns an Bord befindlichen schwarzen Lootsen gegenüber meine Verwunderung aus, da Schiffer Stehr uns sonst sehr knapp gehalten hatte. Der Lootse antwortete mir, der Schiffer habe ihm mitgetheilt, da sein Geburtstag sei und das Schiff doch an Land ginge, so sei es besser, wenn die an Bord befindlichen Getränke vorher ausgetrunken würden, da sie am Lande doch nur gestohlen würden. Am Abend vor der Strandung kam der schwarze Lootse in unser Logis und fragte den Zimmermann, ob dieser nicht geneigt sei, sein Handwerkszeug zu verkaufen. Der Zimmermann ließ sich hierauf jedoch nicht ein. Auf mich hat die ganze Geschichte den Eindruck gemacht, als habe Schiffer Stehr nur auf eine Gelegenheit gewartet, um sein Schiff wegsetzen zu können. In San Domingo sollten wir Verklarung belegen. Nachdem der

Sohn des dortigen Consuls uns die vom Schiffer Stehr aufgemachte Verklarung verlesen hatte, fanden wir insgesammt, daß dieses Schriftstück Unwahrheiten enthielt, und so weigerten wir uns, die Verklarung zu beeidigen. In diesem Verklarungsentwurf fand sich u. A. auch die Bemerkung, daß das Logis eingeschlagen sei, und zwar in einer Form, als sei dies durch die See bewirkt worden. Das war aber nicht der Fall, denn Steuermann Stehr hat das Logis mit der Axt eingeschlagen."

Matrose Stelling: „Es ist richtig, daß Schiffer Stehr uns an einem Tage im Monat Februar mit Wein tractirte, als wir vor Petit Trou lagen. Der Lootse erzählte uns, Schiffer Stehr habe seinen Geburtstag. Die Arbeiter, welche wir an Bord hatten, sagten, wir können mit der „Elise" nicht von Petit Trou fort und wir würden wohl per Dampfer nach Hamburg befördert werden. Nach der Strandung erhielt ich von dem Steuermann den Befehl das Logis mit der Axt einzuschlagen. Ich kam diesem Befehle nach. Es geschah dies um die Combüse an Land schaffen zu können. Am nächsten Tage ging der Steuermann noch einmal an Bord und schlug dort das Hintertheil des Logis ein. Ich hatte nur die vordere Seite des Logis eingeschlagen. Die Strandung der „Elise" konnte vermieden werden, denn wir waren weit genug vom Lande, als das Schiff ins Treiben gerieth. Ich habe nie Streit mit dem Schiffer gehabt."

Zimmermann Hölzing: „Es ist richtig, daß am Tage vor der Strandung der „Elise" der schwarze Lootse zu mir ins Logis kam um mir mein Werkzeug abzukaufen. Schon vor dem Einlaufen nach Petit Trou sagte Schiffer Stehr, wie ich selbst gehört habe: „Ich müßte lachen, wenn der Lootse das Schiff draußen auf die Felsen setzte." und ferner: Die „Elise" war in baufälligem Zustande, besonders war das Deck sehr schlecht, so daß, als ich einmal den Bohrer ansetzte, er direkt durch den Decksbalken ging. Ueber die Innenhölzer kann ich nichts sagen."

Des Weiteren haben Fastje und Mücke vor dem Seeamt eidlich deponirt:

> „In San Domingo, wo wir, die Mannschaft, ein Haus bewohnten, kamen zwei der schwarzen Arbeiter Raphael und Antoni zu uns und erzählten, der Schiffer wollte ihre Unterschrift unter einem Schriftstück haben, aber sie wollten ihre Namen nicht mit nach Hamburg geben; wenn er ihnen aber 20 Thaler gebe, so wollten sie unterschreiben. Antoni sprach sehr gut, Raphael schlecht englisch."

Dieser Angabe ist Schiffer Stehr mit der Behauptung entgegengetreten, er habe mit den schwarzen Arbeitern nie gesprochen, sondern dieselben dem Consul nur als Zeugen namhaft gemacht.

Zur Illustration der an Bord der „Elise" geübten Disziplin mögen die folgenden Auslassungen dienen.

Zeuge Mücke: Der Steuermann hat mich in Bahia beschuldigt die Schiffskatze vergiftet zu haben, doch war dies eine Verläumdung; ich habe ihn aufgefordert die Katze auf meine Kosten am Lande untersuchen zu lassen, jedoch that er dies nicht. Der Schiffer hat dann die gleiche Beschuldigung gegen mich erhoben und mich ins Gesicht geschlagen, so daß mir das Blut aus dem Munde lief. Die Opiumpillen, mit welchen ich nach der Behauptung des Schiffers die Katze vergiftet haben soll, habe ich in Swansea von einem Droguenhändler gekauft als Mittel gegen Schlaflosigkeit, denn ich hatte 1880 in Bahia das gelbe Fieber gehabt und bekam noch zuweilen Anfälle. Zu einem Wortwechsel kam es bei jenem Streit mit dem Schiffer eigentlich nicht; ich beherrschte mich und sagte: „Capitain bedenken Sie, was Sie thun", worauf er schimpfte „verfluchter Preuße, verfluchter Oberländer u. s. w.". Der Steuermann hat mehrmals meine Seife über Bord geworfen, die ich vielleicht auf der Regeling oder der Luke hatte liegen lassen. Da ihn der Junge einmal dabei ertappte, wie er meine Blouse über Bord werfen wollte, so nehme ich an, daß er es gewesen ist, der eine zweite mir abhanden gekommene Blouse thatsächlich über Bord geworfen hat. Als Wiedervergeltung hierfür habe ich dann seine Tabackspfeife versteckt.

Steuermann Stehr: „Ich habe keine Blouse Mückes über Bord geworfen und wollte nur einmal eine solche verstecken."

Schiffer Stehr: „Ich habe niemals bei jenem Streite den Mücke geschimpft."

Zimmermann Hölzing: „Ich kann nicht behaupten, daß ich mit Schiffer Stehr keinen Streit gehabt hätte. Er hat mich zu wiederholten Malen mit der Faust ins Gesicht geschlagen, weil ich seiner Ansicht nach nicht flott genug in der Arbeit war."

Schiffer Stehr: „Ich weiß nicht, daß ich den Zeugen Hölzing geschlagen habe, vielleicht habe ich ihm einmal einen kleinen Stoß gegeben."

Bootsmann Fastje: „In Bahia kam Mücke eines Abends aus der Schiffercajüte und sagte mir, ich sollte es behalten, er wäre eben vom Schiffer geschlagen. Dabei spuckte er Blut in die Hand", und ferner:

„Mit dem Steuermann habe ich einmal Streit gehabt, als er in Bahia zu mir sagte, ich solle die Leute zur Arbeit antreiben und ich ihm erwiderte, das möge er selber thun, ich sei nicht als Antreiber engagirt.“

Steuermann Stehr: „Am Morgen der Strandung befahl ich dem Fastje, den Anker zu katten. Darauf murmelte derselbe: „Ja, tööf man.“ Ich habe nichts darauf erwidert und habe darauf selbst den Kattblock eingehakt.“

Bootsmann Fastje: „Ich will weder bestreiten noch einräumen, daß ich die Worte „tööf man“ gebraucht habe. Etwas Aehnliches habe ich jedenfalls in den Bart gemurmelt.“

Zeuge Stelling: „Ich habe den Kattblock eingehakt, der Steuermann that es nicht.“

Schiffsjunge Grau: „Der Bootsmann hat, soviel ich weiß, mit dem Schiffer und mit dem Steuermann nie Streit gehabt, vielmehr hat es den Eindruck auf mich gemacht, als seien diese drei Personen gute Freunde. Mücke und Höltzing haben mit dem Schiffer allerdings einmal Streit bekommen, doch das war bald vergessen und glaube ich nicht, daß Höltzing und Mücke Rache gegen den Schiffer im Herzen tragen. Mücke und Höltzing sind nach meiner Auffassung „sehr gemüthliche und artige Leute.“

Nach Schluß der Zeugeneinvernahme hat der Reichscommissar gegen Schiffer Stehr und gegen Steuermann Stehr den Antrag auf Entziehung der Berechtigung zur ferneren Ausübung sowohl des Schiffer- wie auch des Steuermannsgewerbes eingebracht.

Das Seeamt beschloß jedoch in der Erwägung, daß aus den in der seeamtlichen Untersuchung hervorgetretenen Umständen, unter welchen die Strandung der „Elise“ erfolgte, die Vermuthung sich nicht abweisen lasse, daß der Schiffer Johannes Stehr und dessen Bruder, der Steuermann Simon Carsten Stehr, in betrügerischer Absicht bezw. vorsätzlich oder aus Fahrlässigkeit die Strandung der „Elise“ herbeigeführt haben (Reichsstrafgesetzbuch §§. 265, 323 und 326), die Acten vor Abgabe seines Spruches der Königlichen Staatsanwaltschaft zu Altona zu übersenden und demgemäß das seeamtliche Verfahren bezw. bis zur Entscheidung darüber, daß ein solches nicht eingeleitet werden solle, auszusetzen.

Nachdem die Staatsanwaltschaft bei dem Königlichen Landgericht zu Altona dem Seeamt sodann die Acten mit dem Bemerken zurückgestellt hatte, daß dieselbe aus dem vorliegenden Actenmaterial genügenden

Anhalt zur Einleitung des Strafverfahrens nicht zu entnehmen vermöge, jedoch um Wiedereinreichung der Acten nach Abgabe des seeamtlichen Spruches ersuche, schritt das Seeamt zum Abschluß des seeamtlichen Verfahrens. In der dann stattgehabten Schlußverhandlung erklärte der Reichscommissar, daß er seinen in der Sitzung vom 26. Mai 1883 gestellten Antrag, dem Schiffer Stehr und dem Steuermann Stehr die Berechtigung zur Ausübung des Schiffer- wie auch des Steuermannsgewerbes zu entziehen, in Bezug auf den Steuermann Stehr fallen lasse, in Bezug auf den Schiffer Stehr aber dahin modificire, daß demselben unter Belassung der Berechtigung zur Ausübung des Steuermannsgewerbes diejenige zur Ausübung des Schiffergewerbes entzogen werde.

G r ü n d e. Will man nicht annehmen, daß die Zeugen Fastje, Hansen, Mücke, Stelling und Höltzing einen Falscheid geschworen haben, so läßt sich der Verdacht der absichtlichen Wegsetzung des Schiffes nicht ohne weiteres von der Hand weisen. Der Umstand, daß der Veritas-Expert in St. Thomas dem Schiffe die bereits abgelaufen gewesene Classe 3/3 A 1. 1. für eine Reise von San Domingo nach einem europäischen Hafen prolongirte, ist nicht geeignet, die eidlichen Depositionen des Bootsmanns Fastje und des Schiffszimmermanns Höltzing, daß die „Elise" baufällig und in ihren Hölzern verrottet war, unglaubwürdig erscheinen zu lassen. Selbst wenn dem Schiffe vor Antritt seiner letzten Reise die erste Veritas-Classe auf Grund einer reglementsmäßigen Besichtigung und Reparatur für längere Zeit ertheilt worden wäre, würde immerhin der von Fastje und Höltzing eidlich bekundeten Thatsache gegenüber, daß die „Elise" sich im äußerst reparaturbedürftigen Zustande befand, dieser Umstand für die Beurtheilung der baulichen Beschaffenheit der „Elise" von Einfluß nicht sein können. Das Schiff befand sich nun aber nach den an sich nicht zu bezweifelnden Aussagen der genannten Zeugen in einem solchen Zustande, daß, wenn der Verlust desselben nicht eingetreten wäre, jedenfalls eine äußerst umfangreiche und naturgemäß sehr kostspielige Reparatur an demselben hätte vorgenommen werden müssen. Und in diesem Zustande war das zu rund 212 Register-Tons Netto-Raumgehalt vermessene Schiff mit 45 000 M. richtiger 40 000 M. jedenfalls nicht unter Werth versichert. Es konnte der Rhederei demnach nicht ungelegen sein, wenn das Schiff, welches möglicherweise bei der zwecks Neuclassificirung vorzunehmenden Oeffnung sich als im größten Theile verfault ausweisen konnte, so lange es noch unter guter Assecuranz stand, verloren ging.

An einem Motiv zur That fehlte es demnach nicht, zumal Schiffer Stehr und Steuermann Stehr Miteigenthümer und daher am Ausgange der Sache interessirt waren. Aber auch das ganze Verfahren des Schiffers vor, während und nach der Strandung ist dazu angethan, den Verdacht der böswilligen Wegsetzung des Schiffes zu kräftigen.

Zunächst ist es zu tadeln, daß Schiffer Stehr in St. Thomas nicht den in Bahia verkauften Reserveanker durch einen anderen ersetzte, da er doch wissen mußte, und jedenfalls bei pflichtmäßiger Orientirung über die ihm bis dahin angeblich unbekannt gebliebenen Verhältnisse von Petit Trou erfahren haben würde, daß die Sicherheit seines Schiffes dort im wesentlichen von der Beschaffenheit seiner Anker und Ketten abhängen würde. Der später von der „Adele" angekaufte Anker war zu leicht, um den verloren gegangenen Steuerbordanker in genügender Weise ersetzen zu können. Auffällig muß es jedenfalls erscheinen, daß, während man den verloren gegangenen Steuerbordanker vergeblich suchte, der das Schiff allein noch haltende Backbordanker aufgefischt und hierdurch das Schiff naturgemäß ins Treiben und in Folge hiervon dem Strande näher gebracht wurde. Nachdem der Backbordanker wieder ausgebracht war, lag die „Elise" der Brandung ziemlich nahe und über Steuerbord von ihr ein Schooner, welcher die Ausfahrt der „Elise" behinderte. — Es mag dahin gestellt bleiben, ob das Auffischen des Backbordankers und somit die nicht ungefährliche Position des Schiffes, in der es nach dem Wiederausbringen dieses Ankers lag, absichtlich herbeigeführt wurde oder nicht. Jedenfalls wäre es jetzt die unabweisbare Pflicht des Schiffers Stehr gewesen, bei dem Verlassen des Ankerplatzes zum Zwecke der Aussegelung mit äußerster Vorsicht zu verfahren. Schiffer Stehr hätte die „Elise" vor dem in seiner Nähe liegenden Schooner vorüber bringen müssen, da der Raum zwischen dem Lande und dem Schooner sehr knapp und vielleicht zu gering war, um sein Schiff mit schleppendem Anker sicher hinter dem Schooner herum manövriren zu können. Deshalb hätte er, nachdem er den leichten Steuerbordnothanker aufgefiert hatte, denselben nicht ganz aufnehmen, sondern an einer guten Leine und zwar recht weit ausbringen müssen, um sein Schiff weiter vom Lande abzuhieven, vor allem aber, um sein Schiff v o r dem in der Nähe liegenden Küstenschooner vorüberzubringen.

Eine völlig verkehrte Maßnahme war es aber, wenn Schiffer Stehr die Obermarssegel aufheißen und die Raaen vierkant brassen ließ. Dieses Manöver mußte bei der lebhaften Brise und dem schlechten Ankergrunde das Schiff nothwendig zum Treiben bringen und die Strandung unmittelbar herbeiführen. Durchaus unrichtig war es jedenfalls, das Ruder hart an Backbord zu legen. Denn da das Schiff zunächst über Steuer gehen mußte, wenn es zwischen dem kleinen Küstenfahrzeuge und dem Lande durchgehen sollte, so mußte, um ein Ausschlagen desselben nach Backbord zu verhindern, das Ruder hart an Steuerbord gebracht und erst dann umgelegt werden, sobald das Schiff genügend gedreht hatte, um Fahrt voraus zu bekommen.

Das Verhalten des Schiffers nach der Strandung läßt auch nur den Versuch des Wiederabbringens des Schiffes vollkommen vermissen, und Thatsachen, welche die Unmöglichkeit dieser Pflichterfüllung darzuthun geeignet wären, hat das Seeamt den Angaben sämmtlicher Zeugen nicht zu entnehmen vermocht.

Wollte Schiffer Stehr die „Elise“ nicht vermittelst ausgebrachten Warpankers abzuhieven unternehmen, so hätte er sein Schiff auf der Springe drehen müssen, bis er Seitenwind erhielt.

Hat der Schiffer Stehr endlich erst 9 Tage nach Verlust des Steuerbordankers nach demselben zu fischen begonnen, so erscheint dieses als eine entschieden zu rügende Pflichtversäumniß, für welche er sich nach Ueberzeugung des Seeamts nicht zu exculpiren vermocht hat.

Trotz der vorliegenden Indicien, welche in ihrem Zusammenhange dafür zeugen, daß Schiffer Stehr die Strandung seines Schiffes durch Maßnahmen, welche eine andere Wirkung unter den gegebenen Verhältnissen nicht haben konnten, verursacht hat, hat das Seeamt sich bei dem Mangel eines Eingeständnisses nicht davon überzeugen mögen, daß eine absichtliche Wegsetzung des Schiffes vorliege und daher nur annehmen können, daß die Strandung der „Elise“ bezw. die von dem Schiffer Stehr getroffenen Maßnahmen, welche die Strandung des Schiffes und den Verlust desselben herbeiführten, auf grobe Fahrlässigkeit bezw. Nichtanwendung guter Seemannschaft zurückzuführen ist. Sieht man aber von der böswilligen Wegsetzung des Schiffes ganz ab, so wird man neben der vom Seeamt als vorliegend angenommenen groben Fahrlässigkeit und Außerachtlassung aller praktischen Seemannschaft abseiten des Schiffers Stehr unter Inbetrachtziehung der gegebenen Thatsachen schließen müssen, daß Schiffer Stehr zur Führung eines Seeschiffes in schwierigen Lagen überall unfähig ist.

Das Seeamt mußte den vorstehenden Erwägungen gemäß und in gebührender Berücksichtigung des Umstandes, daß für das Abbringen des gestrandeten Schiffes gar nichts geschehen ist, sich zur Folgegebung des vom Reichscommissar gestellten Antrages, dem

Schiffer Stehr die Berechtigung zur Ausübung des Schiffergewerbes laut §. 26 des Reichsgesetzes vom 27. Juli 1877 zu entziehen, entschließen.

Schließlich mag noch darauf hingewiesen werden, daß der dienstliche Verkehr zwischen Schiffer, Steuermann und Mannschaft ein ordnungsmäßiger nicht sein konnte. Das brutale Benehmen des Schiffers Stehr, welcher seine Untergebenen bei geringfügigen Nachlässigkeiten oder Insubordinationen mißhandelte, das unmännliche Benehmen des Steuermanns, welcher seinen Untergebenen Kleidungsstücke entweder über Bord warf oder, wie er selbst angiebt, „dieselben verstecken wollte", steht im schroffen Widerspruch zu den Pflichten eines deutschen Schiffers und Steuermanns, verstößt speciell gegen §. 96 der deutschen Seemannsordnung und war wohl geeignet, das Band der Disciplin zu lockern.

Das Seeamt hat aus dem persönlichen Auftreten der Zeugen die Ueberzeugung geschöpft, daß jene Mißhelligkeiten die Aufrichtigkeit der Zeugen in der Darstellung der vorgefallenen Umstände nicht beeinträchtigt haben.

Die Entscheidung des Ober-Seeamts lautet:

daß der Spruch des Seeamts in Hamburg vom 14. August 1883 zu bestätigen und die baaren Auslagen des Verfahrens dem Beschwerdeführer zur Last zu legen.

Gründe. In der Beschwerde ist der Spruch der ersten Instanz besonders in der Richtung angegriffen worden, daß in der Begründung desselben ein absichtliches Wegsetzen der „Elise" zwar nicht als nachgewiesen angenommen, die Entscheidung selbst aber von der Voraussetzung beeinflußt sei, ein solches vorsätzliches Aufstrandsetzen bleibe immerhin nicht unwahrscheinlich. Da diese Voraussetzung sich nach Ansicht der Beschwerde hauptsächlich auf die Depositionen der Mannschaft der Schoonerbrigg gründet, so hat die Beschwerde versucht, die Unglaubwürdigkeit bezw. Böswilligkeit dieser Aussagen darzuthun, indem einmal auf die denselben entgegenstehenden Angaben einiger Eingebornen von San Domingo Bezug genommen, ferner ein böses Gewissen des Hauptzeugen aus der Mannschaft, des Bootsmanns Fastje, aus seiner Entfernung von Hamburg hergeleitet und die Vernehmung von Zeugen vorgeschlagen wird, welche bekunden sollen, daß die Schoonerbrigg „Elise" sich keineswegs in einem so schlechten baulichen Zustande befand, wie er von dem genannten Bootsmann und dem

Zimmermann Höltzing geschildert worden. Im übrigen sucht die Beschwerde den Nachweis zu führen, daß den Schiffer Stehr ein Vorwurf bei der Strandung nicht treffe, daß namentlich die Manöver, welche er behufs Aussegelns mit der „Elise" ausführte, technisch vollkommen tadelfrei gewesen und die Strandung ausschließlich auf die Ungunst der Umstände, insbesondere auf die Gefährlichkeit der Bucht von Petit Trou zurückzuführen sei.

Nach eingehender Prüfung dieser Ausführungen hat dem Spruche der ersten Instanz beigetreten werden müssen, weil es der Beschwerde nicht gelungen ist, die in demselben auf Grund der angestellten Erhebungen dem Schiffer Stehr gemachten Vorwürfe in irgend einem Punkte zu entkräften. In der Begründung des Spruches ist nicht davon ausgegangen, daß Schiffer Stehr sein Schiff absichtlich auf Strand gesetzt habe, weil die Zeugen eine direkt dahin gehende Beschuldigung nicht vorgebracht haben. Dieselben haben vielmehr nur die Richtigkeit der vom Schiffer Stehr abgelegten Verklarung und der Angaben des Schiffsjournals über die die Strandung begleitenden Umstände in Abrede gestellt und einestheils die Manöver der „Elise", wie sie ihrer Meinung nach stattgefunden haben, geschildert, anderntheils Mittheilungen über Aeußerungen und Handlungen des Schiffers Stehr gemacht, welche den Schluß gestatten, daß dem Schiffer nicht viel daran gelegen war, sein Schiff aus der unsicheren Bucht wieder glücklich hinaus zu führen. Wenn daher die Beschwerde ausspricht, daß, falls die Depositionen der Schiffsmannschaft auf Wahrheit beruhten, an einer vorsätzlichen Wegsetzung des Schiffes nicht mehr gezweifelt werden könne, so ist dies nur in so weit richtig, als dann allerdings die Möglichkeit der absichtlichen Wegsetzung vorliegt, nicht aber die Gewißheit.

Da den Depositionen der Mannschaft der „Elise" die Aussagen einiger Eingebornen von San Domingo in einzelnen Punkten widersprechen, so ist es für die Urtheilsgewinnung nöthig, die Differenzpunkte und die innere Glaubwürdigkeit der beiderseitigen Aussagen zu prüfen. Sieht man von denjenigen Abweichungen in den letzteren, welche etwa auf eine vorherige Beabsichtigung der Strandung — sei es seitens des Lootsen, sei es seitens des Schiffers — zu deuten wären, also von den Andeutungen, welche Lootse und Schauerleute vor der Strandung in Bezug auf dieselbe als ein zu erwartendes Ereigniß gemacht haben sollen, sowie von den abweichenden Angaben über den Grad des Leckschlagens der Schoonerbrigg nach der Strandung ab, so bleiben divergirende Meinungen nur hinsichtlich der Kunstgerechtheit der Manöver beim Untersegelgehen und zwar nur zwischen den Aussagen des Lootsen Martin Senior und des Führers des dominikanischen Küstenschooners Nicolas Espinosa bestehen, denn die vier Schauerleute haben nichts über das Manöver der „Elise" ausgesagt, was den Angaben der Mannschaft der Schoonerbrigg widerspräche. Der Deposition des Lootsen, welcher einfach die Verklarung als richtig bestätigte und die Angaben der Mannschaft für falsch erklärte, ohne sich aber selbst über die ausgeführten Manöver irgendwie auszulassen, kann eine Beweiskraft nicht beigemessen werden, da demselben bei Ausführung falscher Manöver — auch wenn man von doloser Absicht bei ihm absieht, die zu vermuthen es nicht an allen Gründen fehlen würde — ein Theil der Schuld an der Strandung zur Last fallen würde, er also in dieser Sache Partei ist. Es bleibt somit nur eine ganz allgemein gehaltene Angabe des Nicolas Espinosa, welche dahin geht, daß die „Elise" beim Ankerlichten kunstgerecht manövrirt haben soll.

Demgegenüber greift folgende Erwägung Platz. Die Küste, an welcher die „Elise" gestrandet ist, verläuft in südwestlicher Richtung; der Wind wehte frisch aus ONO, d. i. keineswegs auf die Küste, sondern nahezu parallel mit derselben. Da nördlich vom Ankerplatz der „Elise" die Küste nach östlicher Richtung ausspringt und somit der Bucht aus der Windrichtung einigen Schutz gewährte, so darf man annehmen, wie dies auch selbst die Angaben des Schiffers Stehr bestätigen, daß der Seegang nur mäßig war. Es sind dies fast die denkbar günstigsten Umstände, unter denen ein Schiff hier unter Segel gehen kann und man muß vom seemännisch-technischen Standpunkt aus sagen, daß, wenn beim Untersegelgehen unter günstigen Umständen nicht ganz besondere unvorhergesehene Unglücksfälle eintreten, nur ein ganz sorgloses und ungeschicktes Manövriren Veranlassung zur Strandung geben kann.

Wenn die Mannschaft nun in völliger Uebereinstimmung unter einander das Manöver des Untersegelgehens der „Elise" derart beschreibt, daß für jeden Sachverständigen die begangenen groben Fehler (falsche Ruderlage und Vorraaen gar nicht oder zu wenig angebraßt) in die Augen springen, und wenn gerade diese Fehler geeignet sind, eine Erklärung für die andernfalls kaum denkbare Strandung zu geben, so spricht eine große innere Wahrscheinlichkeit dafür, daß jene Angaben nicht aus der Luft gegriffen sind, sondern der Wahrheit entsprechen und daß die entgegenstehende Aussage des Farbigen, welcher sich nicht auf der „Elise" selbst befand, also ein präcises Urtheil weder gewinnen konnte, noch auch in Wirklichkeit abgegeben hat, nicht dazu angethan ist, die Glaubhaftigkeit der Depositionen der Schiffsmannschaft zu erschüttern. Man wird dies umsomehr annehmen können, wenn man erwägt, daß die Mannschaft ihre Aussagen beschworen hat, während nach den vom Kaiserlichen Consulat zu San Domingo eingesandten Verhandlungen mit den Eingebornen eine Beeidigung derselben nicht stattgefunden hat.

Ganz abgesehen von den Fehlern, welche der Schiffer Stehr beim Untersegelgehen begangen hat, ist eine grobe Fahrlässigkeit desselben auch noch darin zu erkennen, daß er sein Schiff nicht besser mit Ankergeschirr ausgerüstet hat, als er eine Fracht von dem als gefährlich bekannten Hafen von Petit Trou annahm. Wenn auch im allgemeinen wenig Werth auf die übertriebenen und nicht allzugroße Sachkenntniß verrathenden Aussagen des Lootsen der Häfen von San Domingo zu legen ist, so ist doch in dem westindischen Ordrehafen St. Thomas bekannt und wäre vom Schiffer Stehr unschwer in Erfahrung zu bringen gewesen, daß Petit Trou zu der Jahreszeit, in welcher er es besuchte, ein unsicherer Hafen ist, der es erforderlich macht, daß man sich ganz besonders mit Ankern vorsieht und außer den Bugankern einen dritten nicht zu leichten Anker führt, um sich damit nöthigenfalls weiter vom Lande abholen zu können.

In gleicher Weise ist es höchst tadelnswerth, daß der Schiffer Stehr nur darauf bedacht gewesen ist, sein Schiff, nachdem es gestoßen hatte, so hoch wie möglich auf den Strand zu setzen, anstatt vielmehr zu versuchen, es wieder abzubringen. Denn wenn es zur Rettung von Menschenleben und Ladung unter Umständen geboten sein kann, ein vor der Strandung nicht mehr zu bewahrendes Schiff so hoch wie möglich auf den Strand zu bringen, so lagen hier doch die Verhältnisse ganz anders, da bei dem unerheblichen Seegang keine Spur von Gefahr für Menschenleben vorhanden war, wie schon daraus hervorgeht, daß trotz der geringen Auswässerung von nur zwei Fuß die Brandung die Besatzung nicht belästigte, daß man vielmehr in aller Ruhe erst das Frühstück zurecht machte und es genoß, bevor an die Bergung der Sachen und an Land gegangen wurde. Es erscheint, wenn man sich diese wenig gefahrvolle Situation vergegenwärtigt, sehr glaublich, daß das Schiff zunächst überhaupt gar nicht leck geworden und daß die nach dem Frühstück, d. i. $^3/_4$ Stunden nach der Strandung vorgenommene Peilung der Pumpe durch den Bootsmann Fastje mit sechs Zoll der Wahrheit entsprach. Die Angabe des Schiffers und des Steuermanns Stehr, daß sie gleich nach der Strandung zwanzig Zoll und wenige Minuten später bereits $3^1/_2$ Fuß Wasser im Schiffe gefunden hätten, wäre dann eine absichtlich falsche Darstellung des Sachverhalts, welche nicht vereinzelt darstehen würde, da sie in die Verklarung einen Satz haben aufnehmen lassen, nach welchem sie am Tage nach der Strandung das Logis von den Wellen eingeschlagen fanden, während die Mannschaft bezeugt, das Logis sei nicht von den Wellen, sondern mit der Axt auf Anordnung des Steuermanns eingeschlagen worden. Letzterer räumte dies ein, rechtfertigte aber seinen Satz der Verklarung damit, daß die Wellen einen Theil des Logis bereits am ersten Tage eingeschlagen hätten, wogegen aber spricht, daß die Mannschaft den ganzen ersten Tag auf dem Fahrzeug mit Bergen beschäftigt gewesen und weder Journal noch Verklarung einen Anhalt für die Annahme bieten, es seien schon an diesem Tage Seen über das Schiff gebrochen.

Trotz dieser bedenklichen Verdachtsmomente fehlt es an einem ausreichenden Beweise dafür, daß der Schiffer Stehr sein Schiff vorsätzlich weggesetzt hat; die dargelegten Umstände lassen darüber aber keinen Zweifel, daß, wenn böswillige Absicht nicht vorlag, die Strandung nur durch große Unfähigkeit und Fahrlässigkeit auf Seiten des Schiffers zu erklären ist, der sich durchaus nicht mit allen Kräften bemüht hat, den Verlust des Schiffes abzuwenden. Das Motiv der von dem Schiffer Stehr hinsichtlich der Erhaltung seines Schiffes an den Tag gelegten Gleichgültigkeit kann in der verhältnißmäßig hohen Versicherung des Schiffes vermuthet werden, an welcher der Schiffer Stehr und sein Bruder mit ¼ Part betheiligt waren. Wennschon hinsichtlich der Aussagen über den schlechten Zustand des Schiffes ebensowenig wie hinsichtlich der anderen Punkte ein Grund vorliegt, an den eidlichen Depositionen des Bootsmanns Fastje und des Zimmermanns Höltzing zu zweifeln, so ist diesen Aussagen über die Beschaffenheit der „Elise" doch keine entscheidende Bedeutung beizulegen, da auch bei besserem Zustande der Schoonerbrigg die Versicherungssumme hinreichend hoch erscheint, um die Gleichgültigkeit gegen den Schiffsverlust bei einem nicht sehr gewissenhaften Mann zu erklären. Die Ausführungen der Beschwerde, daß der Bootsmann nach Beendigung des Verfahrens erster Instanz Hamburg verlassen habe, um von Rotterdam aus in See zu gehen, und daß der Zimmermann nachträglich privatim erklärt habe, er hätte seine Aussage nicht so gemeint, wie sie vom Seeamt aufgefaßt sei, sind jedenfalls nicht geeignet, Zweifel an der Glaubwürdigkeit dieser Zeugen hervorzurufen, weil darin höchstens ein Beleg dafür gefunden werden könnte, daß es für Schiffsmannschaften schwer fällt, an dem Orte wieder eine gute

Stelle zu erhalten, an welchem sie vor dem Seeamt als Zeugen gegen einen Schiffer aufgetreten sind. Die von der Beschwerde angebotene Vernehmung von Leuten in Blankenese, welche den guten Zustand der „Elise" vor der Reise bezeugen sollen, ist aus den angeführten Gründen als unerheblich abzulehnen gewesen.

Die aus Vorstehendem sich ergebende Unfähigkeit des Schiffers Stehr zur Führung eines Schiffes und seine dabei an den Tag gelegte Fahrlässigkeit erscheint als eine so bedenkliche, daß in zweiter Instanz nicht Anstand zu nehmen gewesen sein würde, ihm auch die Befugniß zur Ausübung des Steuermannsgewerbes zu entziehen, wenn es zulässig wäre, den angefochtenen Spruch zum Nachtheil des Beschwerdeführers abzuändern.

Daß durch die Anwesenheit eines Lootsen an Bord der „Elise" der Schiffer nicht, wie die Beschwerde meint, der Verantwortlichkeit für die Schiffsmanöver enthoben ist, erscheint selbstredend; die Lootsenhülfe bildet eine Assistenz für den Schiffer, um in dem betreffenden Fahrwasser richtig zu navigiren, und es wird einen Milderungsgrund für die Beurtheilung eines in dieser Richtung vorkommenden Versehens bilden, wenn der Schiffer nachweisen kann, daß der Lootse hierin fehlerhaft assistirt hat. In vorliegendem Falle handelt es sich aber nicht um das Navigiren oder Lootsen eines Schiffes, sondern um ein jedem Seemann geläufiges Schiffsmanöver, das von der Natur des Fahrwassers zunächst durchaus nicht abhängig war. Nur wenn nach ordnungsmäßigem Untersegelgehen der „Elise" dieselbe durch eine unrichtige Cursangabe oder einen unrichtigen Befehl über die Ruderlage von Seiten des Lootsen auf den Grund gekommen wäre, würde der Grad der Verschuldung des Lootsen bei der Urtheilsfällung abzuwägen sein.

Die baaren Auslagen des Verfahrens fallen dem Beschwerdeführer zur Last, weil die Beschwerde von demselben ohne Erfolg eingelegt worden ist.

37. Spruch des Seeamts zu Bremerhaven vom 3. November 1883, betreffend den Seeunfall der Bark „Pallas" von Bremen.

Der Spruch des Seeamts lautet:

Die am 4. December 1881 stattgehabte Strandung der Bark „Pallas" ist hauptsächlich darauf zurückzuführen, daß der

Schiffer Kautzner eine am Nachmittag vor der Strandung in Sicht gekommene Insel — wahrscheinlich Dodd Island — mit Chapel Island verwechselt und ferner nicht rechtzeitig beigedreht hat. Dem Antrage des Reichscommissars gemäß wird dem Schiffer Kautzner die Berechtigung zur Ausübung des Schiffergewerbes entzogen, dagegen ist demselben die Befugniß zur Ausübung des Steuermannsgewerbes nicht zu entziehen.

Gründe. Die Bark „Pallas", Heimathshafen Bremen, Unterscheidungssignal QCSJ, welche im Jahre 1869 erbaut, zu 1280,3 cbm = 451,96 britischen Register-Tons Netto-Raumgehalt vermessen war, gehörte zur Rhederei von Gildemeister & Ries in Bremen und war im Büreau Veritas 3/3 L. 1. 1., im Germanischen Lloyd A. 1. classificirt. Das Schiff ging am 1. December 1881 mit einer Ladung Bohnenkuchen von Shanghai nach Amoy in See. Führer des Schiffes war der Schiffer Carl Kautzner aus Vegesack, Steuermann Johann August Volquardsen aus Apenrade, beide im Besitz eines Befähigungszeugnisses als Schiffer auf großer Fahrt. Die gesammte Besatzung, einschließlich eines Steuermanns Namens Ragoczy, welcher zwar im übrigen als Passagier fuhr, jedoch behufs Abverdienens des Fahrgeldes Schiffsdienste mit verrichtete, bestand aus 10 Mann, wobei zu bemerken ist, daß in dem Handbuch für die deutsche Handelsmarine die regelmäßige Besatzung der „Pallas" auf 12 Mann angegeben wird. Das Casco des Schiffes war zu 60000 M. versichert. Es befand sich die englische Admiralitätskarte des Formosa-Canals und als Segelanweisung der „China Pilot" an Bord.

Bis zum 4. December ging die Reise gut von statten. Am Vormittag des letztgedachten Tages war anfangs leichter Regen, verbunden mit leichten Böen aus NO. Später klarte die Luft etwas auf. In der beim Consulat in Amoy abgelegten Verklarung wird angegeben, daß der Feuerthurm von Ockseu Island um 12 Uhr Mittags WzS in 10 Seemeilen, um 12½ Uhr Nord in 8 Seemeilen Abstand gepeilt sei, diese Angabe wird jedoch auf einem Irrthum beruhen, da die Fahrgeschwindigkeit, sowohl in der Verklarung als auch von mehreren der außerdem vernommenen Zeugen auf 10 Seemeilen in der Stunde angegeben ist, obige Peilungen aber nur richtig sein könnten, wenn in der Zeit von 12 bis 12½ Uhr etwa 15 Seemeilen zurückgelegt wären. Es wird daher entweder die erste Peilung eine Stunde früher oder die letztere eine Stunde später, als in der Verklarung angegeben worden, erfolgt sein. Der Wind war Mittags sowie auch Nachmittags und Abends NNO. Die Luft war am

Mittag wolkig und ziemlich klar, wurde jedoch am Nachmittag etwas diesig. Seit der letztbezeichneten Peilung von Ockseu Island wurde ununterbrochen der Curs SWzW½W ohne Annahme von Abtrift oder Mißweisung bei einer Geschwindigkeit von 10 Seemeilen in der Stunde gesteuert. Geloggt wurde jede Stunde, Lothungen fanden nicht statt. In Betreff des Stromes hat Schiffer Kautzner angegeben, es sei ihm bekannt gewesen, daß der Strom mit dem Passat laufe, und habe er die Geschwindigkeit desselben auf 1 bis 1½ Seemeilen in der Stunde geschätzt, übrigens keinen Strom bemerkt. Auch der Steuermann Volquardsen hat ausgesagt, daß er keinen Strom bemerkt habe. Der Ausguck war fortwährend besetzt.

Zwischen 4 und 5 Uhr Nachmittags schickte der Schiffer den Bootsmann Niehage auf die Großbramraa, um nach Chapel Island auszusehen. Der Bootsmann bediente sich hierbei eines Fernglases. Derselbe sah eine Insel voraus und glaubte, daß es Chapel Island sei. Die gesichtete Insel hatte keinen Feuerthurm. Niehage theilte seine Beobachtung dem Schiffer mit, worauf dieser mit einem Fernglase nach der Insel sah und Zweifel darüber äußerte, ob die Insel Chapel Island sei, da letzteres einen Feuerthurm habe. Der Matrose Laubscher, welcher von 4 bis 6 Uhr p. m. auf Ausguck war, bemerkte etwa um 5 Uhr oder etwas nach 5 Uhr mit bloßem Auge eine Insel und meldete: „Land an Steuerbord voraus". Der hinzukommende Steuermann Volquardsen sah diese Insel auch und sagte dem Ausguckmann, er solle nach dem Feuer aussehen. Ein solches kam jedoch nicht in Sicht. Die betreffende Insel lag nach Angabe von Laubscher dicht bei bezw. vor der ebenfalls sichtbaren Küste und ist augenscheinlich identisch mit der vorher von Niehage bemerkten. Die Insel blieb immer in Sicht und das Schiff näherte sich derselben immer mehr. — Bald nach 6 Uhr p. m. wurde der Befehl gegeben, Segel aufzugeien. Daß dieser Befehl bald nach 6 Uhr ertheilt ist, muß auf Grund der Aussagen mehrerer völlig unverdächtiger Zeugen angenommen werden, trotz der entgegenstehenden, auch in die Journalcladde eingetragenen und aus dieser in die Verklarung übergegangenen Darstellung des Schiffers Kautzner, daß der Befehl erst nach 7 Uhr ertheilt sei. Das Aufgeien der Segel sollte geschehen, um ankern zu können. Der Beschluß zu ankern wurde gefaßt, weil Schiffer und Steuermann, welche ihrer Angabe zufolge bislang angenommen hatten, die in Sicht gekommene Insel sei Chapel Island, inzwischen zu der Ansicht gelangt waren, daß sie sich geirrt haben müßten.

Während man mit dem Aufgeien der Segel beschäftigt war,

wurden 10½ bis 11 Faden Wasser gelothet. Als die oberen Segel festgemacht waren, wurde der Backbordanker fallen gelassen und demselben 45 Faden Kette vorgegeben. Dies war etwa um 7 Uhr Abends. Bis dahin war der Curs SWzW½W ununterbrochen beibehalten, beim Fallenlassen des Ankers wurde dagegen der Befehl gegeben, aufzuluven. Da der Backbordanker nicht genügend hielt, so wurde auch der Steuerbordanker fallen gelassen und sodann vor beiden Ankern so viel Kette ausgestochen, daß dieselben zusammen steif standen. Eine Zeitlang hielten die Anker das Schiff, dann wurde an dem Loth, welches mehrfach geworfen wurde, bemerkt, daß das Schiff von neuem ins Treiben gerathen sei. Der Schiffer befahl nun, auch den dritten Anker fertig zu machen und fallen zu lassen. Inzwischen waren weitere Segel festgemacht worden. Nach dem Fallenlassen des dritten Ankers hielten Anfangs die Anker das Schiff wieder, nach einiger Zeit gerieth letzteres jedoch von neuem ins Treiben. Ab und an hielten die Anker auch wieder eine Zeit lang. Zwischen 10 und 11 Uhr Abends stieß das Schiff beim Schwingen mit dem Hintertheil auf, wobei das Ruder weggeschlagen wurde. Einige weitere Stöße folgten. Das Schiff war jetzt ganz in die Brandung hinein getrieben. Das Wasser in demselben nahm rasch zu.

Nunmehr wurden die Boote, welche schon vorher fertig gemacht waren, zu Wasser gelassen und die Mannschaft begab sich in denselben an Land, während der Schiffer auf dem Schiffe zurückblieb. Die Stelle, wo das Schiff gestrandet war, befand sich auf der Ostseite von Quemoy. Nach einiger Zeit war das Schiff ganz voll Wasser gelaufen und legte sich in Folge dessen auf die Backbordseite. Am andern Morgen kamen chinesische Fischer in großen Schaaren mit ihren Booten nach dem Schiffe und plünderten es trotz des Protestes des Schiffers zum großen Theil aus. Einige Leute von der Mannschaft kamen ebenfalls an Bord, fuhren jedoch nebst dem Schiffer bald wieder an Land, da das Schiff rettungslos verloren war. Dasselbe brach noch selbigen Tages auseinander.

Nach Ansicht von Schiffer und Steuermann ist das Schiff durch eine starke Strömung in die Hu-i-tau-Bai hineingesetzt. Die Richtung des Stromes ist vom Steuermann auf WSW angegeben. Hiermit stimmt die Angabe des Schiffers, daß das Schiff beim Treiben den Bug nach See zu gehabt habe, ungefähr überein. Nach der Schätzung des Schiffers ist das Schiff nach dem Fallenlassen des ersten Ankers noch etwa 12 Seemeilen weit getrieben. Derselbe hat ferner angegeben, daß es zur Zeit, als er den Befehl zum Ankern gegeben habe, nicht mehr möglich gewesen sei, vom Lande abzukreuzen, während der Steuermann ausgesagt hat, daß er nicht wisse, ob dies noch möglich gewesen sei, er es aber auch für das Beste gehalten habe, zu ankern und den Morgen abzuwarten. — Die Nacht, in welcher die Strandung erfolgte, war die Nacht vor Vollmond. Hochwasser war um etwa 11 Uhr Abends.

In Betreff der Gezeiten ist im „China Pilot" folgende Mittheilung enthalten:

»Tides: It is highwater full and change in Chimmo Bay at 10 h 20 m and springs rise 16 feet. The tide sets with considerable strength along the coast between Hu-i-tau and Chimmo Bays; but both the period and the rate vary considerably with the monsoon: the state of the tide will be known by the numerous fishing nets moored off the coast.«

Schiffer Kautzner hat ausgesagt, daß er den „China Pilot" noch vor seiner Abreise von Shanghai gelesen habe und ihm jene Mittheilung desselben bekannt gewesen sei.

Ueber die Stromverhältnisse im Formosa-Canal sind seitens des Consulats in Amoy drei Sachverständige vernommen. Dieselben haben ausgesagt, wie folgt:

1. Schiffscapitain C. F. Bertelsen: „Beim Nordost-Monsoon laufe der Strom in der Mitte des Formosa-Canals mit dem Winde nach SW, aber 3 bis 4 Meilen vom Lande ziehe der Strom bei Fluthzeit in die Buchten hinein. Der Ebbestrom laufe im Canal nach Süden und der Fluthstrom nach Norden, besonders mit Springzeit."

2. Schiffscapitain Matzen: „Der Strom im Formosa-Canal sei sehr unregelmäßig. Im Nordost-Monsoon erwarte man den Strom nach SW außen im Canal. Durch die lokalen Verhältnisse würden zuweilen Abweichungen herbeigeführt, je nachdem wie der Wind wehe. Wenn man dem Lande näher komme auf 10 oder 15 Seemeilen, bemerke man den Einfluß von Ebbe und Fluth. Bei der Ebbe setze der Strom nach Süden und aus den Baien und Flüssen heraus, bei der Fluth setze der Strom längs dem Lande in nördlicher Richtung in die Baien und Flüsse hinein."

3. Schiffscapitain Holm: „Im Nordost-Monsoon laufe der Strom in der Mitte des Canals nach SW. Näher an der Küste, in 10 bis 15 Seemeilen Entfernung von derselben, ziehe der Strom immer in die Buchten, Chimmo Hu-i-tau und die anderen Buchten hinein. Er halte dieserhalb Nachts immer etwas nach Osten. Bei Tage sei dies

für ihn nicht nöthig, da er die Küste genau kenne, vorausgesetzt daß er dieselbe sehen könne."

Schiffscapitain Matzen hat außerdem auf Befragen von Schiffer Kautzner noch erklärt, daß, wenn man von Norden komme, man bei Tage und aus größerer Entfernung wohl Dodd Island für Chapel Island halten könne, weil das niedrige Land, welches zu Quemoy gehöre, erst später sichtbar werde.

In der vom Schiffer Kautzner beim Consulat in Amoy eingereichten und daselbst zurückbehaltenen Journalkladde ist die vom Schiffer herrührende Eintragung enthalten, daß Chapel Island um 7 Uhr Abends SWzW¼W gepeilt sei. Die Richtigkeit dieser Angabe ist bei Ablegung der Verklarung, an welcher u. a. der Schiffer und der Steuermann theilgenommen haben, eidlich bekräftigt. Zur angegebenen Zeit hat nun überhaupt keine Peilung stattgefunden und jene wahrheitswidrige Angabe ist nachträglich vom Schiffer zum Zweck der Täuschung in die Journalkladde eingetragen. Mit Rücksicht auf diesen Sachverhalt ist durch Urtheil des Consulargerichts in Amoy vom 20. December 1881 Schiffer Kautzner wegen fahrlässigen Eides und Fälschung in eine Gesammtstrafe von 6½ Monat Gefängniß und Steuermann Volquardsen wegen fahrlässigen Eides in eine Strafe von 6 Monat Gefängniß verurtheilt. Beide haben die Strafe verbüßt.

Der im Vorstehenden mitgetheilte Sachverhalt ergiebt sich vorzugsweise aus den beim Consulat in Amoy aufgenommenen Verhandlungen, Verklarung, Zeugen- und Sachverständigenvernehmungen und Consulargerichtsurtheil. Abgesehen hiervon kommt eine Vernehmung des sich jetzt in Brooklyn aufhaltenden Schiffers Kautzner durch das darum ersuchte Generalconsulat in New-York und die Vernehmung des Bootsmanns Niehage vor dem Seeamt in Betracht. Schiffer Kautzner ist trotz der am 5. October 1883 ihm zugestellten Aufforderung, sich im Verhandlungstermin einzufinden, nicht erschienen, hat vielmehr bei seiner Vernehmung durch das Generalconsulat angegeben, daß er zum Verhandlungstermin vor dem Seeamt nicht erscheinen wolle. In Bezug auf den Steuermann Volquardsen ist das Seeamt seitens des Landrathsamts in Apenrade benachrichtigt, daß derselbe nach Mittheilung des Consulats in Mazatlán am 11. März 1882 an Bord des Schiffes „Tlalok", Schiffer Benecke, aus Hamburg auf der Fahrt von Mazatlán nach Salinabay verstorben sei.

Bei Beurtheilung des obigen Sachverhalts ist zunächst hervorzuheben, daß die am Nachmittag vor der Strandung zwischen 4 und

5 Uhr in Sicht gekommene Insel jedenfalls nicht Chapel Island, sondern wahrscheinlich Dodd Island gewesen ist. Wenn nun auch auf Grund der Angabe des Sachverständigen Matzen die Möglichkeit wird zugegeben werden müssen, daß Dodd Island auf eine größere Entfernung und so lange als das in der Nähe liegende Land von Quemoy noch nicht in Sicht ist, mit Chapel Island verwechselt werden kann, so mußte doch im vorliegenden Falle ein derartiger, beim Schiffer und Steuermann etwa Anfangs vorhanden gewesener Irrthum sehr bald beseitigt werden, da einerseits auf der in Sicht gelangten Insel kein Feuerthurm bemerkt wurde und andererseits auf Grund der völlig unverdächtigen Aussage des Matrosen Laubscher angenommen werden muß, daß bald nach 5 Uhr, als dieser die betreffende Insel erblickte, dieselbe als von Land umgeben erschien, während Chapel Island ganz frei von Land hätte erblickt werden müssen. Es kommt hinzu, daß selbst dann, wenn die Peilung von Ockseu Island im Norden bei 8 Seemeilen Entfernung um 12½ und nicht etwa um 1½ Uhr Nachmittags erfolgt wäre, das Schiff „Pallas" bei einer Fahrt von 10 Seemeilen in der Stunde sich um 5 Uhr p. m. noch etwa 35 Seemeilen von Chapel Island entfernt befunden haben würde, diese Insel mithin um die letztangegebene Zeit unmöglich schon in Sicht kommen konnte, zumal die Luft am Nachmittag diesig war. Da der Lichtkreis des Feuers auf Chapel Island 20 Seemeilen betragen soll, so hätte bei klarer Luft das Feuer frühestens um 6½ Uhr in Sicht kommen können, bei der herrschenden diesigen Luft aber schwerlich vor 7½ bis 8 Uhr. Daß der Schiffer sich auch selbst im Zweifel darüber befunden hat, ob die am Nachmittage in Sicht gekommene Insel Chapel Island sein könne, geht aus den Aeußerungen, die er dem Bootsmann Niehage gegenüber gemacht hat, zur Genüge hervor. Er hätte auf Grund der oben angeführten Umstände aber nicht nur hierüber im Zweifel sein, sondern er hätte mit Sicherheit erkennen können und müssen, daß die in Sicht gekommene Insel, mochte dieselbe sich Anfangs auch frei von Land zeigen, nicht Chapel Island sein könne. Der Umstand, daß der nach der letzten Peilung von Ockseu Island gesetzte und fortwährend beibehaltene Curs SWzW½W etwa 5 Seemeilen von Dodd Island frei führt, fällt nicht zu Gunsten des Schiffers Kautzner ins Gewicht, da derselbe wissen und darauf Rücksicht nehmen mußte, daß der Fluthstrom in der Nähe der Küste in die Buchten hineinsetzt.

Als dem Schiffer Kautzner zweifelhaft geworden war, ob das Besteck in Ordnung sei — und diesen Zweifel scheint er schon gegen 5 Uhr Nachmittags, nachdem der Bootsmann die Insel erblickt hatte, gehabt zu haben — hätte derselbe den bis dahin gesegelten Curs nicht beibehalten dürfen, sondern hätte sofort beidrehen müssen. Hierzu mußte ihn schon der Umstand veranlassen, daß das Einbrechen der Dunkelheit bevorstand und ihm die Fahrwasser- und Stromverhältnisse an dem betreffenden Theil der chinesischen Küste nicht näher bekannt waren. Abgesehen hiervon kam aber ferner in Betracht, daß die Luft diesig war und daß es selbst für Schiffer, welche mit den örtlichen Verhältnissen näher vertraut sind, nicht unbedenklich ist, bei geringer Sichtigkeit des Wetters oder zur Nachtzeit in die Bucht von Amoy einzulaufen. Ein Abhalten nach See wäre bei dem herrschenden NNOWinde mit keinerlei Schwierigkeiten verknüpft gewesen und der Einwand des Schiffers, daß er nicht mehr nach See hätte abhalten können, ist insofern völlig unzutreffend, als dies um 5 und auch noch um 6 Uhr zweifellos möglich gewesen sein würde, vermuthlich sogar noch um 7 Uhr. Nun hatte der Schiffer aber schon vor 5 Uhr die Insel erblickt und etwa um 6 Uhr gab er bereits Befehl, Segel aufzugaien. Zu Anker zu gehen war nur im äußersten Nothfall angebracht, da der Meeresboden in der fraglichen Gegend — wie schon aus der Karte ersichtlich ist — größtentheils steinig ist und es deshalb von vornherein wahrscheinlich war, daß die Anker mit Rücksicht auf den starken Fluth- und Ebbestrom nicht genügend halten würden.

Auf Grund obiger Erwägungen ist das Seeamt zu der Ansicht gelangt, daß der Unfall bei Anwendung der erforderlichen Aufmerksamkeit und Gewissenhaftigkeit hätte vermieden werden können. Die Verantwortung wegen der stattgehabten Versehen trifft in erster Linie den Schiffer Kautzner. In Bezug auf ihn fallen diese Versehen um so schwerer ins Gewicht, als etwa 9 Monate vor diesem Unfall das unter seiner Führung stehende Schiff „Friedrich Perthes" vorzugsweise dadurch verloren gegangen ist, daß in ähnlicher Weise wie im vorliegenden Falle die Stromverhältnisse nicht in Berücksichtigung gezogen waren. Unter Mitberücksichtigung dieses früheren Falles hat das Seeamt die Ueberzeugung gewonnen, daß die vom Schiffer Kautzner begangenen Fehler den Mangel solcher Eigenschaften documentiren, welche die Ausübung des Schiffergewerbes erfordert. Es war daher dem Antrage des Reichscommissars gemäß dem Schiffer die Befugniß zur Ausübung des Schiffergewerbes zu entziehen. Dagegen war ihm die Berechtigung zur Ausübung des Steuermannsgewerbes nicht zu entziehen, weil nach Ansicht des Seeamts aus den durch die Untersuchung festgestellten Umständen, insofern dieselben auf den Unfall von Einfluß gewesen sind, nicht hervorgeht, daß er die zur Ausübung des Steuermannsgewerbes erforderlichen Fähigkeiten nicht besitzt.

Die stattgehabte Journalfälschung und die Leistung eines falschen Eides kommen für die Entscheidung des Seeamts nicht in Betracht, da diese Vergehen nicht im unmittelbaren Zusammenhang mit dem Unfall stehen.

38. Spruch des Seeamts zu Bremerhaven vom 24. November 1883, betreffend den Seeunfall des Vollschiffes „Erwin" von Geestemünde.

Der Spruch des Seeamts lautet:

Auf Grund der stattgehabten Ermittelungen ist anzunehmen, daß das Feuer auf dem Vollschiffe „Erwin", welches den Verlust desselben zur Folge gehabt hat, durch Selbstentzündung der geladenen Kohlen entstanden ist. Bestimmte Umstände, welche als Ursache der Selbstentzündung angesehen werden könnten, sind nicht festgestellt.

Gründe. Das Vollschiff „Erwin" war im Jahre 1874 in Brewen (Maine) erbaut, 1328 Register-Tons groß und führte im Büreau Veritas die Classe 3/3 L. 1. 1. Das Schiff war im Frühjahr 1883, während es in Liverpool lag, von der Rhederei Wilh. A. Riedemann in Geestemünde angekauft, nachdem es zuvor durch Sachverständige genau untersucht und durchaus gut und seetüchtig befunden war. Durch Flaggenattest des deutschen Consulats in Liverpool vom 3. Mai 1883 hatte das Schiff unter Aenderung seines bisherigen Namens „Harriet M. Mc Gilvery" in „Erwin" und unter Bestimmung von Geestemünde zum Heimathshafen die Berechtigung zur Führung der deutschen Flagge erhalten. Ein Unterscheidungssignal hatte dasselbe noch nicht. Die Führung des Schiffes wurde dem Schiffer Joh. Kühlken aus Bremerhaven übertragen.

Das Schiff war zur Zeit des Verkaufs bereits zu einer Reise nach San Francisco verchartert. Der neue Erwerber trat in diese Charter ein. Als Schiffer Kühlken das Schiff übernahm, befanden sich schon etwa 200 Tons Kohlen als Ladung in demselben. Die Kohlen bestanden aus großen und kleinen Stücken, waren ziemlich gleichmäßig im Unterraum vertheilt und lagerten nicht unmittelbar auf den Bauchdielen, vielmehr waren letztere vorab mit anderen Dielen bedeckt. Ueber die Art und Weise der Einnahme dieser Kohlen ist Zuverlässiges nicht ermittelt, jedoch ist dem Obersteuermann Penon seiner Angabe zufolge in Liverpool gesagt, daß die Kohlen durch die Seitenpforten eingenommen und sodann in Körben in den Unterraum hineingelassen seien.

Nach erfolgter Uebernahme des Schiffes wurde mit dem Einnehmen der Kohlenladung fortgefahren. Die im Schiffe vorgefundenen und die später eingenommenen Kohlen waren von gleicher Beschaffenheit und wurden als North-Wales-Steamkohlen bezeichnet. Aus welchen Zechen sie stammten, ist nicht festgestellt. Die Kohlen waren sehr trocken und hatten nach der dem Schiffer vom Ablader gemachten Mittheilung schon längere Zeit gelagert. Während des Einnehmens war trockenes Wetter. Gelbe Fleckchen sind an den Kohlen nicht bemerkt. Dem Schiffer und dem Steuermann wurde von dem Aufseher, welcher Namens des Abladers die Ladung überwachte, und von den Trimmern gesagt, daß die verladene Kohlensorte durchaus nicht feuergefährlich sei. Der amerikanische Schiffer, welcher das Schiff vorher geführt hatte, hat sich dem Schiffer Kühlken gegenüber in gleichem Sinne geäußert.

Die Einnahme der nach dem Eigenthumswechsel verladenen Kohlen erfolgte durch alle drei Hauptluken in der Weise, daß die Kohlen von den Eisenbahnwaggons direct in die Luken geschüttet wurden und nach unten fielen. Unten im Raum befanden sich Arbeiter vom Lande, welche die Kohlen trimmten. Das Grus, welches beim Einschütten entstanden war, blieb nicht unter den Luken liegen, sondern wurde auf Anordnung des Aufsehers gleichmäßig mit den Kohlenstücken vertheilt. Es ist nicht bemerkt worden, daß die Kohlen Neigung zum Zerbröckeln hatten, dieselben gaben überhaupt nicht viel Grus. Es wurden im ganzen 1700 Tons eingenommen, von welchen etwa 1000 Tons im Unterraum und etwa 700 Tons im Zwischendeck untergebracht wurden. Außer den Kohlen befand sich keine Ladung im Schiff. Nach Angabe des Schiffers und des Steuermanns hätte das Schiff etwa 200 Tons mehr laden können, jedoch wurde nicht mehr Ladung eingenommen, um mit Rücksicht auf das möglicherweise bei Cap Horn zu bestehende schwere Wetter das Schiff nicht zu stark zu beladen.

Unter den Luken und mittschiffs war das Schiff ziemlich bis oben voll. An den Seiten war dagegen sowohl im Unterraum als im Zwischendeck noch ziemlich viel freier Raum geblieben, so daß man von vorn bis nach hinten über die Kohlen hinkriechen konnte. Eine besondere Ventilationsvorrichtung war nicht angebracht, da der

Schiffer auf die bei mehreren Fachleuten eingezogenen Erkundigungen die Auskunft erhalten hatte, daß eine solche nicht erforderlich sei, indem betont worden war, daß nach statistischen Ermittelungen Kohlenschiffe mit Ventilationsvorrichtung eben so häufig aufgebrannt seien als Schiffe ohne eine solche. Beim Oeffnen der Luken konnte der Luftzug die gesammten Laderäume bestreichen.

Am 4. Mai 1883 wurde die Reise von Liverpool angetreten. Auf dem ersten Theile derselben war fast anhaltend gutes Wetter. Die Vorder- und die Hinterluke wurden fast beständig, die große Luke möglichst häufig offen gehalten. Außer diesen Luken waren zwei kleinere Luken vorhanden, von denen sich die eine ganz vorn unter der Back und die andere ganz hinten befand. Diese waren während des ersten Theils der Reise beständig offen.

Am 4. Juli kam Staten Island in Sicht. Am Abend dieses Tages trat schweres Sturmwetter ein, welches bis zum 20. Juli anhielt. Die See lief sehr hoch und wild und das Schiff, welches nur ganz kleine Segel führen konnte, arbeitete unausgesetzt sehr schwer. Die Hauptluken waren vor Eintritt des schlechten Wetters geschlossen worden, doch wurden dieselben, so oft die Umstände es irgend gestatteten, wieder geöffnet. Die kleine Luke vorn war während des schlechten Wetters immer offen, da sie so angebracht war, daß kein Wasser in dieselbe eindringen konnte. Die hinten befindliche kleine Luke war auch fast immer offen und wurde nur dann geschlossen, wenn es regnete.

Am 23. Juli Morgens 8 Uhr fiel dem Steuermann und dem Zimmermann, als sie vom Deck in die Cajüte kamen, ein eigenthümlicher Geruch auf. Derselbe machte auf den Steuermann den Eindruck, als ob er von Petroleum herrühre, weshalb zunächst der Petroleumtank auf seine Dichtigkeit untersucht wurde. Nachdem dieser sich jedoch als dicht herausgestellt hatte, wurde die Aufmerksamkeit auf die Kohlenladung gerichtet und constatirt, daß ein dunstartiger Geruch aus der Luke aufstieg. Im Zwischendeck wurde ein gleicher Geruch bemerkt. In Folge dieser Entdeckung begab sich zunächst der Schiffer in den Unterraum und kroch an der Steuerbordseite in der ganzen Ausdehnung des Schiffes über die Ladung hin, ohne jedoch etwas Verdächtiges zu finden. Hierauf wurden die Vorder- und die Hinterluke, welche nach Wahrnehmung des verdächtigen Geruchs geöffnet worden waren, wieder geschlossen. Einige Zeit später begab sich der Obersteuermann in den Unterraum und kroch ebenfalls an der Steuerbordseite des Schiffes über die Ladung hin, fand aber auch nichts Verdächtiges. Im weiteren

Verlaufe des Tages und während des ersten Theils der folgenden Nacht wurde gleichfalls nichts Verdächtiges wahrgenommen. Temperaturmessungen wurden nicht angestellt.

In der Nacht zum 24. Juli um 2 Uhr Morgens bemerkte der Obersteuermann Penon, welcher von 12 bis 4 Uhr die Wache hatte, daß die Cajüte sich mit Rauch füllte. Er machte hiervon sofort dem Schiffer Mittheilung, worauf letzterer an Deck eilte und das Oeffnen der Luken anordnete. Durch den aus denselben beim Oeffnen aufsteigenden Rauch gelangte man zur Ueberzeugung, daß Feuer in der Ladung ausgebrochen sei. Der Steuermann begab sich darauf nach unten, um Ketten herauf zu holen, wurde jedoch von dem unten befindlichen starken Dunst ohnmächtig und mußte wieder nach oben gezogen werden. Nachdem es bei den weiteren Versuchen gelungen war, Ketten, Ankergeschirr und einige sonstige Sachen an Deck zu schaffen, wurden alle Luken geschlossen, zugenagelt und kalfatert und darauf eiserne Bügel über denselben angebracht.

Das Schiff befand sich um diese Zeit etwa auf 56 Grad Südbreite und 71 Grad Westlänge. Der Wind war NNO. Dieser Wind war günstig, um die amerikanische Westküste zu erreichen, weshalb der bisherige norstwestliche Curs vorläufig beibehalten wurde. Gegen Abend wurde der Wind, welcher von NNO zunächst nach Nord gegangen war, westlich. In Folge dessen wurde mit Rücksicht darauf, daß in der dortigen Gegend westliche Winde vorherrschend zu sein pflegen, bei solchen aber die Westküste schwer zu erreichen ist, der Beschluß gefaßt, den Curs nach den Falklands-Inseln zu setzen. Letzteres geschah etwa um 6 Uhr Abends. Die Falklands-Inseln waren bei dem westlichen Winde am schnellsten zu erreichen. Der Curs auf dieselben wurde, obwohl der Wind später wieder nördlich lief, so gut es ging beibehalten.

Das Feuer im Raum nahm derart zu, daß am 25. Juli um etwa 9 Uhr Abends der große Mast tiefer sackte, sodann in Bewegung gerieth und hin und her schwankte. Da befürchtet werden mußte, daß beim Fallen desselben die Boote zertrümmert werden würden, so wurde zunächst das große und dann die beiden kleineren Boote ausgesetzt, der größere Theil der Mannschaft in dieselben beordert und die Boote darauf achteraus gefiert. Der Schiffer, die beiden Steuerleute, der Bootsmann und ein Matrose blieben an Bord. Das Schiff lief unter Vorsegel.

Am 26. Juli um etwa 8 Uhr Morgens sahen sich die noch auf dem Schiffe zurückgebliebenen Personen veranlaßt, das Schiff ebenfalls zu verlassen und sich in die Boote zu begeben, da eine Explosion und ein Fallen des Mastes unmittelbar bevorzustehen schien. Die Explosion erfolgte etwa 10 Minuten später im vorderen Theil des Schiffes mit einem starken Knall. Die Vorluke und die Trümmer des Lukenhauses flogen dabei hoch in die Luft. Gleich darauf fielen der Großmast und der Besahnmast über Bord. Die Flammen schlugen jetzt überall hervor und das Feuer verbreitete sich rasch über das ganze Schiff.

Die Schiffsbesatzung wurde gleichmäßig in den drei Booten vertheilt. Alle drei Boote waren mit Proviant, Trinkwasser und den sonst erforderlichen Gegenständen ausgerüstet, zwei derselben auch mit Seekarten versehen. Es wurde sodann mit den Booten nach dem in Sicht befindlichen Lande und darauf längs desselben weiter gerudert, bis schließlich am 3. August die englische Missionarstation Ooshovia im Beagle Channel erreicht wurde. Dort wurde gelandet, die Missionare nahmen die Schiffbrüchigen, welche durch die lange Fahrt in den offenen Booten bei der herrschenden Kälte sehr gelitten hatten, freundlich auf und versahen sie, so gut sie konnten, mit Nahrung und Obdach. Etwa 14 Tage später nahm das französische Kriegsschiff „Romanche", welches zu Vermessungszwecken nach dort gekommen war, die Schiffsbesatzung des „Erwin" auf und landete dieselbe 20 Tage später in Punta Arenas.

Die vernommenen Personen von der Schiffsbesatzung des „Erwin" haben ihre Ueberzeugung dahin ausgesprochen, daß das Feuer nur durch Selbstentzündung der Kohlen entstanden sein könne, und haben ferner bestimmt versichert, daß niemals offenes Licht im Raum benutzt sei oder eine sonstige Unvorsichtigkeit beim Gebrauch von Feuer stattgefunden habe.

Das Seeamt hat auf Grund des obigen Sachverhalts die Ansicht gewonnen, daß das Feuer auf dem Schiffe „Erwin" durch Selbstentzündung der geladenen Kohlen entstanden ist. Welche Umstände die Selbstentzündung verursacht haben, läßt sich auf Grund des vorliegenden Materials nicht bestimmen. Es ist insbesondere anzunehmen, daß die Kohlen bei der Einnahme trocken gewesen sind und daß die Einnahme unter sonst günstigen Verhältnissen erfolgt ist; daß die in Frage kommende Kohlensorte eine solche ist, welche stark zur Selbstentzündung neigt, erscheint nicht wahrscheinlich. Vermuthlich wird das schwere Arbeiten des Schiffes während des ungünstigen Wetters, welches in der Zeit vom 5. bis 20. Juli geherrscht hat, auf die Selbstentzündung von Einfluß gewesen sein, da durch dasselbe ein

Reiben der Kohlen und ein starker Bruch verursacht sein muß, es auch möglich ist, daß dabei von unten etwas Wasser an die Kohlen gekommen ist und daß überdies während dieser Zeit die Hauptluken meistens geschlossen gehalten werden mußten, so daß nur eine geringe Ventilation vorhanden war. Es würde zweckmäßig sein, wenn auf Schiffen, welche Kohlenladungen führen, häufig in regelmäßigen Zwischenräumen Temperaturmessungen vorgenommen würden, weil dadurch in der Regel das Vorhandensein von Erhitzungen rascher constatirt und demzufolge die Aussicht auf zeitiges Anlaufen eines Nothhafens vergrößert werden würde.

39. Spruch des Seeamts zu Stettin vom 28. November 1883, betreffend den Zusammenstoß des Raddampfers „Swine" mit dem Schraubendampfer „Octava" von Flensburg auf der Oder.

Der Spruch des Seeamts lautet:

Der Zusammenstoß des Regierungsdampfers „Swine" mit dem Schraubendampfer „Octava" in der Oder am 15. October 1883 ist vom Schiffer und Steuermann der „Swine" dadurch verschuldet, daß beide zugleich vom Deck gingen, das Schiff also ohne Befehl war und in den Sog der „Octava" gerieth, da die „Swine" die „Octava" nicht vorbeiließ, noch ihre Fahrt minderte oder stoppte. Das Verhalten des Schiffers Neidt verdient ernsten Tadel, doch ist gegen ihn dem Antrage auf Entziehung der Gewerbebefugniß nicht entsprochen, wogegen dem Steuermann Drieling die Befugniß des Steuermannsgewerbes entzogen ist.

Gründe. Der Schraubendampfer „Octava", Unterscheidungssignal LKRG, Heimathshafen Flensburg, ist am 15. October 1883 auf der Fahrt von Swinemünde nach Stettin am Eingang des Durchstichs vom Dammansch zur Oder, der Königsfahrt oder neuen Oder, von dem Regierungsdampfer „Swine" angerannt und beschädigt worden.

Die „Octava", ein eiserner Schraubendampfer mit einem Netto-Raumgehalt von 935,70 britischen Register-Tons, war am 15. October 1883 Morgens 7 Uhr mit einer Ladung Gerste von Swinemünde nach Stettin abgefahren unter Leitung des Revierlootsen Böttcher und unter Beistand des Revierlootsen Schulz. Das Schiff, welches von dem Lootsen Böttcher als schwerfällig bezeichnet wird, hatte einen Tiefgang von 17½ Fuß englisch hinten und 16 Fuß 3½ Zoll vorne. Der Lootse Böttcher hatte als Zwangslootse die volle Schiffsführung übernommen und war beständig auf der Commandobrücke mit dem Schiffer Haye zusammen, der den Gang des Schiffes beobachtete und die Ausführung der Lootsenbefehle überwachte. Der Lootse Schulz stand mit dem zweiten Steuermann Emke zusammen auf der unteren Brücke neben dem Mann am Ruder, welches er zeitweise selbst übernahm. Die „Octava" fuhr mit halber Kraft und ganz langsam, als sie sich zwischen 12 und 1 Uhr Mittags dem Eingange der Königsfahrt näherte, wobei sie ihres Tiefganges wegen die Mitte des Fahrwassers halten mußte. Der Schiffer, erste Steuermann und erste Maschinist der „Octava" waren zum Mittagessen gegangen und befand sich der Schiffer in der Cajüte unter Deck, während die beiden andern in der Messe auf dem Hinterdeck hinter der Maschine sich aufhielten. Auch der Lootse Schulz hatte soeben seinen Posten verlassen, nachdem er den zweiten Steuermann gebeten hatte, dem Mann am Ruder bei Ausführung der Befehle zu helfen. Der Lootse Schulz, der den Dampfer „Swine" bereits vorher aus dem Kameelstrom hatte herankommen sehen, aber keine Gefahr bemerkte, stand noch auf der Treppe, als er an Deck ein Laufen hörte und eiligst wieder nach oben kam; in diesem Augenblick erfolgte auch schon der Zusammenstoß. Die „Swine", ein auf der Oder stationirter fiskalischer Raddampfer, der zum Schleppen von Baggerprähmen gebraucht wird und auch in See geht, war unter Führung des Schiffers Neidt und Steuermanns Drieling am Morgen des 15. October von Bredow aus mit vier Baggerprähmen nach dem Dammschen See gegangen. Hier wurden die Prähme entlöscht und fuhr der Dampfer sodann gegen 12 Uhr Mittags mit ihnen auf dem Kameelstrom nach der Oder zurück. Schiffer Albert Ferdinand Hermann Neidt, zu Stettin wohnhaft, ist 56 Jahre alt, evangelisch, hat das Befähigungszeugniß als Seeschiffer zweiter Classe vom 13. April 1854 und ist seit dem 1. October 1863 Führer der „Swine". Der Matrose Carl Ludwig Hermann Drieling aus Podejuch, jetzt in Stettin wohnhaft, ist 44 Jahre alt, evangelisch, laut der als Bestallung für ihn ausgefertigten Verhandlung vom 18. Juni 1877 zum Königlichen Steuermann ernannt und als solcher mit gegenseitiger dreimonatlicher Kündigungsfrist seit dem 1. April 1877 auf dem Dampfer „Swine" angestellt. Eine Prüfung als Steuermann hat Drieling nicht bestanden, auch nicht als solcher, wohl aber als Matrose zehn Jahre zur See gefahren.

Als die „Swine" sich vom Kameelstrom her der Königsfahrt näherte, befand sich auf ihrem Deck nur der Matrose Last, am Ruder der Matrose Parow und am Eingange zum Maschinenraum der Heizer Groth, während der Heizer Krause die Maschine bediente. Die übrige Besatzung, nämlich Schiffer Neidt, Steuermann Drieling und Maschinist Lemke — auch dieser ungeprüft und ohne Befähigungszeugniß — befand sich beim Mittagessen unter Deck. Der Schiffer Neidt war zuerst nach unten gegangen, während Drieling am Ruder stand und voraus kein Schiff in Sicht war. Der Schiffer benachrichtigte den Steuermann nicht davon, daß er das Deck verlasse, und gab ihm keine Ordre, bis zur Rückkehr des Schiffers oben zu bleiben, dagegen befahl Neidt den auf Deck befindlichen Leuten, ihn zu rufen, sobald etwas vorfalle, hat auch schon früher im allgemeinen die Leute angewiesen, ihn, wenn er nicht auf Deck sei, bei jedem Vorfall zu benachrichtigen und will schon vor zwei Jahren dem Steuermann Drieling, der mit dem Schiffer zugleich das Deck verlassen hatte, darüber Vorwürfe gemacht und die Erwartung ausgesprochen haben, daß dergleichen nicht wieder vorkomme. Drieling, der sich dieser Vorhaltung nicht erinnert, will am 15. October 1883 nicht bemerkt haben, daß der Schiffer unter Deck gegangen sei, hat sich aber auch von der Anwesenheit des Schiffers auf Deck nicht vergewissert und die Erlaubniß desselben nicht eingeholt, als Drieling kurze Zeit nach dem Schiffer gleichfalls unter Deck zum Essen ging, nachdem er das Ruder dem Matrosen Last übergeben hatte, der seinerseits nie zur See, sondern nur sieben Jahre lang auf einem Bagger gefahren war. Die „Swine" war in voller Fahrt. Als sie um die Ecke der Kameelsfahrt nach der Königsfahrt bog, erblickte Last, der vom Ruder aus nach vorn, nicht aber gut seitwärts und nach hinten sehen konnte, die „Octava" vor sich. Last bat den Matrosen Parow, den Schiffer zu rufen, Parow aber, ein älterer Matrose, der seit 15 Jahren zur See gefahren war und drei Jahre auf der Marine gedient hatte, meinte, das werde er nicht thun, da sie es allein könnten und alles gut gehen werde. Parow ging nach vorn, während Last, um nach der Kameelsfahrt zurückzubiegen, das Ruder Steuerbord legte. Es ging aber nicht gut; die „Swine" wurde durch die nachschleppenden Prähme nach Backbord übergeholt und dadurch die Wendung gehemmt, während zugleich der Schlepper neben der „Octava" auflief und in deren Sog gerieth. Vergeblich commandirte Parow: „hart Steuerbord!" Die „Swine" kam nicht herum und so gerade auf die „Octava" zu, daß deren Steuermann Emke sofort sagte: „Wenn der so beibleibt, wird das nicht gut gehen, er fährt uns in die Seite." In der Angst rief Last dem Heizer Groth zu, die Maschine zu stoppen, worauf Groth zur Maschine sprang und das Rad herumwarf. Der Maschinist Lemke, der gerade nach oben kam und die „Octava" sah, nahm dem Heizer das Rad ab und ließ die Maschine auf langsam stehen. Die „Swine" traf mit der vorderen Kante ihres Steuerbordradkastens die Backbordseite der „Octava" zwischen den hinteren Bootsdavids in der Gegend der Cajüte, woselbst über Wasser drei Langplatten und drei Spanten gebrochen und mehrere verbogen, auch in der Cajüte verschiedene Beschädigungen angerichtet wurden. Die „Swine" blieb völlig unverletzt. Schiffer Neidt und Steuermann Drieling, welche nach dem Zusammenstoße ohne Kopfbedeckung auf Deck eilten, haben ausdrücklich erklärt, daß sie, wenn sie an Deck gewesen wären, sofort beim Erblicken der „Octava" die Maschine langsam hätten gehen lassen. Ein Warnungssignal ist auf der „Octava" nicht gegeben, auch ihr Curs nicht geändert worden, da sie nur 17½ bis 18 Fuß Wasser unter sich hatte und nach rechts nicht ausweichen konnte.

Dieser Thatbestand ist festgestellt

I. durch die auf Antrag des Reichscommissars und Beschluß des Seeamts zum Zweck der Beweisaufnahme erfolgte Verlesung
   1. der Verhandlungen vom 22. und 23. October 1883, enthaltend die eidlichen Aussagen des Schiffers Haye, der Steuerleute Hammer und Emke, des Maschinisten Otzen, der Matrosen Otto und Kannenberg von der „Octava",
   2. der Verklarung der „Octava" vom 20. October 1883,
   3. der Verhandlung vom 15. October 1883 mit den Lootsen Böttcher und Schulz;

II. durch die eidlichen Aussagen der Lootsen Böttcher und Schulz, des Maschinisten Lemke, der Heizer Groth und Krause, der Matrosen Last und Parow und die uneidlichen Angaben des Schiffers Neidt und Steuermanns Drieling, sowie Vorlegung und Einsicht der überreichten Handzeichnung.

Der Reichscommissar findet den Grund des Zusammenstoßes darin, daß Schiffer Neidt und Steuermann Drieling gleichzeitig unter Deck gegangen seien und daher auf der „Swine" gar keine gehörige Schiffsführung gewesen sei. Er sieht hierin eine Unordnung, wie sie auf keinem Schiffe, am wenigsten auf einem Regierungsdampfer vorkommen dürfe und zugleich bei dem Schiffer Neidt und Steuermann

Drieling einen Mangel der zur Ausübung ihres Gewerbes als Schiffer und Steuermann erforderlichen Eigenschaften.

Der Reichscommissar hat daher den Antrag gestellt:

> dem Schiffer Neidt die Befugniß zur Ausübung des Schiffergewerbes, dem Steuermann Drieling die Befugniß zur Ausübung des Steuermannsgewerbes zu entziehen, letztere Befugniß aber dem Schiffer Neidt zu belassen.

Schiffer Neidt und Steuermann Drieling, über diesen Antrag zum Schlusse vernommen, haben nichts dagegen vorgebracht.

Das Seeamt hat aus dem festgestellten Thatbestand zunächst die Ueberzeugung gewonnen, daß der Zusammenstoß lediglich durch das ungehörige und gesetzwidrige Verhalten des Regierungsdampfers „Swine" verschuldet, der Leitung der „Octava" aber nichts zur Last zu legen ist. Die „Octava", welche vorsichtig und ordnungsgemäß ganz langsam fuhr, hatte bei ihrer Größe und ihrem Tiefgange genug zu thun, um sich mitten in dem nicht übermäßig tiefen Fahrwasser zu halten und konnte der von links und dwars auf sie zukommenden „Swine" nicht nach rechts hin ausweichen. Die Angabe des Heizers Groth, daß die „Octava" hinter der „Swine" gewesen sei und diese aufgelaufen habe, wird von keinem anderen Zeugen bestätigt, vielmehr durch die Aussagen aller übrigen Zeugen, die Handzeichnung und den Zusammenstoß selbst völlig widerlegt. Nicht die „Swine" ist von der „Octava", sondern diese von jener angerannt worden. Die „Swine" war dasjenige Dampfschiff, welches sich von der Seite her in solcher Weise näherte, daß dadurch Gefahr des Zusammenstoßes entstand, die „Swine" mußte also nach Artikel 18 der Kaiserlichen Verordnung vom 7. Januar 1880 ihre Fahrt mindern oder, wenn nöthig, stoppen und rückwärts gehen. Daß dies nicht rechtzeitig sofort nach dem Erblicken der „Octava" und überhaupt nicht in wirksamer Weise geschah, ist lediglich dadurch verursacht, daß Schiffer und Steuermann gleichzeitig unter Deck gegangen waren und ihr Fahrzeug bei der Annäherung an ein sehr belebtes, dabei enges und sich windendes Fahrwasser ohne Commando gelassen hatten, während im Gegentheil das Schiff von der Commandobrücke aus, die allein freie Umschau gewährt, hätte geleitet werden sollen. Es ist zugestanden und selbstverständlich, daß Schiffer und Steuermann als einzige Schiffsoffiziere allein befugt waren, bindende Befehle an die Maschine zu ertheilen und daß es ebenso freiwillig als unordentlich war, wenn dem Zuruf des Matrosen Last, die Maschine langsam gehen zu lassen, überhaupt Folge geleistet wurde. Erwägt man nun, daß dieser Zuruf viel zu spät erfolgte, nachdem die „Swine" bereits in den Sog der „Octava" gerathen und die Wendung nach Backbord vergeblich versucht war, daß aber Schiffer Neidt und Steuermann Drieling ihrer eigenen Angabe nach, wenn sie an Deck gewesen wären, sofort bei dem Erblicken der „Octava" die Fahrt gemindert und die „Swine" mit Backbordruder hinter die „Octava" gebracht hätten, wodurch der Zusammenstoß unbedingt vermieden wäre, so kann man den Grund desselben nur darin finden, daß Schiffer Neidt und Steuermann Drieling gleichzeitig das Deck verlassen und ihr Schiff ohne gehörige Leitung gelassen hatten. Dem Reichscommissar muß darin beigetreten werden, daß eine solche Unordnung auf keinem Schiffe, am wenigsten auf einem Regierungsdampfer vorkommen sollte. Ein in Fahrt befindliches Schiff kann der gegenwärtigen und augenblicklichen Leitung nicht entbehren, es muß Jemand auf Deck sein, der im Augenblick befehlen kann, und es genügt nicht, daß der Schiffer sich erst rufen läßt, weil inzwischen das größte Unglück geschehen sein kann. Es muß daher als ein durchaus ungehöriges und leichtfertiges Verfahren gerügt werden, daß Schiffer Neidt unter Deck ging, ohne dem Steuermann davon Nachricht zu geben und ihm seine Stellvertretung aufzutragen. Wenn das Seeamt gleichwohl dem Antrage des Reichscommissars, dem Schiffer Neidt die Befugniß zur Ausübung des Schiffergewerbes zu entziehen, nicht entsprochen hat, so wurde es dazu lediglich durch den mildernden Umstand bewogen, daß Schiffer Neidt, als er das Deck verließ, den Steuermann am Ruder stehen sah und annehmen durfte, daß dieser, so lange der Schiffer unter Deck war, ohne dessen Erlaubniß das Deck nicht verlassen werde. Um so schwerer wird der Steuermann belastet. Wenn er das Hinuntergehen des Schiffers nicht bemerkt haben will, so ist dies einerseits unglaubwürdig, andererseits aber gleichgültig, da der Steuermann das Deck nicht verlassen durfte, ohne sich von der Anwesenheit des Schiffers zu überzeugen und dessen Erlaubniß einzuholen. Daß der Steuermann ohne diese ordnungsmäßige Subordination und eigenmächtig unter Deck gegangen ist und dadurch den Zusammenstoß verschuldet hat, läßt einen Mangel der zur Ausübung des Steuermannsgewerbes erforderlichen Eigenschaften erkennen, weshalb dem Antrage des Reichscommissars gemäß und auf Grund des §. 26 des Gesetzes vom 27. Juli 1877 dem Steuermann Drieling die Befugniß zur Ausübung des Steuermannsgewerbes zu entziehen war.

Unerheblich ist es, daß Drieling dies Gewerbe ohne Befähigungszeugniß und nur im Stromrevier ausgeübt hat, es kam vielmehr nur darauf an, daß seine Unfähigkeit als Steuermann festgestellt ist und daher dafür gesorgt werden mußte, daß er nicht durch fernere Ausübung dieses Gewerbes möglicherweise auch auf Seeschiffen Schaden anrichten kann. Zur Anwendung von Warnungssignalen auf der „Octava" war kein Anlaß, da es heller Tag und die „Swine" nicht voraus war.

40. Spruch des Seeamts zu Emden vom 15. September 1883 und Entscheidung des Kaiserlichen Ober-Seeamts vom 30. November 1883, betreffend den Seeunfall der Brigg „Marie" von Papenburg.

Der Spruch des Seeamts lautet:

Der Verlust der „Marie" von Papenburg ist auf den Mangel an Vorsicht und Umsicht auf Seiten des Schiffers Johann Heinrich Ahrens zurückzuführen und ist dem Schiffer Ahrens die Befugniß zur ferneren Ausübung des Schiffergewerbes zu entziehen, diejenige zur Ausübung des Gewerbes als Steuermann dagegen zu belassen.

Gründe. 1. Die zu Papenburg heimathberechtigt gewesene Brigg „Marie", Unterscheidungssignal KCDF, ist am 27. März 1883 auf der Reise von Galveston nach England im atlantischen Ocean auf etwa 47° 52′ Nordbreite und 10° 17′ Westlänge von der Mannschaft verlassen.

2. Die „Marie" war ausweislich der Acten zum amtlichen Schiffsregister im Jahre 1864/65 zu Papenburg gebaut und gehörte einer Rhederei, bei welcher der Schiffsführer Johann Heinrich Ahrens aus Papenburg, der sich im Besitze eines Zeugnisses über Befähigung als Schiffer auf großer Fahrt befindet, mit 15/32 Part betheiligt war. Vermessen war die Brigg zu 659,1 cbm = 232,66 britischen Register-Tons, hatte Classe A. 1 des Germanischen Lloyd, welche im Winter 1879/80 auf vier Jahre erneuert worden war und war sie zuletzt in Galveston vor Antritt ihrer letzten Reise von einem Experten revidirt.

3. Ihre Ladung auf dieser Reise bestand aus 3676 Sack Oelkuchen und stellte sich mit derselben der Tiefgang des Schiffes ausweislich Journals auf 13 Fuß. Die Besatzung bestand einschließlich des Schiffers aus acht Personen.

4. Im Hafen von Galveston ist die „Marie" ausweislich Journals in völlig dichtem Zustande gewesen und wurde am 7. Januar 1883 durch einen Dampfer aus dem Hafen geschleppt, wobei sie auf der Barre mehreremal aufstieß. Das Journal bezeichnet die Stöße zwar als leichte und stimmt damit auch die Aussage des Schiffers und Steuermanns überein, während dagegen der zur Besatzung gehörig gewesene, im 29. Lebensjahre stehende Schiffskoch Kösters, der während des Ausschleppens am Ruder stand, angiebt, daß der erste Stoß der „Marie" ein schwerer gewesen sei und die Takelage geklappt habe.

5. Nach dem Passiren der Barre blieb die „Marie" bis zum folgenden Tage auf der Außenrhede liegen und ist nach Angabe des Schiffers und Steuermanns auch noch hier völlig dicht gewesen. Dagegen begann sie, nachdem am 8. Januar die Reise wieder aufgenommen war, schon an diesem Tage bei äußerst stürmischem Wetter, wie im Journal angegeben ist, „bedeutend mehr Wasser zu machen, welches nach und nach noch mehr zunahm."

6. Das Leck blieb ausweislich Journals auch in den folgenden Tagen unverändert und war noch dasselbe, als am 18./19. Januar das Feuer von Sand Key in Sicht kam.

7. Nachdem am 18./19. Januar auch die Pumpenwelle gebrochen, von der Mannschaft indessen wieder reparirt war, wurden am 19./20. Januar die Feuer von Alligator Carysfort und Gloria gesehen, übrigens aber die Reise fortgesetzt, obgleich nach Inhalt des Journals das Schiff fortwährend bedeutend Wasser machte und der Schiffer seiner eigenen Angabe zufolge bei dem damals herrschenden Winde zum Anlaufen eines Nothhafens Gelegenheit gehabt hätte.

8. Für die Zeit vom 20. bis 29. Januar enthält das Journal täglich regelmäßig die Eintragung, daß das Schiff sehr viel oder bedeutend Wasser gemacht habe bezw. die Pumpen nach Kräften lenz gehalten seien; für den 29. bis 30. Januar aber findet sich im Journal vermerkt, daß die „Marie", obgleich die Mannschaft beständig an den Pumpen gewesen sei, nicht mehr schlingerlenz habe gehalten werden können und sich auf die Seite gelegt habe. Um das Schiff zu leichtern, wurden daher von der Ladung 150 Sack Oelkuchen geworfen und drang, da zu solchem Zwecke die Luken geöffnet werden mußten, auch durch letztere Wasser in den Raum ein.

9. Nach Inhalt der in London belegten Verklarung machte das Schiff am 30. Januar so viel Wasser, daß die Pumpen beständig in Gang bleiben mußten und die Mannschaft durch die unaufhörliche

Arbeit an den Pumpen und das schlechte Wetter, dem sie fortwährend ausgesetzt war, völlig erschöpft war. Man befand sich damals unweit der Bermudas-Inseln und ist nach Angabe des Schiffskochs Koesters auch davon gesprochen, ob es nicht erforderlich sei, die Bermudas anzulaufen. Nachdem am 30. bis 31. Januar bei gutem Wetter jedoch einige lecke Stellen aufgefunden und abgedichtet waren, hielt der Schiffer dies nicht für erforderlich, obgleich er dazu, namentlich am 2. Februar gute Gelegenheit gehabt hätte und trotz der abgedichteten Lecke die „Marie" nach Inhalt des Journals noch fortwährend bedeutend Wasser machte. Der Schiffer behauptet dabei, daß von ihm Schiffsrath gehalten und mit dessen Zustimmung die Fortsetzung der Reise erfolgt sei.

10. Auch auf der weiteren Reise herrschte mit geringen Unterbrechungen beständig schlechtes Wetter mit hochgehender See, in welcher das Schiff schwer arbeitete und zu wiederholten Malen von schweren Sturzseen getroffen wurde. Nur vom 12. bis 13. März schlugen bei ruhigem Wetter die Pumpen einmal lenz; übrigens waren in Folge der stürmischen Witterung, wie das Journal angiebt, nach und nach die Rüsteisen der Fock- und Großwanten ausgerissen, die Taljereepen und Wanten, namentlich die Großwanten sowie verschiedenes vom laufenden Tauwerk gebrochen, die Pardunen gebrochen sowie mehrere Segel zerrissen, darunter das Groß-Obermarssegel. Ferner hatten sich mehrere Klinkbolzen losgearbeitet, das Deck war an mehreren Stellen aufgebrochen und das Hinterschiff hatte verschiedene schwere Lecke.

11. Unter solchen Umständen hatten zeitweilig die Pumpen fortwährend in Gang gehalten werden müssen, trotzdem aber war das Wasser am Morgen des 27. März, nachdem während der vorhergehenden Nacht mit der ganzen Mannschaft ununterbrochen gepumpt war, so stark gestiegen, daß dasselbe schon über mehrere Sacklagen hinausging und wurde, als am letzten Tage Vormittags 9 Uhr ein fremdes Schiff in Sicht kam, die Nothflagge gesetzt und die „Marie" sodann von ihrer Besatzung im eigenen Boot verlassen. Das erwähnte Schiff war die britische Bark „Gift" aus Bristol; von dieser wurde die Besatzung einige Tage später an die russische Bark „India" von Jacobstadt in Finnland abgegeben und ist sie von der letzteren demnächst in England gelandet.

12. Am 27. März hatte, wie die Verklarung der Stettiner Bark „Ernst und Benno", von der die „Marie" am 28. März auf 47° 55′ Nordbreite und 10° 26′ Westlänge gesehen war, ergiebt, das Wetter sich gebessert, und sind am letzteren Tage Nach-

mittags auch noch einige Leute von der Besatzung jener Bark am Bord der „Marie" gewesen. Dieselben bestätigen, daß die „Marie" im sinkenden Zustande gewesen sei. Ueber den Verbleib der letzteren ist weiteres nicht in Erfahrung gebracht.

13. Der Schiffer Ahrens behauptet, daß die Angaben des Journals über das Wassermachen des Schiffes nicht der wirklichen Sachlage entsprechend seien und der Leck der „Marie" bei weitem nicht so bedeutend gewesen sei, als es nach den Angaben des Journals den Anschein haben möge, und hat auch der Steuermann, von welchem das Journal geführt ist, in der öffentlichen Verhandlung vor dem Seeamt angegeben, daß er wohl „etwas zu stark aufgetragen habe," indem er dabei bemerkte, daß er selbst zwar wiederholt freiwillig mit an die Pumpen gegangen, dies aber nur unweit der Bermudas, sowie zuletzt vor dem Verlassen des Schiffes wirklich nothwendig gewesen sei.

14. Bei dieser Gelegenheit ist vom Schiffer Ahrens zugleich eingeräumt, daß er sich während der ganzen Reise um die Journalführung des Steuermanns überall nicht bekümmert habe, sowie bezüglich der unter 9 mitgetheilten Angabe aus der Verklarung, deren Richtigkeit vom Schiffer mit dem Bemerken bestritten, daß dieselbe ohne sein Zuthun in die Verklarung gekommen und bei deren Verlesung von ihm nicht beachtet sei.

15. Auf eine völlige Klarstellung der zwischen dem Inhalt des Journals und den Angaben des Schiffers bestehenden Verschiedenheiten hat nun zwar, da die Hälfte der Mannschaft aus Ausländern bestand und deren Gestellung vor dem Seeamt nicht thunlich gewesen ist, verzichtet werden müssen; gleichwohl hat sich das Seeamt jedoch nach dem Eindruck der stattgehabten Verhandlung der Ueberzeugung nicht verschließen können, daß die Ursache des eingetretenen Lecks der „Marie" in dem Stoßen auf der Barre vor Galveston zu suchen sei und das Schiff schon am 19. bis 20. Januar, als man die Straße von Florida passirte, ganz besonders aber zu der Zeit, als man sich in der Nähe der Bermudas befand, in einem so schwer lecken Zustande gewesen sei, daß dasselbe für seetüchtig nicht mehr angesehen werden konnte. Dies ergiebt insbesondere auch der vollständig feststehende Thatumstand, daß am 29. bis 30. Januar zur Leichterung des Schiffes ein Theil der Ladung geworfen werden mußte.

16. Unter solchen Umständen wäre der Schiffer verpflichtet gewesen, wenn nicht schon in der Straße von Florida einen Nothhafen zu suchen, doch mindestens die Bermudas anzulaufen, um dort sein

Schiff wieder in seetüchtigen Stand bringen zu lassen und lag dazu umsomehr Veranlassung vor, als er noch eine weite Reise vor sich hatte und überall nicht darauf rechnen konnte, vor Eintritt der Aequinoktialstürme einen Hafen wieder erreichen zu können. Zu seiner Entschuldigung giebt der Schiffer Ahrens zwar an, daß auch in dem von ihm abgehaltenen Schiffsrath das Anlaufen eines Nothhafens nicht für erforderlich erachtet sei, indessen hat darauf ein weiteres Gewicht nicht gelegt werden können, weil nach dem Inhalt des Artikels 485 des Handelsgesetzbuchs den Beschlüssen des Schiffsraths eine verbindliche Kraft nicht zukommt, der Schiffer vielmehr trotzdem einzig und allein für die von ihm getroffenen Maßregeln verantwortlich bleibt.

17. Sollten nun aber auch die Behauptungen des Schiffers und Steuermanns, daß die vom letzteren über das Lecken der „Marie" gemachten Eintragungen „zu stark aufgetragen seien", nicht vollständig abgewiesen werden können, und scheinen jene Behauptungen dadurch einige Unterstützung zu finden, daß die „Marie", nachdem sie am 27. März Vormittags von der Besatzung verlassen war, noch am Nachmittag des 28. März von der Bark „Ernst und Benno" treibend angetroffen wurde, so wird mit gleichem Grunde auch darüber ein Zweifel erhoben werden können, ob nicht ebenso diejenigen Eintragungen des Journals zu stark aufgetragen sind, mit welchen die schließliche Aufgabe der „Marie" seitens ihrer Besatzung gerechtfertigt wird.

18. Erwägt man dabei ferner, daß nach der Verklarung der Bark „Ernst und Benno" am 27. März verhältnißmäßig gutes Wetter herrschte, wie das auch der Umstand erweist, daß die „Marie" von ihrer Mannschaft im eigenen Boote verlassen wurde, sowie daß die „Marie" von der genannten Bark noch treibend betroffen wurde, obgleich damals länger als 24 Stunden die Pumpen völlig still gestanden hatten, so ergiebt sich daraus zweifellos, daß bei weiterem Ausharren der Besatzung die „Marie" in der That noch eine Zeit lang hätte gehalten werden können. Dazu kommt dann aber weiter, daß der Schiffer sich am 27. März bereits in der Nähe des Canals befand, daß eben damit auch seine Aussicht, bei wachsender Nothlage von vorbeipassirenden Schiffen Assistenz zu erhalten, in demselben Maße wuchs, wie sich die Gefahr für das Leben der Mannschaft minderte, und hat nach allen diesen Erwägungen die Nothwendigkeit zum Verlassen der „Marie" als genügend festgestellt nicht angesehen werden können.

19. Dem Schiffer fällt sonach ein Mangel an Vorsicht insofern zur Last, als er das Anlaufen eines Nothhafens unterließ, sowie ein

Mangel an Umsicht um deswillen, weil er am 27. März die „Marie" aufgab. Daneben hat er aber ferner einen Mangel an den von einem Schiffer zu erfordernden Eigenschaften auch noch dadurch bekundet, daß er sich der Vorschrift des Artikels 486 des Handelsgesetzbuchs zuwider um die Journalführung des Steuermanns überall nicht bekümmerte, sowie endlich dadurch, daß er, wie sich aus No. 9 ergiebt, die Aufnahme von Thatsachen in die Verklarung geschehen ließ, die seiner eigenen jetzigen Angabe zufolge dem wahren Sachverhalt nicht entsprachen und war danach dem Antrage des Reichscommissars, dem Schiffer Ahrens die Befugniß zur Ausübung des Schiffergewerbes zu entziehen, diejenige zur Ausübung des Steuermannsgewerbes aber zu belassen, zu entsprechen.

Die Entscheidung des Ober-Seeamts lautet:

daß der Spruch des Königlich preußischen Seeamts zu Emden vom 15. September 1883 dahin abzuändern, daß dem Beschwerdeführer die Befugniß zur Ausübung des Schiffergewerbes zu belassen und die baaren Auslagen des Verfahrens außer Ansatz zu lassen.

Gründe. Das Seeamt hat dem Beschwerdeführer die Befugniß zur Ausübung des Schiffergewerbes in der Annahme entzogen, daß er den Verlust der „Marie" durch Mangel an Vorsicht und Umsicht verschuldet habe. Die Ergebnisse der Beweisaufnahme bestätigen diese Annahme nicht.

Die „Marie" ist am 7. Januar 1883, als sie die Barre vor Galveston passirte, mehrmals auf die letztere gestoßen. Der erste Stoß ist nach der Angabe des Kochs Koesters so stark gewesen, daß die Takelage geklappt hat. Am 8. Januar begann die „Marie" zu lecken und daraus folgert das Seeamt, daß der Leck durch die Stöße auf der Barre verursacht worden sei. Dieser Folgerung wäre beizutreten, wenn kein anderer Umstand vorläge, auf welchen die Entstehung des Lecks zurückgeführt werden könnte; es ist jedoch ein solcher Umstand vorhanden gewesen und im Hinblick auf ihn kann es nicht für wahrscheinlich gehalten werden, daß jene Stöße die „Marie" leck gemacht haben. Ein Stoß, bei welchem die Takelage klappt, ist erfahrungsmäßig nicht immer so schwer, daß er im Schiffsboden einen Leck hervorrufen muß; wenn aber das Aufstoßen einen Leck hervorbringt, so kommt diese Wirkung in kurzer Zeit zur Erscheinung. Die Möglichkeit, daß die „Marie" durch die Stöße auf der Barre Schaden genommen haben könne, hat der Beschwerdeführer alsbald bedacht, denn er ist, nachdem er die Barre passirt hatte, bis zum folgenden Tage auf der Außenrhede liegen geblieben, um das Schiff zu untersuchen. Da sich bis dahin keine Beschädigung herausgestellt hatte, setzte er am 8. Januar die Reise fort, und an diesem Tage trat äußerst stürmisches Wetter ein. Im Verlauf des letzteren zeigte sich ein Leck in der „Marie", denn sie fing an, bedeutend Wasser zu machen. Vergleicht man die Wirkungen, welche das Aufstoßen auf eine Barre, wie die vor Galveston, auf den Körper eines Schiffes ausüben kann, mit denen, welche ein heftiger Sturm an demselben hervorzubringen geeignet ist, und berücksichtigt man, daß die „Marie" in der ganzen Zeit zwischen dem Aufstoßen und dem Eintritt des Sturmes nicht geleckt hat, so gelangt man zu der Ueberzeugung, daß der Leck nicht durch das Aufstoßen, sondern durch den Sturm veranlaßt worden ist.

Im weiteren Verlauf der Reise hat die „Marie" fortgesetzt stark geleckt, bis sie von ihrer Besatzung verlassen wurde, was am 27. März 1883 geschah. Das Seeamt nimmt nun an, daß das Schiff schon viel früher, nämlich bereits am 19. Januar, als es sich in der Florida-Straße befand, oder mindestens am 30. Januar, als es in der Nähe der Bermudas segelte, in Folge des Lecks seeuntüchtig gewesen sei, und daß es deshalb dem Beschwerdeführer obgelegen hätte, spätestens zu dem letzteren Zeitpunkt einen Nothhafen aufzusuchen, um in demselben die „Marie" wieder in seetüchtigen Stand setzen zu lassen. Nach der Aussage des Kochs ist damals davon gesprochen worden, ob es nicht erforderlich sei, die Bermudas anzulaufen, der Beschwerdeführer hat also überlegt, ob es richtiger sei, die Reise zu unterbrechen oder sie fortzusetzen. Wenn er sich für das letztere entschied, so kann dies nicht mißbilligt werden. Die „Marie" hatte unzweifelhaft Schaden gelitten; aber seeuntüchtig war sie am 30. Januar noch nicht, wäre sie es gewesen, so würde sie unter den fortwährenden Stürmen, denen sie ausgesetzt blieb, lange vor dem 27. März zu Grunde gegangen sein. Ein Schiffer, welcher das Gebot der Vorsicht allen andern Pflichten voranstellt, würde allerdings die nächste Gelegenheit zum Besuch eines Nothhafens benutzt haben, um die Schäden des Schiffes auszubessern, ehe er die Reise fortsetzte, indessen eine Bethätigung muthvoller Entschlossenheit würde in einem solchen Verhalten nicht zu finden sein. Weite Seereisen sind Unternehmungen, bei welchen stets mit der Möglichkeit des Eintritts von Gefahren gerechnet werden muß; deshalb wird ein Schiffer, der jeder möglichen Gefahr sorgsam aus dem Wege zu gehen sucht, sich den Anforderungen seines Berufs wenig gewachsen zeigen, denn dieser verlangt, daß der Schiffer, so viel an ihm liegt, unablässig das Ziel seiner Fahrt zu erreichen suche, und daß er zu diesem Zweck den Kampf mit den Gefahren aufnehme, welche er ohne schweren Verlust nach besonnener Ueberlegung überwinden zu können glaubt. Wenn der Beschwerdeführer diesen Glauben, welchen seine Mannschaft theilte, gehabt hat, so ist er darum nicht zu tadeln. Die „Marie" machte viel Wasser; es mußte häufig und anhaltend gepumpt werden; allein das Schiff war, von dem Leck abgesehen, am 30. Januar noch in gutem Stande und hatte eine Besatzung von 8 Personen, welche das durch diesen Leck eindringende Wasser zu bewältigen vermochte, ohne dadurch nachhaltig über ihre Kräfte hinaus angestrengt zu werden. Daß sich die Sache nicht schlimmer verhielt, geht aus der Aussage des Steuermanns hervor, nach welcher derselbe sich nur hin und wieder an dem Pumpen betheiligt und seine Mitwirkung dabei nur in der Nähe der Bermudas und in der letzten Zeit vor dem Verlassen der „Marie" für nöthig erachtet hat; hätte das Pumpen die sonstige Mannschaft andauernd übermäßig in Anspruch genommen, so würde der Steuermann nicht umhin gekonnt haben, sich regelmäßig an dieser Arbeit zu betheiligen; dazu muß aber keine Veranlassung vorhanden gewesen sein; denn er hat während der Reise Zeit gefunden, in dem Journal eine Schilderung derselben abzufassen, welche nicht weniger als 84 Seiten einnimmt und so in die Einzelheiten eingeht, wie es nur bei ausreichender Muße zu derartigen Aufzeichnungen geschehen kann. Wäre die Fahrt der „Marie" im Februar und März 1883 einigermaßen von der Witterung begünstigt worden, so hätte sie unzweifelhaft ihren Bestimmungshafen im Canal erreicht. Aber in diesen beiden Monaten war das Wetter in dem Theile des Atlantischen Meeres, welchen das Schiff durchfuhr, fast durchweg so schlecht, daß die Beschädigung des letzteren langsam aber stetig sich vergrößerte. Im letzten Viertel des März war in Folge dessen der Zustand der „Marie" ein sehr bedenklicher geworden; wichtige Theile ihrer Ausrüstung waren theils zerstört, theils weggerissen und Deck und Hinterschiff gingen mehr und mehr aus den Fugen. Das Journal giebt von Tage zu Tage ein anschauliches Bild von der unaufhaltsam fortschreitenden Zerstörung des Schiffes und wenn man sich diese und den Mangel aller Mittel, ihr Einhalt zu thun, vergegenwärtigt, so kann man der Ansicht des Seeamts nicht beistimmen, daß die „Marie" am 27. März bei ihrer Ankunft vor dem Canal in einer geringeren Gefahr als vorher sich befunden habe.

Im Gegentheil war jetzt die Gefahr des Sinkens für Schiff und Besatzung eine ernste und dringende geworden; denn jetzt war die „Marie" in der That in den Zustand völliger Seeuntüchtigkeit gerathen. Der Zweifel des Seeamts, ob die hierauf bezüglichen Schilderungen des Journals nicht übertrieben seien, schwindet, wenn man die ganze Art und Weise, in welcher das Journal geführt ist, ins Auge faßt; es macht von Anfang bis zu Ende den Eindruck völliger Wahrheitstreue und Glaubhaftigkeit. Die „Marie" war am 27. März ein auseinanderfallendes Schiff mit 5 Fuß Wasser im Raum; länger darauf zu bleiben, wäre nicht ein Beweis muthiger Entschlossenheit, sondern ein unbesonnenes Wagniß gewesen. Die „Marie" ist zwar noch am 28. März treibend gesehen worden; sie ist nicht sofort untergegangen, nachdem sie aufgegeben war, weil sie durch ihre aus Oelkuchen bestehende Ladung noch eine Zeit lang schwimmend erhalten wurde; aber ohne ernste Gefährdung von Menschenleben konnte sie zur Schiffahrt nicht mehr benutzt werden.

Der Beschwerdeführer hat hiernach den Seeunfall nicht verschuldet, sondern sich auf der ganzen Reise als ein ordentlicher, den Pflichten seines Berufs völlig gewachsener Schiffer gezeigt; es ist ihm daher die Befugniß zur Ausübung des Schiffergewerbes zu belassen.

Ohne hinreichenden Grund tadelt das Seeamt den Beschwerdeführer, weil er sich um die Journalführung des Steuermanns nicht gekümmert hat. Das Journal der „Marie" ist auf deren letzten Reise so sorgfältig geführt worden und macht trotz seiner ungelenken Ausdrucksweise und zahlreicher sprachlicher und orthographischer Mängel durch seinen ganzen Inhalt einen so vortheilhaften Eindruck, daß nicht abzusehen ist, was eine eingehendere Aufsicht des Schiffers zur Herstellung eines besseren Reiseberichts hätte beitragen können.

Die baaren Auslagen des Verfahrens bleiben außer Ansatz, weil die Beschwerde mit Erfolg eingelegt worden ist.

41. Spruch des Seeamts zu Stettin vom 19. December 1883, betreffend den Seeunfall des Schooners „Anna" von Anklam.

Der Spruch des Seeamts lautet:

Der Seeunfall, welchen der Schooner „Anna" auf der Fahrt von Frederikshavn nach Stettin in der Nacht vom 26. zum

27. September 1883 durch Auflaufen auf Nordre-Rönne-Riff erlitten hat, ist von dem Schiffer Preuſs dadurch verschuldet, daß er nach dem Erblicken des Feuers von Nordre-Rönne, welches er für das Feuerschiff von Laesö-Rinne hielt, seinen Curs auf das Feuer zu beibehielt, statt den Curs auf Süd zu ändern oder das Schiff zum Stehen zu bringen und daß er nicht einmal die Karte einsah. Auf Antrag des Reichscommissars ist dem Schiffer Albert Preuſs die Befugniß zur Ausübung des Schiffergewerbes entzogen, zur Ausübung des Steuermannsgewerbes aber belassen.

Gründe. Der Schooner „Anna", Unterscheidungssignal JCTL, Heimathshafen Anklam, ist unter Führung seines Eigenthümers, des Schiffers Albert Preuſs, auf der Fahrt von Frederikshavn nach Stettin am 27. September 1883 bei Nordre-Rönne auf Grund gerathen, jedoch wieder abgebracht und nach Frederikshavn zurückgeschleppt worden. Die „Anna" ist im Jahre 1866 zu Rügenwalde unter Leitung des Schiffsbaumeisters Carl Ferdinand Zielke erbaut, hat bei einer Länge von 18,90 Metern eine Breite von 6,15 Metern, eine Tiefe von 2,40 Metern mit einem Netto-Raumgehalt von 163,1 cbm = 57,57 britischen Register-Tons. Schulden sind nicht eingetragen, haften aber nach Angabe des Schiffers Preuſs auf dem Schiffe. Das Schiff ist im Mai 1880 zu Swinemünde auf dem Lande gänzlich calfatert und hat sodann laut Classificationsattest vom 15. Mai 1880 die Veritasclasse 5/6 P. 1. 1. auf vier Jahre mit dem Beding zweijähriger Besichtigung erhalten, welche Classe nach der Strandung und erfolgter äußerer Ausbesserung zu Frederikshavn am 6. October 1883 bestätigt ist. Der Schooner ist bei einem Schätzungswerthe von 7 500 M. mit 7 000 M. versichert.

Am 26. September 1883 Vormittags 9 Uhr segelte die „Anna" mit einer Ballastladung von 14 Tons englischen Sandes von Frederikshavn ab. Der Tiefgang, welcher bei voller Ladung bis zu 9 Fuß rheinisch geht, betrug 5½ Fuß, reichte aber für die Segelfähigkeit des Schooners aus. Die Besatzung bestand außer dem Schiffer Preuſs noch aus dem seiner eigenen Angabe nach mit der Schiffsleitung nicht vertrauten Bestmann Wittstock, einem Halbmann und einem Kochjungen. Der Schiffer Albert Preuſs ist zu Anklam am 19. August 1827 geboren und wohnhaft, evangelisch. Er fährt seit 1861 als Schiffer und besitzt ein Befähigungszeugniß auf großer Fahrt vom 10. Februar 1876. Einen Seeunfall hat er bisher nicht erlitten. Beim Ausgange aus dem Hafen wehte eine flaue Brise aus NNO, welche im Laufe des Tages nach SOzO und bis SSO herumging. Man segelte über Steuerbordbug liegend längs der Küste und stellte der Schiffer eine nördliche Strömung fest. Um 3 Uhr Nachmittags wurde die Kirche von Säby West in 2 Seemeilen Abstand gepeilt und lothete man 7 Faden Wasser, befand sich also ausweislich der Karte dicht unter der Küste nahe dem Rande des Säby-Flachs. Um 6 Uhr Abends hatte man die Kirche von Säby NNW in 6 Seemeilen Abstand, befand sich also bei Dwalgrund am Eingang des Landtiefes. Es wurde nunmehr, ohne zu lothen, über Backbord gewendet und mit kurzen Schlägen nach dem Feuerschiff von Laesö-Rinne aufgekreuzt. Der Wind schralte bis SSO, die Luft wurde diesig und dann dick mit Regen, nach Angabe des Schiffers Preuss sogar neblich und ganz unsichtig bei andauernder Strömung aus Norden, während der Feuerschiffsführer Lauritzen auf Laesö-Rinne-Feuerschiff bekundet, daß der Strom am 26. September 1883 in der Rinne von SSW gelaufen sei, um 4 Uhr Nachmittags eine halbe, um 8 Uhr Abends zwei, um 12 Uhr Mitternachts wieder eine halbe Seemeile Fahrt in der Stunde gehabt habe. Nach Mittheilung des Feuermeisters Paulsen auf Nordre-Rönne-Feuer ist die dortige Sirene nicht in Thätigkeit gewesen, weil es zwar von 8 Uhr Abends bis 12 Uhr Mitternachts ab und zu regnete und sehr dunkel, aber so sichtig war, daß man sowohl das Hafenfeuer von Laesö, als auch die ordnungsmäßig brennenden Laternen des ansegelnden Schooners vom Feuerschiff aus erblickte. Die „Anna", ein Gaffelschooner, der bis zu fünf Strichen an den Wind geht, alle Segel führte und alle Mann auf Deck hatte, war nämlich inzwischen so weit östlich aufgekreuzt, daß man von ihrem Deck aus um 11 Uhr Abends in OzS voraus ein helles, weißes Feuer in Sicht bekam. In der Meinung, das Feuer von Laesö-Rinne zu sehen, segelte man über Backbordbug am Winde darauf zu. Im Schiffstagebuch der Verklarung und der Verhandlung vom 4. October 1883 ist gesagt, daß das Loth im Gange gehalten sei und hat in letzterer Verhandlung der Bestmann Wittstock ausgesagt, es sei alle Viertelstunde gelothet, doch sind die Ergebnisse weder in das Schiffsjournal eingetragen noch bei der Schiffsführung benutzt. Halbmann Hoppe bekundet, daß stündlich zwei- bis dreimal gelothet und 7 bis 8 Faden Wasser gefunden seien, Tiefen, die sich auf der Karte sowohl an der Küste bei dem Säby-Flach und im Landtief finden, als auch westlich von Nordre-Rönne. In der Cajüte befand sich auf dem Tische ausgebreitet eine ältere Kattegatskarte, auf welcher zwar das Feuerschiff von Laesö-Rinne, nicht aber das Feuer von Nordre-Rönne verzeichnet war. Schiffer Preuss, der selbst am Ruder stand, hat diese Karte geständlich während der Fahrt und namentlich bei dem Aufkreuzen nach Osten zu und nach dem Erblicken des Feuers nicht eingesehen, auch sonst über den Schiffsort sich in keiner Weise vergewissert. Von dem Vorhandensein des Leuchtfeuers und der Sirene auf Nordre-Rönne wußte Schiffer Preuss nichts. Zur mündlichen Verhandlung hat Schiffer Preuss auf die Aufforderung, die von ihm gebrauchte Seekarte mitzubringen, eine neue Kattegatskarte vorgelegt, welche mit der Karte der Königlichen Navigationsschule zu Grabow a./O. übereinstimmt und bei Nordre-Rönne ein festes weißes Feuer mit rothem Blink je eine Minute und 12 Seemeilen Sehweite sowie eine Sirene verzeichnet, wobei zu bemerken ist, daß in dem zur Büchersammlung des hiesigen Seeamts gehörigen Leuchtfeuerverzeichnisse von 1879 das Leuchtfeuer von Nordre-Rönne als weißes festes Feuer ohne rothen Blink angegeben ist. Schiffer Preuss hat schließlich zugestanden, daß er die von ihm vorgelegte Karte erst jetzt angeschafft und am 26. September 1883 in seiner Cajüte die erwähnte ältere Kattegatskarte ohne die Seezeichen auf Nordre-Rönne gehabt, aber auch diese nicht eingesehen habe, weil die Leuchtfeuer im Kattegat im Laufe der Zeit verändert seien. Um 11½ Uhr Nachts gerieth die „Anna" auf den Steingrund von Burfeld an der Westseite von Nordre-Rönne. Die Segel wurden festgemacht und bei Tagesanbruch längs der Steuerbordseite überall 7 Fuß Wasser gefunden. Der Warpanker wurde mit 30 Faden Kette dwars von Steuerbord ausgebracht; doch konnte man erst mit Hülfe der Fischer von Laesö und des von Frederikshavn herbeigekommenen Dampfschiffes „Oeresund" die „Anna" gegen einen Bergelohn von 800 Kronen wieder flott bekommen. Nachdem der am Kiel beschädigte und stark lecke Schooner durch einen Taucher einstweilen gedichtet und mit Hülfe angenommener Arbeiter ausgepumpt war, wurde er nach Frederikshavn zurückgeschleppt und ausgebessert. Dem Feuermeister Paulsen und seinem Assistenten Agerskov auf Nordre-Rönne erklärte Schiffer Preuss, daß er das Feuer früh genug gesehen, aber für Laesö-Rinne-Feuerschiff gehalten habe, während der Bestmann sogar von Trindelen sprach.

Dieser Thatbestand ist festgestellt:

I. durch die auf Antrag des Reichscommissars und Beschluß des Seeamts zum Zweck der Beweisaufnahme erfolgte Verlesung

1. der Verklarung vom 4. October 1883 und des damit übereinstimmenden, übrigens nicht vollzogenen Schiffstagebuchs,

2. der Verhandlung am 4. October 1883,
3. der schriftlichen Erklärungen des Feuermeisters Paulsen, seines Assistenten Agerskov und des Feuerschiffsführers Lauritzen;

II. durch Vorlegung und Einsicht
1. des Schiffscertificats,
2. des Classificationsattestes,
3. der Musterrolle,
4. des Schreibens des Schiffers Preuss vom 10. November 1883,
5. der von der Königlichen Navigationsschule zu Grabow a/O. übersandten, sowie der vom Schiffer Preuss vorgelegten Kattegatskarte;

III. durch die eidliche Aussage des Halbmanns Hoppe und die uneidlichen Angaben des Schiffers Preuss.

Der Reichscommissar macht dem Schiffer Preuss den Vorwurf mangelhafter Ausrüstung seines Schiffes, ungenügender seemännischer Kenntnisse, grober Unachtsamkeit und ungehöriger Schiffsleitung, was alles er durch versuchte Täuschung des Seeamts habe verdecken wollen. Der Reichscommissar beantragt daher, dem Schiffer Preuss die Befugniß zur Ausübung des Schiffergewerbes zu entziehen, zur Ausübung des Steuermannsgewerbes aber zu belassen.

Schiffer Preuss, hierüber zum Schluß vernommen, hat nichts mehr vorzubringen vermocht.

Das Seeamt stimmt unter sich und mit dem Reichscommissar darin überein, daß eine Versegelung gröbster Art stattgefunden hat und durch die mitwirkende Stromversetzung nicht entschuldigt wird. Es mag zugegeben werden, daß der von dem Schiffer nicht bemerkte und zeitweise recht starke Strom aus SSW den ohnehin nach Osten aufkreuzenden Schooner am Nordrande des Dwalgrundes vorbei viel weiter östlich und auf Nordre-Rönne zu versetzt hat, als bei der vom Schiffer angenommenen nördlichen Strömung zu erwarten war und daß vielmehr bei Nordstrom die „Anna" über den Dwalgrund hinweg nach Laesö-Rinne zu abtreiben mußte. Immerhin aber hatte Schiffer Preuss zu erwägen und durch Einsicht seiner wenn auch veralteten doch hierfür ausreichenden Kattegatskarte sich zu überzeugen, daß er auf seinem um 6 Uhr Abends angenommenen Schiffsorte das Feuer von Laesö-Rinne in SSO und in etwa sechs Seemeilen Abstand hatte, also gerade in der Mitte zwischen diesem und der Kirche von Säby lag, und daß er daher bei der von ihm angenommenen Nordströmung und östlichem Aufkreuzen das Feuer von Laesö-Rinne sehr bald und nicht erst um 11 Uhr Abends in Sicht bekommen mußte. Das vor ihm in OzS auftauchende Licht mußte ihm daher unter allen Umständen sehr verdächtig erscheinen und hatte er die dringendste Veranlassung, sich aller ihm zu Gebote stehenden Mittel zur Feststellung seines Schiffsortes zu bedienen, vor allen Dingen aber die Eigenschaften des Feuers genau zu untersuchen und durch Einsicht der Karte und des Leuchtfeuer-Verzeichnisses zu ermitteln, welches Feuer er vor sich hatte. Wenn er nichts davon that, sondern in vorgefaßter durch nichts begründeter Meinung blind darauf lossegelte, so war dies in einem gefährlichen, von Untiefen und unregelmäßigen Strömungen durchsetzten Fahrwasser um so unverantwortlicher, als selbst bei der Voraussetzung, daß man Laesö-Rinne-Feuerschiff vor sich habe, der Curs OzS ein unrichtiger, auf den Mittelgrund und den Südrand des Dwalgrundes zuführender war, den beizubehalten keine Veranlassung vorlag, da man, wenn die Voraussetzungen des Schiffers richtig waren, mit südlichem Curse das Landtief freisegeln und leewärts von dem angenommenen Feuerschiff in sicheres Fahrwasser gelangen konnte, also bei dem Erblicken des Feuers entweder nach Süden abhalten oder zur besseren Vergewisserung über den Schiffsort und den einzuschlagenden Curs bis zü Tagesanbruch beilegen mußte. Letzteres war umsomehr nothwendig, wenn die Nacht so unsichtig gewesen wäre, wie der Schiffer behauptet, was aber schon dadurch widerlegt wird, daß er nach seiner eigenen Angabe das Feuer von Nordre-Rönne bereits eine halbe Stunde vor dem Auflaufen gesehen hat und nicht durch die Dunkelheit, sondern durch Verwechselung von Leuchtfeuern zu Schaden gekommen ist. Daß er selbst wegen seiner Schiffsleitung kein gutes Gewissen hatte, beweist die versuchte Täuschung des Seeamts durch Vorlegung einer falschen Kattegatskarte. Rechnet man zu diesem Mangel an Wahrheitsliebe die mangelhafte Ausrüstung des Schiffes mit einer schlechten Karte, die Unachtsamkeit und die Ungewißheit der Schiffsleitung, das blinde Drauflossteuern auf ein warnendes Feuer ohne Feststellung desselben, so gelangt man zu der Ueberzeugung, daß der Schiffer Preuſs nicht nur den Unfall durch Handlungen und Unterlassungen verschuldet, sondern auch dabei einen Mangel solcher Eigenschaften an den Tag gelegt hat, welche zur Ausübung seines Gewerbes erforderlich sind. Auf den Antrag des Reichscommissars und gemäß §. 26 des Reichsgesetzes vom 27. Juli 1877 war daher dem Schiffer Albert Preuſs zu Anklam die Befugniß zur Ausübung des Schiffergewerbes zu entziehen.

42. Spruch des Seeamts zu Emden vom 6. October 1883 und Entscheidung des Kaiserlichen Ober-Seeamts vom 4. Januar 1884, betreffend den Zusammenstoß des Raddampfers „Victoria" von Bremen mit der Tjalk „Anna" von Emden.

Der Spruch des Seeamts lautet:

Die Ursache des Zusammenstoßens des Dampfers „Victoria" mit der Tjalk „Anna" von Emden ist im fehlerhaften Manövriren der „Victoria" befunden, dem Schiffer Sap jedoch die Befugniß zur ferneren Ausübung des Schiffergewerbes nicht zu entziehen.

Gründe. 1. Die zu Emden heimathberechtigte, im Jahre 1872 zu Ihlowerfehn erbaute Tjalk „Anna", Unterscheidungssignal KFMQ, vermessen zu 53,8 cbm = 18,99 britischen Register-Tons Netto-Raumgehalt, ist am 27. September 1883 unweit des Schwoonschen Schiffshellings bei Leer von dem Passagierdampfer „Victoria" angesegelt und in Folge der an der Steuerbordseite erlittenen Beschädigungen gesunken, übrigens inzwischen wieder gehoben und provisorisch gedichtet.

2. Die „Anna" wollte damals von Leer nach Emden oder Delfzyhl aussegeln und kreuzte bei SWWind auf der Leda unweit des Schwoonschen Schiffshellings, als der Raddampfer „Victoria" Morgens etwa um 11½ Uhr und etwa 1½ Stunden nach Hochwasser von Norderney einkam.

3. Der Führer der „Victoria", welche mit einer Geschwindigkeit von 14 bis 15 Umdrehungen der Maschine in der Minute lief, Schiffer Ph. Sap aus Leer, hat nun, als die „Anna" in Sicht kam, Backbordruder geben lassen, um soweit als möglich an die Nesse zu halten, behauptet jedoch, daß die „Anna" plötzlich gewendet habe und ihm mit vollen Segeln vor den Bug gelaufen sei, so daß, obgleich er sofort habe stoppen und Contredampf geben lassen, die Collision nicht zu vermeiden gewesen wäre.

4. Nach dem Ergebnisse der stattgehabten Verhandlung kann es nun auch einem Zweifel nicht unterliegen, daß die „Anna", als sie zuerst von der „Victoria" gesehen wurde, nach dem Schwoonschen Helling zu angelegen hat, beim letzteren sodann über Stag gegangen ist und nun ihren Curs südöstlich auf die Nesse zu genommen hat. Ebenso ist andererseits aber auch festgestellt, daß die „Anna" bereits

mehr als die Hälfte derjenigen Strecke, welche sie mit diesem Curse laufen konnte, zurückgelegt hatte, als der Zusammenstoß erfolgte.

Nach den Artikeln 17 und 18 der Allerhöchsten Verordnung zur Verhütung des Zusammenstoßens von Schiffen auf See, vom 7. Januar 1880, war die „Victoria" unbedingt verpflichtet, der „Anna" aus dem Wege zu gehen und wäre es daher Sache des Schiffers Sap gewesen, die Manöver der „Anna", welche er auf dem Strome kreuzen sah, sorgfältig zu beobachten. Wäre dies wirklich geschehen, so würde ihm aber auch nicht haben entgehen können, daß die „Anna" beim Schwoonschen Helling wendete und nunmehr beide Schiffe sich in einer solchen Weise näherten, daß dadurch Gefahr eines Zusammenstoßes entstand.

6. Den Aussagen derjenigen Zeugen zufolge, welche vom Lande aus die fragliche Collision angesehen haben, hätte nun damals die „Victoria" noch genügende Zeit gehabt, hinter der „Anna" herumzugehen und findet diese Annahme auch dadurch weitere Unterstützung, daß die „Anna" erwiesenermaßen zur Zeit des Zusammenstoßens bereits die Mitte des Stromes wieder passirt hatte. Sollte gleichwohl jedoch diese Annahme nicht zutreffen, so wäre wenigstens sofort nach der Wendung der „Anna" die Fahrt der „Victoria" zu mindern bezw. der Befehl zum Stoppen und Rückwärtsgehen zu geben gewesen. Statt dessen ist jedoch die „Victoria" mit ungeminderter Geschwindigkeit auf ihrem Curse verblieben und der Befehl zum Stoppen und Rückwärtsgehen, wie die Aussage des Maschinisten der „Victoria" ergiebt, erst im letzten Augenblicke erfolgt, als eine wirksame Ausführung dieser Befehle überhaupt nicht mehr thunlich war.

7. Nach diesen Feststellungen war die Ursache der stattgehabten Collision im fehlerhaften Manövriren der „Victoria" zu suchen und trifft die Verantwortlichkeit für die letztere den Schiffer Sap, welcher zur Zeit der Collision auf der „Victoria" das Commando führte. Vom Reichscommissar ist daher der Antrag gestellt, dem Schiffer Sap die Befugniß zur ferneren Ausübung des Schiffergewerbes zu entziehen, und läßt sich auch nicht verkennen, daß das den p. Sap treffende Verschulden für den Führer eines Passagierdampfers ganz besonders ins Gewicht fällt, indessen sind andererseits die Schwierigkeiten in Erwägung gezogen, welche die Beschränktheit des Fahrwassers der Leda mit sich brachte und ist unter solchen Umständen Bedenken getragen, dem vom Reichscommissar gestellten Antrage zu entsprechen.

Im übrigen war durch die stattgehabte Verhandlung der Sachverhalt vollständig klar gestellt und mußten daher die seitens des

Schiffers Sap beantragten weiteren Erhebungen als überflüssig abgelehnt werden.

Die Entscheidung des Ober-Seeamts lautet:

daß der Spruch des Königlich preußischen Seeamts in Emden vom 6. October 1883 zu bestätigen und die baaren Auslagen des Verfahrens außer Ansatz zu lassen.

Gründe. Für das Ausweichen der Schiffe gelten auf See und auf den mit der See in Zusammenhang stehenden von Seeschiffen befahrenen Gewässern die Vorschriften der Kaiserlichen Verordnung zur Verhütung des Zusammenstoßens der Schiffe auf See vom 27. Januar 1880, soweit nicht gemäß Artikel 25 dieser Verordnung etwa besondere Vorschriften bezüglich der Schiffahrt in Häfen, auf Flüssen oder in Binnengewässern von den zuständigen örtlichen Behörden erlassen worden sind. Die Leda, auf welcher die Collision zwischen dem Passagierdampfer „Victoria" und der Tjalk „Anna" stattfand, ist ein mit der See in Zusammenhang stehendes von Seeschiffen befahrenes Gewässer. Soweit die Leda als zum Hafen von Leer gehörig gerechnet wird, sind für dieselbe von der zuständigen örtlichen Behörde, nämlich vom Magistrat dieser Stadt, besondere Vorschriften bezüglich der Schifffahrt unterm 11. Mai 1880 erlassen worden, welche, wenn sie die allgemeine Verordnung zur Verhütung des Zusammenstoßens der Schiffe auf See den localen Anforderungen entsprechend modifizirten, auf den vorliegenden Collisionsfall Anwendung zu finden haben würden, da letzterer sich in dem zum Hafen von Leer gerechneten Theile der Leda ereignete.

Die Polizeiverordnung vom 11. Mai 1880 enthält nun zwar einige Bestimmungen, welche als Ergänzung der Verordnung vom 7. Januar 1880 angesehen werden können; sie schreibt aber keinerlei Abänderung der über das Ausweichen in der Kaiserlichen Verordnung gegebenen Bestimmungen vor, sodaß diese auch im Hafenbezirk von Leer ihre volle Gültigkeit behalten.

Nach Artikel 17 der Verordnung vom 7. Januar 1880 haben die Dampfschiffe den Segelschiffen auszuweichen; nach Artikel 22 muß dasjenige Schiff, welchem ein anderes aus dem Wege zu gehen hat, seinen Curs beibehalten; nach Artikel 18 muß jedes Dampfschiff, welches sich einem anderen Schiffe in solcher Weise nähert, daß dadurch Gefahr des Zusammenstoßens entsteht, seine Fahrt mindern bezw. stoppen und rückwärts gehen. Hiernach steht es außer Zweifel, daß der Schiffer Sap als Führer des Dampfers „Victoria" der Tjalk „Anna" so aus dem Wege zu gehen hatte, daß eine Collision unmöglich wurde, was unschwer ausführbar war, wenn die „Victoria" — von der aus man sehen mußte und gesehen hat, daß die „Anna" nach ihrer Wendung auf die Nesse-Insel zu lag — hinter der Tjalk mit Steuerbordruder herumging, anstatt zu versuchen, mit Backbordruder vor derselben vorüber zu kommen. Bei gehöriger Umsicht hätte es ferner dem Schiffer, sowie er das Ruder hatte Backbord legen lassen, klar sein sollen, daß die Collisionsgefahr dadurch eine drohende geworden war, weshalb er gemäß Artikel 18 der Verordnung vom 7. Januar 1880 unverzüglich voll Dampf rückwärts gehen lassen mußte.

Das Fassen des richtigen Entschlusses wurde ihm durch das völlig correcte Verfahren des Führers der „Anna" erleichtert, welcher in Nachachtung der sehr wichtigen und unentbehrlichen Bestimmung des Artikels 22 der Kaiserlichen Verordnung seinen Curs beibehielt und in keiner Weise etwas gethan hat, was zur Irreleitung des Führers der „Victoria" hätte beitragen können. Es ist daher ein ganz haltloser Vorwurf, welchen der Schiffer Sap dem Schiffer Obes macht, daß dieser in verwegener Weise noch den Bug des Dampfers zu kreuzen versucht habe; den Schiffer Obes könnte eventuell nur dann ein Vorwurf treffen, wenn er, anstatt seinen Curs einzuhalten, versucht hätte, dem Dampfer seinerseits auszuweichen.

Der Schiffer Sap sucht des weiteren sein fehlerhaftes Manövriren durch Berufung auf den Artikel 21 der Verordnung vom 7. Januar 1880 zu entschuldigen, welcher vorschreibt, daß im engen Fahrwasser jedes Dampfschiff, wenn es ohne Gefahr ausführbar ist, sich an derjenigen Seite der Fahrrinne halten soll, welche an seiner Steuerbordseite liegt. Dieser Artikel enthält nur ein Gebot für Dampfschiffe; Segelschiffen ist es daher gestattet, beide Seiten des Fahrwassers zu benutzen. Daraus ergiebt sich ganz von selbst, daß jedes Dampfschiff, auch wenn es gemäß Artikel 21 eine bestimmte Seite des Fahrwassers hält, verpflichtet ist, auf dieser Fahrwasserseite jedem Segelschiff nach Artikel 17 auszuweichen. Daß es dabei nach rechts ausweichen müsse, um nicht etwa aus der rechten in die linke Seite des Fahrwassers zu gerathen, ist nirgends vorgeschrieben. Durch die Fassung des Artikels 21, in welchem bei der Anordnung des Innehaltens der an Steuerbord gelegenen Seite der Fahrrinne der Vorbehalt gemacht worden ist: „wenn es ohne Gefahr ausführbar ist," ist im Gegentheil für den Fall bereits Vorsorge getroffen, daß die rechte Seite nicht ohne Gefahr — hier nämlich ohne Gefahr der Collision — inne gehalten werden kann. Dem Schiffer Sap stand es daher ganz frei, wenn dies zur Vermeidung der Collision nöthig war, von der rechten Fahrwasserseite zeitweilig nach der linken herüber zu halten.

Der Schiffer Sap hat demnach den Seeunfall der Tjalk „Anna" ausschließlich verschuldet. Es liegen aber Gründe vor, welche es angezeigt sein lassen, den von ihm an den Tag gelegten Mangel an Umsicht und richtigem Urtheil in mildem Lichte zu betrachten. Das Fahrwasser der Leda ist thatsächlich ein sehr schmales und gewährt namentlich einem so langen und breiten Dampfer wie der „Victoria" wenig Raum zum Manövriren. Hierzu tritt, daß die Leda in einer Entfernung von etwa 200 Metern von der Collisionsstelle eine starke Curve beschreibt, so daß die in dem inneren Theile derselben befindlichen Fahrzeuge nach dem Passiren der Biegung ganz plötzlich und nur auf kurze Entfernung in Sicht kommen. Nimmt man an, daß die „Victoria" mit etwa 4 Knoten Fahrt sich der Tjalk „Anna" näherte, so werden zwischen den Zeitpunkten des gegenseitigen Sichtens und der Collision nur etwa 1½ Minuten gelegen haben. Diese Zeit ist sehr kurz zur Gewinnung eines Ueberblicks über die gegenseitige Situation der betreffenden Schiffe sowie zur Fassung und Ausführung eines Entschlusses; namentlich aber läßt sich ein etwa in Uebereilung gegebenes falsches Commando in so kurzer Zeit kaum mehr redressiren. Man darf daher aus dem vom Schiffer Sap gemachten Fehler nicht folgern, daß es ihm überhaupt an den für einen Schiffer nöthigen Eigenschaften fehle, weshalb die aus ähnlichen Gründen erfolgte freisprechende Entscheidung des Seeamts zu bestätigen ist.

Daraus, daß der Schiffer Sap nicht gemäß §. 1 der Verordnung vom 15. August 1876 bei der Tjalk „Anna" verblieben ist, um ihr den etwa erforderlichen Beistand zu leisten, kann ihm ein Vorwurf nicht gemacht werden, da als nachgewiesen anzusehen ist, daß die „Anna" eines Beistandes von Seiten der „Victoria" nicht bedurfte.

Ueber die vom Reichscommissar angeregte Frage, ob es nicht nothwendig sei, zu verlangen, daß auf jedem Passagierdampfer, namentlich wenn er zeitweilig die hohe See passirt, ein Maschinenjournal geführt werde, ist hier in Erörterungen nicht einzutreten, weil der bestehenden Gesetzgebung eine derartige Verpflichtung der Führer von Dampfschiffen fremd ist.

43. Spruch des Seeamts zu Emden vom 2. Juni 1883 und Entscheidung des Kaiserlichen Ober-Seeamts vom 5. Januar 1884, betreffend den Seeunfall der niederländischen Tjalk „Remke Klein".

Der Spruch des Seeamts lautet:

Der Unfall der holländischen Tjalk „Remke Klein" aus Groningen ist auf das Fehlen der Kopfbaken am Nordwall bei Spiekeroog sowie nicht genügende Vorsicht des Schiffers Dost aus Groningen zurückzuführen, übrigens aber dem Bakenstecher Dirks aus Emden die Befugniß zur ferneren Ausübung des Schiffergewerbes zu belassen.

Gründe. 1. Die zu Groningen heimathberechtigt gewesene Tjalk „Remke Klein", nach Angabe ihres Eigenthümers und Führers, des Schiffers Harm Claas Dost aus Groningen, 60 Last groß, ist am 11. April 1883 unweit Spiekeroog auf Grund gerathen und in Folge dessen vollständig verloren gegangen.

2. Die „Remke Klein", welche im Jahre 1872 zu Martenshoek in Holland erbaut und im Mai 1881 zuletzt reparirt war, befand sich damals mit einer Ladung Dari von 47½ Last auf der Reise von Antwerpen nach Hamburg und war am 21. März 1883 in angeblich dichtem und gutem Zustande mit einer Besatzung von zwei Personen von Antwerpen abgegangen.

3. Nachdem sie bei Delfzyhl in die Ems gelangt war, wurde von dort die Reise über das Watt fortgesetzt und traf der Schiffer am 11. April 1883 Nachmittags zwischen 3 und 4 Uhr in der sogenannten alten Harle ein, wobei er bei schwachem Nordwind unter beständigem Gebrauch des Peilstockes kreuzte. Plötzlich nahm etwa eine Stunde nach Hochwasser die Tiefe des Wassers von 15 auf 9 Fuß ab und wollte der Schiffer deshalb wenden, wobei jedoch die „Remke Klein" festlief.

4. Um wieder abzukommen, setzte der Schiffer sämmtliche Segel, indessen blieb dies ohne Erfolg. Nachdem Abends gegen 7 Uhr starker Wind aus WNW aufgekommen und das Wasser inzwischen erheblich gefallen war, brach das Schiff in der Mitte durch und drang späterhin bei wiederaufkommender Fluth so viel Wasser in das Schiff ein, daß letzteres gänzlich voll lief.

5. Die mit an Bord befindliche Ehefrau des Schiffers wurde daher mit dessen eigenem Boot auf das in der Nähe vor Anker

liegende holländische Schiff „Margina“ übergesetzt, während der Schiffer und Steuermann abwechselnd zur Bewachung des Schiffes an Bord blieben. Am folgenden Tage wurde mit der Bergung der Segel und des Tauwerks begonnen, demnächst auch die Ladung mittelst Leichter geborgen, die „Remke Klein“ selbst aber endlich nach Carolinensiel binnen gebracht, wo sie als Wrack verkauft wurde.

6. Der Schiffer Dost will den ihm zugestoßenen Unfall darauf zurückführen, daß zur Zeit desselben diejenigen Kopfbaken, welche an der Sandplate bei Spiekeroog (Nordwall) stehen müssen, gefehlt haben und ist denn auch nicht blos durch die Aussagen verschiedener Schiffer aus Neuharlingersiel, welche bei der Bergung der Ladung der „Remke Klein“ beschäftigt gewesen sind, sondern auch durch diejenigen des Tonnenbojers Betten zu Esens sowie das eigene Zugeständniß des Bakenstechers Dirks, welchem die Bebakung des ostfriesischen Watts bis zur Jademündung obliegt, festgestellt, daß in der That 5 Stück Kopfbaken, welche auf die gedachte Sandplate gehören, während des letztverflossenen Winters vertrieben und am 11. April 1883 noch nicht erneuert gewesen sind.

7. Nach der vom Baurath Taaks zu Wittmund ertheilten Auskunft sind die Kopfbaken, welche dem Vorstehenden zufolge gefehlt haben, von ganz besonderer Wichtigkeit, auch hat der Zeuge, Tonnenbojer Betten, ausgesagt, daß das an der Sandplate vorbeiführende Fahrwasser viele Winkel mache, daher auch nicht in directer Richtung auf die am Ausgange desselben liegende schwarze Tonne passirt werden könne, vielmehr ohne die fraglichen Kopfbaken immer als gefährlich angesehen werde müsse.

8. Nach Inhalt des eingesehenen Journals des Bakenstechers Dirks ist letzterer auf seiner am 19. Februar 1883 von Emden aus angetretenen Reise am 16. und 17. März auf dem Spiekerooger Watt gewesen. Er will jedoch damals des schlechten Wetters wegen die fehlenden Kopfbaken nicht haben erneuern können und ist daher zunächst bis an die Grenze seines Bezirkes weiter gegangen, um demnächst auf der Rückfahrt das Versäumte nachzuholen. Alsdann aber ist solches gleichfalls unterblieben, weil angeblich wegen heftiger Erkrankung des als Schiffsmann beim Bakenstecher mit an Bord befindlichen Sohnes desselben die vorhandenen Arbeitskräfte unzureichend waren und ist darnach die Erneuerung der fraglichen 5 Kopfbaken erst am 3. Mai 1883 geschehen.

9. Der Bakenstecher Dirks ist, wie der in der Sitzung anwesende Lootsen-Commandeur Graefenhain auf desfallsige Nachfrage bestätigte,

als solcher von der Königlichen Regierung auf vierteljährliche Kündigung angestellt und in Eid und Pflicht genommen. Er bezieht für seine Dienstleistungen ein jährliches Fixum von 2400 M., hat hierfür aber auch sein Schiff zu stellen und für dessen Bemannung auf seine Kosten zu sorgen.

10. Nach den bisherigen Ausführungen ist nicht zu verkennen, daß das Fehlen der mehrerwähnten Kopfbaken für den in Rede stehenden Seeunfall von wesentlichster Bedeutung gewesen ist; wenn andererseits aber der Schiffer Dost selbst angegeben hat, daß er mit dem hier fraglichen Fahrwasser wohl bekannt gewesen sei und somit angenommen werden muß, daß er auch dessen Gefährlichkeit gekannt habe, wenn ferner mit Rücksicht darauf, nach Aussage des Zeugen Betten, sehr viele Schiffer, welche bei Hochwasser vor diesem Fahrwasser eintreffen, sich dort vor Anker legen, um zunächst Niedrigwasser, bei welchem die gefährlichen Sandbänke sichtbar werden, abzuwarten, so hätte auch der Schiffer Dost beim Fehlen der Kopfbaken ausreichende Veranlassung gehabt, ein gleiches Verfahren zu beobachten und war derselbe, wenn solches gleichwohl nicht geschah, daher auch von dem Vorwurfe, daß er es an genügender Vorsicht habe fehlen lassen, nicht völlig freizusprechen.

11. Gegen den Bakenstecher Dirks ist endlich wegen des ihm bezüglich des Unfalls der „Remke Klein" treffenden Verschuldens vom Reichscommissar der Antrag auf Entziehung der Befugniß zur ferneren Ausübung des Schiffergewerbes gestellt worden, indessen hat dieser Antrag abgelehnt werden müssen, weil einestheils wegen der dem p. Dirks etwa zur Last fallenden Vernachlässigung seines Dienstes nicht sowohl vom Seeamt, als vielmehr von der vorgesetzten Behörde des p. Dirks zu befinden sein wird, anderntheils aber auch aus einer solchen Vernachlässigung seines Dienstes als Bakenstecher noch nicht gefolgert werden kann, daß es dem p. Dirks überhaupt an den zur Ausübung des Schiffergewerbes erforderlichen Eigenschaften fehle.

Die Entscheidung des Ober-Seeamts lautet:

daß der Spruch des Königlich preußischen Seeamts zu Emden vom 2. Juni 1883, soweit er sich auf die Gewerbebefugniß des Bakenstechers Dirk Dirks zu Emden bezieht, zu bestätigen und die baaren Auslagen des Verfahrens außer Ansatz zu lassen.

Gründe. Der Bakenstecher Dirks hat gegen die Beschwerde eingewendet, er halte das Seeamt nicht für competent, sondern habe sich nur dem Urtheil seiner vorgesetzten Behörde zu unterwerfen. Dieser Einwand ist unbegründet. Nach dem Reichsgesetz vom 27. Juli 1877 §. 4 No. 3 ist bei der Untersuchung eines Seeunfalls festzustellen, ob Mängel der für die Schiffahrt bestimmten Hülfseinrichtungen (der Seezeichen u. s. w.) oder Handlungen oder Unterlassungen der zur Handhabung dieser Einrichtungen bestellten Personen den Unfall oder dessen Folgen herbeigeführt haben. Der Führer der „Remke Klein" und der Reichscommissar haben behauptet, der Unfall dieses Schiffes sei dadurch veranlaßt worden, daß zur Zeit der Strandung des letzteren an der Sandplate bei Spiekeroog (Nordwall) fünf Baken gefehlt haben. Diese Baken gehören zu denjenigen Seezeichen, zu deren Handhabung Dirks amtlich bestellt ist; das Seeamt war daher nicht nur befugt, sondern verpflichtet zu untersuchen, ob Dirks durch eine auf die Baken bezügliche Handlung oder Unterlassung den Unfall herbeigeführt habe und demzufolge ist die Zuständigkeit des Seeamts wie des Ober-Seeamts außer Zweifel.

Die Frage aber, ob Dirks den Unfall durch Handlungen oder Unterlassungen verschuldet hat, ist zu verneinen.

Zunächst kommt dabei in Betracht, daß seine Pflichten in Bezug auf die Fürsorge für die Baken an der ostfriesischen Küste lediglich durch die Anweisungen bestimmt sind, welche er von den ihm vorgesetzten Behörden erhalten hat. Namens der letzteren hat die Königlich preußische Landdrostei zu Aurich erklärt, sie könne den Vorwurf der Pflichtwidrigkeit gegen Dirks in keiner Weise erheben. Damit ist festgestellt, daß dieser bei der Fürsorge für die Baken pflichtmäßig gehandelt hat, und daß ihm die Verantwortlichkeit für ein Ereigniß, welches etwa durch das zeitweise Fehlen der erwähnten fünf Baken herbeigeführt wäre, nicht auferlegt werden kann.

Dazu kommt, daß die „Remke Klein" nicht durch das Fehlen dieser Baken, sondern durch die Unvorsichtigkeit ihres Führers zur Strandung gebracht worden ist. Nach dem Ergebniß der Beweisaufnahme zweiter Instanz ist es in dem Gewässer bei Spiekeroog üblich, daß die Schiffe, sobald sie vom Watt bei Hochwasser in die Muschelbalge kommen, hier ankern und die Fahrt durch die Balge erst dann fortsetzen, wenn das Wasser soweit gefallen ist, daß die Martenplate trocken läuft. Der Führer der „Remke Klein" hat unüberlegt gehandelt, indem er bei Hochwasser die Muschelbalge durchfahren wollte. Entschloß er sich aber zu diesem Unternehmen, so mußte er fortwährend ausstechen, um die vom Wasser bedeckten Untiefen zu vermeiden. Er behauptet zwar, unter beständigem Ausstechen gekreuzt zu haben, allein dies ist nicht glaublich; denn die Untiefen erheben sich in jener Gegend nicht steil, sondern allmälig vom Meeresboden und können deshalb bei sorgsamem Ausstechen leicht aufgefunden werden, ehe das Schiff ihnen zu nahe kommt. Die Strandung beweist, daß der Führer der „Remke Klein" von dem Ausstechen zu wenig Gebrauch gemacht und wesentlich dadurch den Unfall verschuldet hat, ohne daß Dirks an dem letzteren irgend welche Schuld trägt.

Unter diesen Umständen liegt kein Anlaß vor, dem Bakenstecher Dirks die Befugniß zur Ausübung des Schiffergewerbes zu entziehen.

Die baaren Auslagen des Verfahrens bleiben außer Ansatz, weil die Beschwerde vom Reichscommissar eingelegt ist.

44. Spruch des Seeamts zu Stettin vom 8. Januar 1883 und Entscheidung des Kaiserlichen Ober-Seeamts vom 6. Februar 1884, betreffend den Seeunfall des Schraubendampfers „Orpheus" von Stettin.

Der Spruch des Seeamts lautet:

Der Seeunfall, welchen den Schraubendampfer „Orpheus" auf der Reise von Stettin nach Reval und St. Petersburg am 14. bis 19. October 1882 durch Strandung auf dem Steinriff Steinort erlitten hat, ist dadurch verschuldet, daß der Steuermann Spruth weder gehörig gepeilt noch gelothet, noch auf den Curs und die Seezeichen geachtet hat. Dem Steuermann Spruth wird daher die Befugniß zur Ausübung des Gewerbes als Schiffer und Steuermann entzogen. Den Schiffer Beise trifft ein Verschulden nur insofern, als derselbe dem Steuermann nicht das Lothen empfohlen hat. Dem Antrag des Reichscommissars, dem Schiffer Beise die Befugniß zur Ausübung des Schiffergewerbes zu entziehen, ist nicht entsprochen.

Gründe. Der Schraubendampfer „Orpheus", Unterscheidungssignal JCDK, Heimathshafen Stettin, ist auf der Fahrt von Stettin nach Reval und St. Petersburg, unter Führung des Schiffers Beise und Steuermanns Spruth, am 14. October 1882 in der Nähe von

Libau derartig auf ein Steinriff aufgelaufen, daß das Schiff leck wurde, erst am 19. October 1882 flott gemacht, nach Libau und von dort zur Ausbesserung nach Danzig gebracht werden konnte. Der „Orpheus", dem hiesigen Seeamt bereits durch die Kesselexplosion von 1879 bekannt geworden, verließ am 12. October 1882 Morgens 7 Uhr den Hafen von Stettin mit einer für Reval und St. Petersburg bestimmten Ladung von 7220 Centnern Stückgüter, unter denen sich auch Maschinentheile befanden. Die Ladung war in den Räumen und theilweise auf Deck verstaut; der Tiefgang betrug hinten 11 Fuß 1 Zoll, vorne 9 Fuß 5 Zoll. Nachdem man um 12¼ Uhr Mittags in See gekommen war, wurde bei zunehmendem Ostwind und Seegang schon am 13. October versucht, unter die russische Küste zu kommen und hatte man an diesem Tage um 12½ Uhr Nachts Jershöft dwars in 6 Seemeilen Abstand, um 4½ Uhr Morgens das Feuer von Scholpin dwars in 2 Seemeilen Abstand, während um 10 Uhr Vormittags das Feuer von Rickshöft in 6 Seemeilen Abstand dwarsab gepeilt wurde. Der Wind aus OSO und die See hatten immer mehr zugenommen, so daß von 11 Uhr Vormittags an die Maschine nur mit halber Kraft, dann ganz langsam arbeitete, das Schiff schwer stampfte und viel Wasser übernahm, von welchem das Deck fortwährend angefüllt war. Um 8 Uhr Abends wurde das Feuer von Brüsterort OSO per Compaß gepeilt. Am 14. October bei anhaltendem OSOWind wurde die See ruhiger; die Maschine arbeitete wieder mit voller Kraft und wurden Schratsegel gesetzt. Um 5¼ Uhr Morgens war Niddenfeuer in 6 Seemeilen Abstand gepeilt, um 8 Uhr Vormittags Memel in 10 Seemeilen Abstand, während um 1½ Uhr Mittags Libau in 2 Seemeilen Abstand passirt wurde. Es war helles und schönes Wetter geworden und die Küste vollkommen sichtig, während das Wasser allerdings vor Kälte dampfte und daher diesig war. Schiffer und Steuermann waren mit der Fahrt vertraut, kannten Küste und Fahrwasser und war anscheinend eine Gefahr von keiner Seite zu befürchten. Um 1 Uhr Nachmittags übernahm der Steuermann mit der Backbordswache die Schiffsleitung. Der Schiffer blieb noch bis 1½ Uhr an Deck. Er glaubte die Bake von Steinort zu sehen, war dessen aber nicht gewiß, bemerkte auch keine Höhen auf der Küste. Als er zur Koje ging, um von der Ueberanstrengung der letzten 48 Stunden sich zu erholen, gab er dem Steuermann die Anweisung, N½W zu steuern und von der Küste gut frei zu bleiben. Vom Lothen wurde nichts gesagt, weil die Küste sichtig war. Die Deviation des Compasses wurde auf Grund der Tabelle auf einen Strich östlich angenommen. Die Tabelle war seit dem Mai 1881 und namentlich vor Beginn der letzten Reise nicht regulirt, bisher aber stets als richtig erprobt worden, während eine nach dem Unfall vorgenommene Regulirung in Danzig die östliche Abweichung um 2 Grad geringer ergab, als in der Tabelle verzeichnet war. Nach dem festgestellten und dem Steuermann vom Schiffer, wie dieser behauptet, nachgewiesenen Standorte des Schiffes um 1½ Uhr Nachmittags hätte der „Orpheus" mit dem Curse N¼W und einem Strich östlicher Deviation mindestens 3 bis 4 Seemeilen, ja wohl 6 bis 7 Seemeilen von der Küste bleiben müssen und schätzte sich der Steuermann Spruth auch wirklich soweit ab, glaubte daher, als er 2¾ Uhr Nachmittags die Bake des Steinortriffes zu Gesicht bekam, von dieser Untiefe noch 2 bis 3 Seemeilen ab zu bleiben und hielt unter Land weiter, um den hohen Seegang, dem er bei weiterer Entfernung vom Lande begegnen mußte, zu vermeiden. Spruth blieb beständig auf der Commandobrücke, ohne etwas Bedenkliches und namentlich eine größere Annäherung an das Land oder ein Seezeichen voraus wahrzunehmen, obwohl er sich überall umgesehen und den aufgegebenen Curs genau innegehalten haben will. Gelothet hat er aus eigenem Antriebe nicht, weil das Wetter hell war, die Umrisse der Küste klar zu sehen waren und Spruth daher seiner Sache sicher zu sein glaubte. Umsomehr war der Steuermann und der sofort an Deck eilende Schiffer überrascht, als der „Orpheus" um 3 Uhr 35 Minuten Nachmittags plötzlich auf Steine stieß und festsaß. Ein Versuch, mit rückwärts gehender Maschine freizukommen, mißlang. Das Schiff war leck, doch wurde mit der Dampfpumpe der Maschinenraum lenz gehalten. Der Hinterraum blieb dicht, während im Vorder- und Mittelraum um 7 Uhr Abends 6 Fuß Wasser waren. Die niedrigste Wassertiefe von 10 Fuß 3 bis 6 Zoll war mittschiffs. Erst nach dem Auflaufen des „Orpheus" bemerkte man, daß sich auf seiner Backbordseite Pricken befanden, die erst im letzten Jahre gesetzt und auf der neusten Karte verzeichnet sind, dem Schiffer und Steuermann aber nicht bekannt geworden waren. Auf der Seekarte des „Orpheus" waren an der Strandungsstelle, die nach Angabe der zur Rettung herbeieilenden Russen vom Lande 3 Werst = 1½ Seemeilen entfernt liegt, noch keine Pricken oder Steuder angegeben, wohl aber das Steinortriff als eine ungetrennte Untiefe bis zu 3 Werst vom Lande verzeichnet. In der Verklarung ist gesagt, daß nach Angabe der Leute von der Rettungsstation Steinort zwischen dem Schiffe und dem Lande eine

Wassertiefe von 4 Faden gewesen sei. Dagegen behauptet Steuermann Spruth in der mündlichen Verhandlung, daß die Wassertiefe von 4 Faden sich zwischen dem Steinort und der Strandungsstelle befunden habe, daß diese letztere mindestens 2 Seemeilen vom Lande ab liege und aus einem besonderen, bisher unbekannten, auf der Karte nicht verzeichneten Gestein bestehe.

Das Abbringen des gestrandeten und leck gewordenen Dampfers war schwierig und konnte erst nach mehrtägiger Arbeit mit Hülfe der von mehreren Seiten herbeigeeilten Leichter und Bergungsdampfer bewirkt werden. Am 15. October lag der „Orpheus" hinten 7 Fuß, vorn etwa 12 Fuß tief, von mittschiffs bis vorn fast auf Steingrund. Das bereits beschlossene Werfen von Ladung wurde unterlassen, da das Schiff ganz ruhig lag und nichts zu befürchten war. Das Rettungsboot war schon am 14. October an Bord gekommen, aber eine Verständigung nicht erreicht, weshalb der Steuermann und als dieser nicht zurückkam, am 15. October auch der Bootsmann nebst einem Matrosen mit Depeschen und Briefen um Hülfe und zur Benachrichtigung der Direction der Neuen Dampfer-Compagnie in Stettin, an Land geschickt wurden. Von der Grenzwache wurde die Bewachung der Ladung übernommen, von Libau aus an die Bergungsgesellschaften nach Stockholm, Kopenhagen, Reval um Hülfe depeschirt. Es kamen verschiedene Dampfer und Leichterfahrzeuge, welche die theilweise naß gewordene Ladung übernahmen. Steuermann, Bootsmann und Matrose waren wieder an Bord gekommen. Am 15. October wehte es hart aus OzS, ohne weiteren Schaden anzurichten. Die zuerst ankommenden Dampfer und Leichter erwiesen sich als unzureichend, bis am 16. October der Bergungsdampfer „Poseidon" von Stockholm mit Taucher und Universaldampfpumpe in der Nähe des „Orpheus" ankerte. Nun wurde die Ableichtung bis 12 Uhr Nachts fortgesetzt und vom Taucher ermittelt, daß der „Orpheus" bis an das Hinterschott des Maschinenraums auf großen Steinen festsaß. Die Beschädigungen konnten noch nicht festgestellt werden. Am 17. October wurde die Pumpe des „Poseidon" an Bord gebracht und alles zum Pumpen eingerichtet. Inzwischen aber nahm der Wind aus SO bedeutend zu; die See ging hoch, so daß der Leichter „Theodora" die hintere Schanzkleidung des „Orpheus" zerschlug und schließlich mit der eingenommenen Ladung nach Libau abging. Erst am Nachmittag begann das Auspumpen. Nach vierstündiger Arbeit hob sich das Schiff, stieß aber unter dem Hinterraum und im Maschinenraum neue Lecke, worauf sich diese Räume schnell mit Wasser füllten und der „Orpheus" wieder gesenkt wurde, weil er nicht dauernd über Wasser zu halten war. Laternennothsignale wurden zum Herbeirufen des Rettungsbootes gegeben, die Effecten und ein Theil der Mannschaft an Bord des „Poseidon" gebracht, während Schiffer, Steuermann, erster Maschinist, Zimmermann, Stewart und zwei Matrosen auf dem „Orpheus" ausharrten. Dieser war so weit gesunken, daß das Deck bis an den Maschinenraum völlig unter Wasser lag, die Feuer in der Maschine ausgelöscht, Maschinenraum und Hinterraum bis unter das Zwischendeck voll Wasser waren. Trossen, Laternen, loses Geschirr waren über Bord gegangen und zerschlagen. Indessen war am 18. October der Wind flauer und die See etwas ruhiger. Die geflüchteten Leuten kehrten zurück; von Paulshafen wurden per Expreß zwei Leichter herbeigerufen, dann aber statt ihrer der Bergungsdampfer „Wolga" angenommen, auch ein Regierungsdampfer zugezogen und bis 8 Uhr Abends entlöscht und gepumpt. Am 19. October war ruhige See, der „Poseidon" kam längsseits und seine Centrifugalpumpe machte bereits um 9 Uhr Morgens den „Orpheus" flott, welcher dann bis 12 Uhr Mittags durch den Taucher einstweilig gedichtet, ziemlich lenz gepumpt, nach Libau eingeschleppt, dort entlöscht, demnächst nach Danzig gebracht und dort vollständig ausgebessert wurde.

Dieser Thatbestand ist festgestellt:

1. durch die auf Antrag des Reichscommissars und Beschluß des Seeamts zum Zwecke der Beweisaufnahme verlesene Verklarung vom 10/22. October 1882 unter Vergleichung des damit völlig übereinstimmenden Schiffstagebuches,
2. durch die behufs Aufklärung eingesehenen und ihrem wesentlichen Inhalt nach vorgetragenen Schreiben der Direction der Neuen Dampfer-Compagnie vom 3. und 18. November 1882,
3. durch die eidliche Aussage des Bootsmanns Bartelt und die zwar unbeeidete doch glaubwürdige Aussage des Maschinisten Fiting,
4. durch die uneidlichen, gegen sie selbst jedenfalls beweisenden und mit den übrigen Beweismitteln im allgemeinen übereinstimmenden Auslassungen des Schiffers Beise und des Steuermanns Spruth.

Die Vereidigung des Schiffers und Steuermanns mußte unterbleiben, weil der Reichscommissar beantragt hat, dem Schiffer Beise die Befugniß zur Ausübung des Schiffergewerbes, dem Steuermann Spruth aber, der die Prüfung als Schiffer bestanden hat, die Befugniß zur Ausübung des Gewerbes als Schiffer und Steuermann zu entziehen. Diese Anträge werden mit der ausdrücklichen Erklärung, daß sie gegen den Schiffer Beise nur behufs Wahrung des Rechtsmittels gestellt werden, dadurch begründet, daß

1. der Schiffer Beise nicht in neuerer Zeit und namentlich vor Beginn der letzten Reise für gehörige Bestimmung der Deviation und Berichtigung der Deviationstabelle gesorgt habe, was um so nothwendiger gewesen sei, da das Schiff ein eisernes sei und Eisenladung gehabt habe, wodurch die Deviation erheblich beeinflußt werde, auf See aber nur bei klarem Wetter genau zu bestimmen und daher im Hafen zu reguliren sei. Dem Schiffer Beise wird ferner zum Vorwurf gemacht, daß er sich über die neuesten Seezeichen nicht gehörig unterrichtet und nicht für Berichtigung seiner Seekarte, also jedenfalls nicht für gehörige Ausrüstung des Schiffes gesorgt habe;
2. der Steuermann nicht der ihm ertheilten Anweisung gemäß von der Küste freigeblieben sei, sondern sich dem Lande bis auf eine Seemeile genähert und in unnöthiger und ungehöriger Weise das stille Wasser unter der Küste aufgesucht, dabei einen Mangel jeglichen Schätzungsvermögens an den Tag gelegt, die Entfernung von einer Seemeile für vier Seemeilen angesehen, in ungerechtfertigter Sicherheit und Sorglosigkeit nicht gelothet und die Augen so wenig offen gehalten habe, daß er die Pricken vor dem Bug nicht bemerkte und darnach seinen Curs änderte.

Schiffer und Steuermann bemerken hiergegen:

1. Die Deviation habe bisher stets und noch auf der zunächst vorhergegangenen Reise in derselben Gegend gestimmt, sei übrigens auf See besser als im Hafen zu reguliren und hier dazu keine Zeit gewesen;
2. von der Errichtung des Prickens habe in der „Ostseezeitung“, die der Schiffer gelesen, nichts gestanden;
3. der Steuermann bleibt dabei, daß der Steingrund, auf welchen der „Orpheus“ aufgelaufen sei, mindestens zwei Seemeilen vom Lande liege und daß er sich durch die diesige Luft über dem Wasser um eine Seemeile in der Schätzung geirrt haben möge, aber bei dem innegehaltenen Curs 6 bis 7 Seemeilen vom Lande hätte ableiben müssen, wenn der Schiffer sich nicht in seiner Schätzung des Abstandes geirrt habe, der übrigens beim Wechsel der Wache nicht festgestellt sei. Den

Curs unter Land rechtfertigt der Steuermann dadurch, daß sonst eine Strandung bei Lyserort zu befürchten gewesen sei.

Schließlich führen Schiffer und Steuermann den Unfall auf eine Stromversetzung zurück, da der Lootsenbefehlshaber in Libau nachher von einer starken aus Süden nach Norden gehenden Strömung gesprochen habe.

Das Seeamt hat sich zunächst der Ansicht des Reichscommissars dahin angeschlossen, daß die Strandung mit allen ihren Gefahren, Drangsalen, Beschädigungen und Verlusten nicht durch unvermeidliche und unberechenbare Ereignisse der See und höhere Gewalt herbeigeführt, sondern durch fehlerhafte Schiffsleitung verschuldet ist. Es war heller Tag, der Wind ablandig und nicht übermäßig stark, der Seegang nicht mächtig genug, um das Schiff vom Curs abzubringen und irgendwie zu gefährden. Auch eine Stromversetzung konnte für sich allein den „Orpheus" nicht auf die Klippe bringen, weil die dadurch bewirkte Annäherung an die deutlich sichtbare Küste bei einiger Aufmerksamkeit bemerkt und durch Aenderung des Curses nach See hinaus abgewendet werden konnte. Aus eben diesem Grunde aber kann das Seeamt nicht annehmen, daß der Unfall durch Handlungen oder Unterlassungen des Schiffers verschuldet und namentlich durch mangelhafte Ausrüstung des „Orpheus" herbeigeführt ist. Die Vorwürfe, welche dem Schiffer Beise gemacht werden, sind nach der Auffassung des Seeamts theils nicht begründet, theils für den in Rede stehenden Unfall bedeutungslos. Die mangelhafte Bestimmung der Compaßabweichungen und unterlassene Berichtigung der Deviationstabelle ist in den Entscheidungen der Seeämter und des Kaiserlichen Ober-Seeamts wiederholt gerügt, auch wohl in Verbindung mit anderen Ungehörigkeiten, doch nicht für sich allein als Beweis des Mangels der für das Schiffergewerbe erforderlichen Eigenschaften angesehen worden, *sofern dadurch der Unfall verschuldet war* (Vergleiche die Entscheidung des Seeamts zu Hamburg vom 31. März 1880 und des Kaiserlichen Ober-Seeamts vom 8. Mai 1880, II, S. 379 bis 388, und ferner die Entscheidungen derselben Behörden vom 23. März und 12. Juni 1880, II, S. 443 bis 456, auch II, S. 816 bis 822, 335, 381, 382, 387, 444, III, S. 95, 319). Das Seeamt hat jedoch die Ueberzeugung gewonnen, daß im vorliegenden Falle dem Schiffer Beise die unterlassene Regulirung der Deviationstabelle im letzten Jahre und vor Antritt der letzten Reise überhaupt nicht zum Vorwurf gemacht werden kann und jedenfalls für den in Rede stehenden Unfall ganz wirkungslos gewesen ist. Abgesehen davon, daß die Prüfung der Deviationstabelle auf See sich besser als im Hafen bewirken läßt und hier eine erhebliche, oft garnicht vorhandene Zeit erfordert, so hatte Schiffer Beise keine Veranlassung, seiner Deviationstabelle zu mißtrauen, indem die darauf angegebene östliche Abweichung von einem Striche sich bis in die letzte Zeit und namentlich bei Fahrten nach dem Finnischen Meerbusen als völlig richtig erwiesen hatte. Wenn aber auch nachträglich festgestellt ist, daß die östliche Abweichung der Magnetnadel um zwei Grad weniger beträgt, als die Deviationstabelle ergiebt, so mußte dieser Unterschied, wenn genau nach der Deviationstabelle gesteuert wurde, den „Orpheus“ noch um 2 Grad mehr nach Westen, also noch weiter von der Küste abbringen. Es muß aber der Fehler der Deviationstabelle für ganz einflußlos erklärt werden, da angesichts der Küste gesteuert wurde, deren Landmarken überall zu Wegweisern des innezuhaltenden Curses und als Maßstab der Entfernung vom Lande dienten. Ebensowenig kann es dem Schiffer Beise als Verschulden angerechnet werden, daß ihm die Errichtung neuer Seezeichen bei Steinort unbekannt geblieben und auf seiner Seekarte nicht nachgetragen sind. Es gehört allerdings zu den Obliegenheiten des Schiffers, der für die vollständige Ausrüstung des Schiffes zu sorgen hat, daß gute und daher entweder neueste oder bis in die neueste Zeit berichtigte Seekarten an Bord sind, von denen die Innehaltung des richtigen Curses und die Vermeidung von Untiefen ganz und gar abhängig ist. Ebendaher hat der Schiffer sich über Veränderung der Seezeichen auf dem Laufenden zu halten, wozu ihm außer den neuesten Segelanweisungen besonders das von der Kaiserlichen Admiralität herausgegebene Leuchtfeuer-Verzeichniß und die Nachrichten des hydrographischen Amts für Seefahrer zweckdienlich sind (Handelsgesetzbuch Artikel 478, 480; Entscheidungen des Kaiserlichen Ober-Seeamts und der Seeämter I, S. 329, 576 bis 595, II, S. 192, III, S. 265, 540). Kann es daher nicht für genügende und sorgfältige Nachforschung angesehen werden, wenn der Schiffer beim Lesen der Stettiner „Ostseezeitung“ von dem neuen Pricken auf Steinort nichts erfahren haben will, so fehlt es doch andererseits an dem für die Feststellung seiner schuldbaren Unterlassung erforderlichen Nachweise, daß, wann und wo die Errichtung des gedachten Seezeichens bekannt gemacht ist, und kann daher dem Schiffer der Vorwurf, daß er diese Bekanntmachung übersehen habe, nicht gemacht werden. Es ist aber auch dies Uebersehen, selbst wenn es begangen wäre, für den Unfall selbst ebenso unwesentlich, wie die Unrichtigkeit der Deviationstabelle. Abgesehen davon, daß bei einiger Aufmerksamkeit der neue Steuder jedenfalls gesehen und als Warnung dienen mußte, mochte man seine Errichtung kennen oder nicht, so wies die auf dem „Orpheus" befindliche und in der mündlichen Verhandlung vorgelegte Seekarte das Steinorter Riff bis zu 3 Werst vom Lande nach. Es mußte also auch nach dieser Karte jedenfalls mehr als 3 Werst vom Lande abgehalten werden, und kam es für den Gebrauch der Karte zur Vermeidung der Strandung auf dem Steinorter Riff nicht wesentlich darauf an, ob der neue Steuder auf der Karte verzeichnet war, da die Karte auch ohne Steuder hinlänglich vor dem Steinort warnte.

Erweist sich hiernach der dem Schiffer gemachte Vorwurf ungenügender Ausrüstung als nicht stichhaltig und jedenfalls als unwesentlich für den in Rede stehenden Seeunfall, so hat das Seeamt seinerseits noch in Erwägung gezogen, ob ein Verschulden des Schiffers vielleicht darin zu finden sei, daß er

1. den Standort des Schiffes auf der Höhe von Libau nicht richtig bestimmte,
2. dem Steuermann das Lothen nicht empfahl,
3. überhaupt unter Deck ging, bevor das Steinorter Riff passirt war.

Daß die Schätzung des Abstandes von Libau, welche der Schiffer um 1½ Uhr Nachmittags, bevor er unter Deck ging, vorgenommen haben will, eine irrige und der „Orpheus" damals dichter als zwei Seemeilen unter Land war, läßt sich aus den späteren Ereignissen wohl als möglich und selbst als wahrscheinlich folgern, ist aber immerhin nicht überzeugend festgestellt und deshalb jedenfalls gleichgültig, weil der angeordnete Curs N½W, falls er genau innegehalten wäre, selbst ein aus Libau unmittelbar auslaufendes oder doch dicht unter Land befindliches Schiff frei von dem Riff bei Steinort vorbeigebracht hätte. Es ist daher auch nicht zu tadeln, daß der Schiffer von seinem Recht Gebrauch machte, nach Ablauf seiner Wache, Feststellung des Standortes und Ertheilung der nöthigen Anweisungen dem Steuermann die Schiffsleitung zu übergeben und unter Deck zu gehen. Das Wetter war handig, die See ungefährlich, dabei heller Tag, der die Küste als Maßstab der Entfernung und Richtschnur des angeordneten Curses deutlich erkennen ließ. Das Fahrwasser war dem Schiffer wie dem Steuermann bekannt und in der Richtung N½W bei einer Entfernung von mindestens 4 Seemeilen vom Lande durchaus unbedenklich. Der Schiffer, der sich auf den gleichfalls als Schiffer geprüften Steuermann verlassen zu können glaubte, handelte ganz ordnungsmäßig und seemännisch richtig, wenn er den augenblicklichen günstigen Zeitpunkt benutzte, um sich von den übermäßigen Anstrengungen der letzten 48 Stunden auszuruhen und für neue Fährlichkeiten zu rüsten, deren der Finnische Meerbusen in herbstlichen Jahreszeiten reichlich darbietet. Die Anweisung des Schiffers an den Steuermann war sachgemäß und der Sachlage entsprechend, doch hätte die Sorgfalt eines ordentlichen Schiffers dahin führen müssen, dem Steuermann als bestes und unentbehrlichstes Mittel des Freibleibens vom Lande das Lothen anzuempfehlen. Daß dies unterlassen worden, ist als Verschulden des Schiffers anzusehen, welchem jedoch ein unbedingter ursächlicher Zusammenhang mit dem Unfalle selbst nicht beigemessen werden kann, da der Steuermann während seiner Schiffsleitung von selbst auf den Gebrauch des Lothes kommen konnte und mußte und die Anweisung des Schiffers, gut frei vom Lande zu bleiben, die Anwendung aller dazu zweckdienlichen Mittel in sich enthielt. Daß der Schiffer bei seiner Anweisung an den Steuermann des Lothes nicht gedachte, erklärt und entschuldigt sich daraus, daß man damals des Fahrwassers und des Abstandes vom Lande noch vollkommen sicher zu sein glaubte und der Schiffer in seinem Steuermann einen ebenbürtigen Fachgenossen neben sich zu haben meinte, der die Mittel zur Ausführung der ertheilten Anweisung ebensogut kenne und gebrauchen werde, wie der Schiffer selbst. Jedenfalls ist darin, daß der Schiffer dem Steuermann eine Anweisung zum Lothen nicht ertheilte, für sich allein ein Mangel solcher Eigenschaften, die zur Ausübung des Schiffergewerbes erforderlich sind, unten den obwaltenden Umständen nicht zu finden und wenn nun in allen anderen Beziehungen die Handlungsweise des Schiffers sich als untadelhaft erwiesen hat, die gegen ihn erhobenen Vorwürfe nicht als begründet angesehen werden konnten und auch nach der Strandung alle zur Rettung von Schiff und Ladung zweckdienlichen Maßregeln mit aller Umsicht, Entschlossenheit und Beharrlichkeit ergriffen und durchgeführt sind, so konnte dem Antrage auf Entziehung der Befugniß zur Ausübung des Schiffergewerbes gegen den Schiffer Beise umsoweniger entsprochen werden, als der Reichscommissar selbst anerkannt hat, daß die von ihm erhobenen Ausstellungen gegen die Ausrüstung des „Orpheus" nicht hinreichen, um die Concessionsentziehung zu rechtfertigen.

Umsomehr fällt die ganze Schuld des Unfalls auf den Steuermann Spruth, der in unverantwortlicher Sorglosigkeit und Unachtsamkeit den Dampfer gerade auf das Steinortriff zu lenkte. Spruth wußte oder mußte aus der Karte wissen, daß dies Riff sich bis auf 3 Werst, also mehr als 1½ Seemeilen, vom Lande nach See hinaus erstreckte, daß es daher zur völligen Sicherung des Schiffes und Befolgung der ihm ertheilten Anweisung nothwendig war, mindestens 3 bis 4 Seemeilen vom Lande abzubleiben und sich von dieser Entfernung durch sichere Peilungen und wiederholtes Lothen zu vergewissern. Nichts ist geschehen, um diese für Abstandsbestimmungen und Ermittelung des richtigen Fahrwassers unentbehrlichen Maßregeln auszuführen, vielmehr begnügte sich Steuermann Spruth mit einer Augenmaßschätzung, die einen Unterschied von 2 bis 3 Seemeilen unbemerkt ließ. Hieraus ergiebt sich, daß es dem Steuermann Spruth nicht nur an der pflichtmäßigen Sorgsamkeit bei Bestimmung des Abstandes vom Lande, sondern auch an dem natürlichen seemännischen Schätzungsvermögen recht sehr mangelt. Statt diesem Mangel durch fleißigen und sorgsamen Gebrauch der ihm zu Gebote stehenden Hülfsmittel abzuhelfen, hat der Steuermann Spruth nicht einmal auf Innehaltung des Curses und auf die Seezeichen mit der nothwendigen Aufmerksamkeit geachtet. Wenn es auch richtig sein mag, daß er nicht von der Commandobrücke gegangen ist, so kann ihm doch nicht geglaubt werden, daß er sich überall umgesehen habe. Er hat jedenfalls weder den Compaß gehörig im Auge behalten, noch guten Ausguck voraus gehalten, wo die Bake des Steinorts ihn vor der gefährlichen Annäherung warnte und ihm der neue Steuder unbedingt zu Gesicht kommen mußte, wenn er gehörig aufgepaßt hätte. Er würde dann auch bemerkt haben, daß der Curs N½W nicht richtig eingehalten wurde. Denn falls letzteres geschehen, würde, wie Spruth selbst zugiebt, der „Orpheus“ nicht blos 4 Seemeilen, sondern mit Rücksicht auf die unrichtig angenommene Deviation wohl 6 bis 7 Seemeilen von der Küste abgeblieben sein. Daß der Dampfer statt dessen bis auf 1½ Seemeilen an das Land herankam, ist nicht blos einer etwaigen Stromversetzung zuzuschreiben, die einen mit voller Kraft fahrenden Dampfer nimmermehr so stark vom Curse abbringen konnte, sondern lediglich einer Abweichung von letzterem, welche der p. Spruth veranlaßte, um nur ja recht dicht unter Land zu bleiben. Es ist zwar nicht festgestellt, daß der Steuermann selbst einen mehr östlichen Curs anbefohlen hat, aber jedenfalls hinderte er es nicht, daß der Mann am Ruder näher nach dem Lande steuerte, als sich mit dem Curse N½W vertrug. Spruth giebt selbst zu, daß er das stille Wasser unter Land gesucht habe, weil ihm weiter hinaus zu viel Seegang gewesen sei. In diesem Streben, welches seine Seele einnahm und in unvorsichtigem Vertrauen auf seine Kenntniß des Fahrwassers und seine recht unzuverlässige Abstandsschätzung, ließ er alle unentbehrliche Vorsicht außer Acht, und um den Seegang zu vermeiden, der einem Schiffe wie der „Orpheus" ungefährlich war, steuerte er blindlings auf Klippen los, die dem Schiffe, der Mannschaft und Ladung Verderben drohten. Der Steuermann kann sich nicht damit entschuldigen, daß ihm der Schiffer das Lothen nicht empfohlen, noch daß der Steuder ihnen beiden unbekannt geblieben sei. Spruth war, so lange der Schiffer unter Deck war, selbständiger Befehlshaber, der die geeigneten Maßregeln nach eigenem Ermessen zu ergreifen hatte und für ihre Unterlassung verantwortlich bleibt, da der Schiffer nur die allgemeine Anweisung ertheilen und nicht alle Einzelheiten vorausbestimmen kann. Spruth mußte nicht nur lothen, sondern den Curs höher als N ½ W nehmen, sobald er bemerkte, was ihm bei rechter Aufmerksamkeit nicht entgehen konnte, daß er dem Lande zu nahe kam. Den Steuder brauchte er nicht zu kennen, sondern nur zu sehen, um dadurch gewarnt zu werden und durfte er, auch ganz abgesehen von dem Seezeichen, schon nach seiner Karte nicht dahin gerathen, wo der „Orpheus" auflief. Wenn in der Verklarung gesagt ist, nach der Karte sei alles rein gewesen, so bezieht sich das auf den Abstand von 3 bis 4 Seemeilen, nicht aber von 1½ bis 2 Seemeilen von der Küste.

Soll nun auch nicht verkannt werden, daß in dem Verhalten des Steuermanns Spruth nach der Strandung, namentlich in seinem Ausharren auf dem Schiff, sich seemännische Pflichttreue kundgiebt, so ist doch die Strandung selbst durch Handlungen und Unterlassungen des Steuermanns verschuldet, in denen Mangel an seemännischem Schätzungsvermögen und Urtheil, sorglose Unvorsichtigkeit und blinde Unachtsamkeit mit Beiseitesetzung der gewöhnlichsten und unentbehrlichsten Vorsichtsmaßregeln und somit ein Mangel der zur Ausübung des Gewerbes als Schiffer und Steuermann erforderlichen Eigenschaften an den Tag tritt. Gerade solche Versehen, wie sie hier vorliegen, sind von dem Kaiserlichen Ober-Seeamt wiederholt und unnachsichtlich durch Entziehung der Gewerbebefugniß gerügt worden. Siehe die Entscheidungen vom 13. December 1878, I, S. 207 bis 217; vom 25. April 1879, I, S. 468 bis 473; vom 12. Juni 1880, II, S. 443 bis 456; vom 9. September 1880, II, S. 595 bis 605; vom 10. Mai 1881, II, S. 965 bis 972; vom 22. Juni 1881, III, S. 390 bis 399; vom 10. October 1881, III, S. 462 bis 469; vom 14. Januar 1882, III, S. 622 bis 631.

Daß der Steuermann Spruth diese Mängel in seiner Stellung als Steuermann und nicht auch als Schiffer gezeigt hat, schließt die

Entziehung des Schiffergewerbes nicht aus. Wer sich unfähig erweist, als Steuermann zu fahren und den Schiffer zu vertreten, ist als Schiffer gewiß nicht zu gebrauchen. Dem Schiffer Spruth war daher nach dem Antrage des Reichscommissars und gemäß §. 26 des Reichsgesetzes vom 27. Juli 1877 die Befugniß zur Ausübung des Gewerbes als Schiffer und Steuermann zu entziehen.

Die Entscheidung des Ober-Seeamts lautet:

daß der Spruch des Königlich preußischen Seeamts in Stettin vom 8. Januar 1883 dahin abzuändern, daß dem Steuermann Spruth die Befugniß zur Ausübung des Schiffer- und des Steuermannsgewerbes zu belassen, im übrigen zu bestätigen und die baaren Auslagen des Verfahrens außer Ansatz zu lassen.

Gründe. Der Führer des „Orpheus", Schiffer Beise, hat ausgesagt, daß der Dampfer „Orpheus" um 1½ Uhr Nachmittags am 14. October 1882 Libau in 2 Seemeilen Abstand passirt habe, und daß er von da ab den für Deviation verbesserten Curs N½O habe steuern lassen. Dieser Curs führt ungefähr 5 Seemeilen frei von Steinort Riff. Daß der „Orpheus", auf welchem nach dem Ergebniß der in zweiter Instanz angestellten Erhebungen dieser Curs genau inne gehalten wurde, dennoch auf das genannte Riff gerieth, ist nur entweder durch Stromversetzung oder durch eine größere Deviation als die angenommene zu erklären. Der Strom hätte in der für diese Gegend ganz ungewöhnlichen Stärke von mehr als 2 Seemeilen in der Stunde und noch dazu gegen den gerade herrschenden frischen Wind laufen müssen, wenn er die Veranlassung zu der Strandung gewesen sein sollte. Viel wahrscheinlicher ist es, daß der Schiffer auf den gesteuerten Curs eine zu kleine Deviation angewandt hat, was sich dadurch leicht erklärt, daß die Deviationstabelle des „Orpheus" seit dem Mai 1881 nicht verbessert worden und der Dampfer auf der hier in Rede stehenden Reise ein bedeutendes Quantum Eisenladung an Bord hatte. Der Schiffer hat zwar die gegentheilige Meinung ausgesprochen und dieselbe damit zu begründen versucht, daß die Eisentheile bis auf ein nicht sehr erhebliches Quantum sehr weit vom Compaß entfernt verstaut gewesen seien; es ist aber ein wissenschaftlich festgestelltes Factum, daß auch sehr entfernt vom Compaß gelagerte Eisentheile Einfluß auf die Magnetnadel zu üben vermögen, wenn die Eisenmasse nur entsprechend groß ist. Der Schiffer Beise hat nun zwar ferner angeführt, daß er die bei seiner Fahrt durch das Haff gesteuerten nördlichen Compaßcurse mit den ihm bekannten wahren Cursen verglichen und eine veränderte Deviation dabei nicht wahrgenommen habe; doch darf auf diese durch Zeugen nicht erhärtete Aussage ein besonderes Gewicht nicht gelegt werden, weil der Schiffer sich, wie weiterhin erörtert wird, nicht als ein genügend umsichtiger und gewissenhafter Schiffsführer gezeigt hat, um unbedingten Glauben dafür beanspruchen zu dürfen, daß er die Prüfung des Compasses bei jener Fahrt durch das Haff mit einem ausreichenden Grade von Genauigkeit ausgeführt habe; denn eine nur oberflächliche Beobachtung des Compasses auf der Hafffahrt ist keineswegs als ausreichend anzusehen, um die für ein Schiff mit Eisenladung im allgemeinen erforderliche förmliche Deviationsbestimmung auf den Hauptcompaßstrichen zu ersetzen.

Der Führer des „Orpheus" hat ferner, obwohl dieser Dampfer Fahrten in dem östlichen Theil der Ostsee sehr häufig zu machen hat, es nicht nur nicht für nöthig erachtet, das Schiff mit einigermaßen neuen Karten zu versehen, sondern er hat auch die Verbesserung seiner alten Karten unterlassen. Sicherheit in der Navigirung ist aber bei den fortgesetzt vorkommenden Aenderungen in den Tiefen der Fahrwasser und in den Seezeichen ausgeschlossen, wenn die dabei gebrauchten Karten nicht fortlaufend unter Correctur gehalten werden. Wenn der Schiffer Beise zur Entschuldigung der unterlassenen Eintragung des Steinort Riffs und der dabei ausgelegten Treibbaken anführt, er habe behufs Currenthaltung seiner Karten regelmäßig die „Ostseezeitung" gelesen, darin aber von der Auffindung jenes Riffs und der Auslegung der Treibbaken nichts gefunden, so ist diese Anführung nur geeignet, seine Oberflächlichkeit zu kennzeichnen, da die vom Kaiserlichen hydrographischen Amt unterm 1. October 1881 in den „Nachrichten für Seefahrer" erlassene Bekanntmachung, dieses Riff und die ausgelegten Treibbaken betreffend, auch von der „Ostseezeitung" übernommen worden ist.

Schließlich ist festgestellt, daß der Schiffer Beise, nachdem er dem Steuermann Spruth die Wache übergeben hatte und Libau passirt war, sich um die Navigirung des Schiffes nicht weiter gekümmert hat, sondern zur Koje gegangen ist. Er durfte dem Steuermann die Führung des Schiffes in der Nähe des Landes aber nicht selbständig überlassen, ohne ihm diejenigen Hülfsmittel zu übergeben, welche zur sicheren Navigirung erforderlich sind und ohne ihn auf die etwaigen

Gefahren, welche aus der Annäherung an das Land erwachsen konnten, aufmerksam zu machen. Auf dem „Orpheus" befanden sich zwei Karten, welche beide die Gegend bei Steinort enthielten, nämlich eine vom südlichen Theile der Ostsee und eine vom nördlichen. Die erstere Karte, welche dem Steuermann zur Navigirung übergeben war und in welche der Schiffer den gesteuerten Curs eingetragen hatte, enthält vom Steinort Riff nichts; die letztere weist die Untiefe, auf welcher der „Orpheus" festkam, und die ausgelegten Treibbaken zwar auch nicht auf, indeß erstreckt sich auf ihr die Küstenbank bis auf ungefähr eine Seemeile vom Lande, sodaß diese Karte dem Navigirenden immerhin die nöthige Warnung vor der zu großen Annäherung an das Land giebt. Es wäre Pflicht des Schiffers, der seine Karten kennen muß, gewesen, dem Steuermann Spruth diese letztere bessere Karte zur Verfügung zu stellen, wenn er nicht selbst an Deck blieb, so lange man sich in Landnähe befand.

Wenn trotz dieser dem Schiffer Beise zur Last fallenden Pflichtversäumnisse die freisprechende Entscheidung der ersten Instanz bestätigt wird, so geschieht es, weil zwischen jenen Versäumnissen und dem Unfall ein directer ursachlicher Zusammenhang nicht erwiesen ist; denn obwohl die eigentliche Ursache der Strandung die Anwendung einer falschen Deviation gewesen sein kann, so läßt sich die Unrichtigkeit der angewandten Deviation doch nicht sicher nachweisen; auch würden correctere Karten wahrscheinlich nicht den Erfolg gehabt haben, den Unfall zu verhüten, weil der Steuermann Spruth sich weiter als eine Seemeile vom Lande entfernt geschätzt hat und die bei der Untiefe liegenden Treibbaken für den „Orpheus", als er sich der Untiefe näherte, durch die Segel eines Fahrzeugs verdeckt gewesen sind, also den Zweck, vor der Untiefe zu warnen, vermuthlich nicht erfüllt hätten, auch wenn sie in die Karten eingetragen gewesen wären.

Was den Steuermann Spruth betrifft, so hatte es nach den Ergebnissen der vom Seeamt angestellten Erhebungen den Anschein, als sei er von dem ihm durch den Schiffer gegebenen Curse nach dem Lande zu abgewichen, um bei dem herrschenden starken Landwinde dicht unter der Küste in ruhigerem Wasser zu fahren und als habe er es an der erforderlichen Aufmerksamkeit fehlen lassen, weil er die westlich der Untiefe liegenden Treibbaken erst nach dem Festkommen des Dampfers bemerkt hatte.

Die in zweiter Instanz veranlaßte weitere Beweisaufnahme hat aber ergeben, daß diese Annahmen unzutreffend sind. Die beiden

Matrosen, welche zwischen Mittag und der um ungefähr 3½ Uhr Nachmittags erfolgten Strandung am Steuerruder gestanden haben, bekunden eidlich, daß der Steuermann mehrfach das genaue Innehalten des aufgegebenen Curses controlirt und sogar angeordnet hat, lieber etwas weiter vom Lande ab, als diesem zu zu halten; sie bezeugen ferner, daß der Steuermann es an der erforderlichen Aufmerksamkeit hinsichtlich des Ausguckens nicht hat fehlen lassen, indem er die Commandobrücke nur zur Controle des Curses vorübergehend verlassen hat, daß sie selbst aber die Treibbaken ebenfalls erst nach der Strandung erblickt haben. Da bei der Hauptverhandlung zweiter Instanz festgestellt worden ist, daß vom Steuerruder aus die Treibbaken ebensogut hätten sichtbar sein müssen wie von der Commandobrücke aus, erscheint die Angabe des Steuermanns Spruth glaublich, daß die Treibbaken bei der Annäherung des „Orpheus" durch die Segel eines mit dem Dampfer fast gleichen Curs verfolgenden Fahrzeugs, das Backbord voraus vom „Orpheus" segelte und auch von einem der Ruderleute gesehen worden ist, verdeckt waren.

Den Steuermann Spruth trifft daher nur der Vorwurf, daß er die starke Annäherung an das Land nicht bemerkt hat, indem er demselben bis auf weniger als eine Seemeile nahe kam, während der Curs den „Orpheus" in viel größerer Entfernung davon vorbeiführen sollte. In dieser Beziehung dient ihm aber der Zustand der Luft einigermaßen zur Entschuldigung, welcher in Folge des Dampfens des Wassers ein derartiger war, daß der zeugeneidlich vernommene Schiffer Wichsell, Führer des schwedischen Bergungsdampfers „Poseidon", erklärte, in Folge der Natur der Küste und des starken Seerauchs würde er den Abstand der Strandungsstelle vom Lande auf 3 Seemeilen geschätzt haben. Der von Spruth an den Tag gelegte Mangel an Urtheilsvermögen erscheint hiernach nicht als ein hinreichend schwerer Fehler, um die Entziehung der Gewerbebefugniß als Schiffer und Steuermann zu rechtfertigen.

Die baaren Auslagen bleiben außer Ansatz, weil bezüglich des Schiffers Beise die Beschwerde vom Reichscommissar eingelegt, die Beschwerde des Steuermanns Spruth aber mit Erfolg erhoben worden ist.

45. Spruch des Seeamts zu Brake vom 24. October 1883 und Entscheidung des Kaiserlichen Ober-Seeamts vom 8. Februar 1884, betreffend den Seeunfall der Tjalk „Catharina" von Barssel.

Die Tjalk „Catharina", Unterscheidungssignal NFGP, Heimathshafen Barssel (im Großherzogthum Oldenburg), vermessen zu 76 cbm oder 26,83 britischen Register-Tons Netto-Raumgehalt, war am 9. August 1883 unter Führung ihres Eigenthümers, des Schiffers Heinrich Elsen zu Barssel, welcher Küstenschiffahrt betreibt und nicht im Besitz eines Befähigungszeugnisses ist, von Schwarzenhütten an der Oste mit einer nach Baltrum bestimmten, aus 50 Tonnen (à 1000 kg) Cement bestehenden Ladung abgefahren. Nach einem Aufenthalt von mehreren Tagen in der Oste und in Cuxhaven wegen stürmischen Wetters setzte das Fahrzeug am 18. August 1883 die Reise von Cuxhaven fort und kam am 19. August Nachmittags in die Jade. Von hier beabsichtigte der Schiffer Elsen durch die blaue Balje (östlich von Wangeroog) und dann über das Watt zu fahren. Das Wetter war gut, leichte Brise aus NO, Ebbe, die See leicht bewegt. Nicht lange nachdem die E-Tonne (Spierentonne in der Jade) passirt war, steuerte der Schiffer Elsen nach der blauen Balje, Anfangs auf die Ostkante von Wangeroog, dann, nachdem er die erste an der blauen Balje liegende schwarz-weiß karrirte Tonne (B I) zu Gesicht bekommen, auf diese zu haltend. Dabei stach sein Schiffsknecht beständig mit dem 18 Fuß langen Peilstock aus und rief die gefundene Wassertiefe dem Schiffer zu. Die Tiefe nahm bald von 16 Fuß auf 14 Fuß, dann auf 9 Fuß ab. Bei letzterer Tiefe glaubte der Schiffer nicht weiter denselben Curs steuern zu dürfen; er hielt etwas ab (westlicher), fand aber auch hier nicht mehr Wasser, sondern weniger und suchte dann wieder nach der anderen Seite größere Tiefe. Bald fand man jedoch nur 6 Fuß, und gleich darauf stieß das Schiff auf den Grund und blieb sitzen. Vor dem Festgerathen steuerte der Schiffer Elsen SSW und gerade auf die Tonne zu. Es war 3½ Uhr Nachmittags und ungefähr 2½ Stunden vor Eintritt der Fluth. Bald war das Ruder fortgeschlagen. Als die Fluth eintrat, trieb das Schiff unter beständigem Stoßen höher auf den Sand; der Schiffer Elsen ließ deshalb den Anker fallen. Bald begann das Fahrzeug stark zu lecken; die Besatzung pumpte längere Zeit, allmälig aber stieg das Wasser im Schiffe, welches gegen Mitternacht untersank. Nach Eintritt der

Dunkelheit hatte der Schiffer Elsen ein Signal durch zwei über einander befindliche Lichter gegeben. Die Besatzung rettete sich und einige Effecten mit ihrem Boote nach Wangeroog. Am nächsten Morgen wurden noch einige Inventarienstücke vom Schiffer und dem Strandvogt geborgen; das Schiff war ganz wrack und ist allmälig tief in den Sand gesunken.

Es war mit 4950 M. bei mehreren ostfriesischen Compacten versichert.

Die vorstehende Feststellung des thatsächlichen Verlaufs beruht auf den Aussagen des Schiffers Elsen vor dem Seeamt, dem eidlichen Zeugnisse seines Schiffsknechts Krone in der Hauptverhandlung, und dem Inhalt der von beiden am 31. August 1883 beim Amtsgericht in Jever abgelegten Verklarung. Die Aussagen des Schiffers sind dabei jedoch in einem Punkte berichtigt, indem nämlich angenommen ist, daß er das Fahrwasser der Jade kurz nach dem Passiren der E-Tonne verlassen hat, während Elsen selbst angegeben hat, er habe es ungefähr in der Mitte zwischen den Tonnen E und D (zwischen der 3. und 4. Tonne vom Feuerschiff „Außenjade" aus) verlassen. Diese Angabe kann nicht richtig sein; das ergiebt nicht nur die eigene Angabe des Elsen, er habe SSW auf die Tonne in der blauen Balje zu gesteuert, sondern auch der aus dem Nachstehenden sich ergebende Ort der Strandung.

Um diesen und zugleich etwaige Mängel der Betonnung zu ermitteln, ist der Strandvogt Rüstmann in Wangeroog beauftragt worden, die Lage des Wracks und der Tonne durch Kreuzpeilungen festzustellen und die Wassertiefe bei beiden zu ermitteln. Die Feststellung in Betreff der Tonne wurde vor ihrer Ausführung hinfällig, weil dieselbe inzwischen in nordwestlicher Richtung verlegt worden war. Die Lage des Wracks ist nach den durch eidliche Aussage des p. Rüstmann bestätigten Ermittelungen desselben:

Wangerooger Leuchtthurm in W ½ S,
Wangerooger Strand- (Stundenglas-) Bake in West,
Bake auf Minsener Old Oog in SSO ½ O.
An Wassertiefe beim Wrack sind 4 Fuß gefunden.

Wenngleich die von Rüstmann gegebenen Peilungen nach seiner Aussage und dem bei dieser in Bezug genommenen schriftlichen Bericht wegen der Brandung nicht am Wrack mit der erforderlichen Genauigkeit haben gemacht werden können, sondern (offenbar nach den Beobachtungen an Ort und Stelle) nachher aus der Karte abgesetzt sind, so hat das Seeamt doch jene Lage des Wracks als erwiesen angenommen. Zweifel an der Richtigkeit dieser Ermittelung mußten insbesondere dadurch wachgerufen werden, daß in den „Nachrichten für Seefahrer" (vom 15. September 1883, No. 37, Seite 339, Ziffer 1352) bekannt gemacht ist, das Wrack sei durch eine grüne Treibbake mit Besen bezeichnet; diese liege auf 1,5 Meter Wasser in folgenden Peilungen:

Minsener Old-Oog-Bake in Süd 22° 18' Ost,
Wangeroog-Strandbake in Süd 28° 16' West.

Diese Angaben müssen auf Irrthum beruhen, sie verlegen das Wrack an eine Stelle, an welcher nach der Karte ungefähr 7 Meter Wasser steht und welche ungefähr 1/4 Seemeile östlich von dem durch Rüstmann bezeichneten Punkte entfernt ist. Daß der letztere richtig ermittelt ist, erscheint aber deshalb umsomehr glaubhaft, weil er nach der Karte auf annähernd derselben Wassertiefe ist, welche die Bekanntmachung in den „Nachrichten für Seefahrer" angiebt und weil er außerdem genau zu den sonstigen Ergebnissen der Untersuchung über den vom Schiffe zurückgelegten Weg stimmt.*)

Vom Reichscommissar ist beantragt, dem Schiffer Elsen, da durch sein Verschulden der Unfall herbeigeführt sei, die Befugniß zur ferneren Ausübung seines Gewerbes zu entziehen.

Nach den thatsächlichen Feststellungen erhellt, daß die Ursache des in Rede stehenden Unfalls lediglich die unvorsichtige Handlungsweise des Schiffers Elsen ist. Der Ort der Strandung, welcher von dem Punkte, an dem später das Wrack lag, nicht erheblich entfernt sein kann, bestätigt die Angabe des Schiffers Elsen, daß er mit SSWCurs auf die Tonne zugesegelt sei, eine Angabe, deren Richtigkeit zu bezweifeln ohnehin kein Grund vorliegt, da sie wiederholt und bestimmt gemacht ist und zudem nicht sonderlich zu Gunsten des Schiffers spricht. Dieser Curs war ein unrichtiger und unvorsichtiger; denn um das seichte nordwestliche Ende des Minsener Old Ooges zu meiden, hätte Elsen weiter abwärts die Jade verlassen oder doch seinen Curs erheblich weiter nach Westen nehmen müssen. Offenbar hat er den Uebergang in die blaue Balge abkürzen wollen und hat einen Weg gewählt, auf dem er bei der niedrigen Ebbe große Gefahr lief festzugerathen.

*) Die auf die obige gleich folgende Bekanntmachung in den „Nachrichten für Seefahrer", betreffend die Verlegung der in Rede stehenden Tonne, scheint bei Bezeichnung der jetzigen Lage der Tonne eben solches Versehen zu enthalten, wie die die Treibbake betreffende.

Das Seeamt verkennt nicht, daß die von dem Schiffer Elsen bewiesene Unvorsichtigkeit keine unerhebliche ist, namentlich da Wind und Wetter günstig, auch keine die freie Bewegung hindernden Umstände vorhanden waren, aber dennoch erscheint sie ihm nicht in einem so hohen Grade, daß Elsen dadurch als zur Ausübung seines Gewerbes der Küstenschiffahrt unfähig sich erwiesen hätte. Es ist dabei zu Gunsten des Elsen in Betracht gezogen, daß derselbe eine Seekarte nicht an Bord gehabt hatte, der Gebrauch einer solchen von ihm als Küstenschiffer weder zu verlangen, noch unter Seinesgleichen üblich ist, daß derselbe aber die Wassertiefen in beständiger Beobachtung gehalten hat. In der Nähe von Sänden ist allgemein auf Schiffen der hier fraglichen Größe der Peilstock das hauptsächlichste und zumeist auch ausreichende Mittel, um sich vor der Gefahr des Strandens zu sichern; von diesem hat der Schiffer Elsen fleißig Gebrauch gemacht und die Hoffnung, dadurch auch bei niedrigem Wasserstande auf dem gewählten Wege über den Sand zu kommen, war keine durchaus aussichtslose, weil der Sand hier vielfach verlaufend von tieferen Stellen und Furchen durchzogen ist. Durch den Gebrauch des Stocks erscheint daher die durch die Wahl des Curses begangene Unvorsichtigkeit in einem milderen Lichte.

Was die Begebenheiten nach dem Festgerathen betrifft, so ist die Handlungsweise des Schiffers Elsen nur insofern eine unrichtige gewesen, als er unterlassen hat, die für die Nachtzeit vorgeschriebenen und ihm bekannten Nothsignale zu zeigen und an deren Stelle zwei Lichter unter einander geheißt hat. Daß dies aber auf die Folgen der Strandung einen Einfluß ausgeübt habe, scheint weder erwiesen, noch auch wahrscheinlich; denn selbst wenn die Signale bald vom Feuerthurm auf Wangeroog bemerkt und Hülfe abgesandt worden wäre, auch auf diese Weise ein Werfen der Ladung zu bewerkstelligen gewesen wäre, so scheint doch die Annahme, daß dadurch das Schiff, welches bereits um Mitternacht gesunken ist, hätte abgebracht und geborgen werden können, eine sehr zweifelhafte; wahrscheinlich ist es, daß auch dieses Mittel an dem Schicksal des durch den Verlust des Ruders bereits gänzlich manövrirunfähigen Schiffes nichts geändert hätte.

Hiernach giebt das Seeamt seinen Spruch dahin ab:

> Die Strandung des Schiffes „Catharina" vor der blauen Balje, welche dessen gänzlichen Verlust zur Folge gehabt hat, ist der Unvorsichtigkeit des Schiffers Elsen zuzuschreiben, welcher beim Einsegeln in die blaue Balje zu früh aus der Jade in die blaue Balje einzubiegen versuchte.

Einen Mangel an den zur Ausübung seines Gewerbes erforderlichen Eigenschaften hat der Schiffer Elsen dadurch nicht bewiesen und wird ihm die Befugniß zum ferneren Gewerbebetrieb belassen.

Die Entscheidung des Ober-Seeamts lautet:

daß der Spruch des Großherzoglich oldenburgischen Seeamts zu Brake vom 24. October 1883 zu bestätigen und die baaren Auslagen des Verfahrens außer Ansatz zu lassen.

Gründe. Dem Seeamt und der Beschwerde ist darin beizutreten, daß der Schiffer Elsen die Strandung der „Catharina" durch seine Unvorsichtigkeit verschuldet hat. Für die Annahme der Beschwerde, daß diese Unvorsichtigkeit eine vorsätzliche gewesen sei, liegt in den Ergebnissen der Beweisaufnahme erster Instanz kein Anhalt vor; es ist vielmehr zweifellos, daß das Verschulden des Schiffers allein auf Fahrlässigkeit beruht. Der von demselben bei der Navigirung begangene Fehler hat, wie das Seeamt zutreffend ausführt, darin bestanden, daß er bei dem Einsegeln aus der Jade in die blaue Balje zu früh in die letztere einzubiegen versucht hat. Diese Uebereilung hätte sich vermeiden lassen, wenn der Schiffer eine Seekarte an Bord gehabt und mit der Einfahrt in die blaue Balje bis zum Eintritt der Fluth gewartet hätte. Die Ansicht des Seeamts, daß der Gebrauch einer Seekarte von den Küstenschiffern nicht zu verlangen und unter denselben nicht üblich sei, kann nicht gebilligt werden. Die Karte ist für jede Seefahrt ein unentbehrliches Hülfsmittel zur Orientirung; auf die Wahl des richtigen Curses muß in der Küstenfahrt dieselbe Sorgfalt wie in der großen Fahrt verwendet werden, wenn das Schiff ungefährdet sein Ziel erreichen soll. Dazu aber ist es erforderlich, daß der Schiffer in jedem Augenblick in der Lage ist, die Meeresgegend, in welcher er sich befindet, mit ihren Entfernungs- und Tiefenverhältnissen auf einer Karte vollständig zu übersehen. Die Befreiung der Küstenschiffer vom Prüfungszwang entbindet sie nicht von der Verpflichtung, sich bei ihrem Gewerbebetrieb derjenigen nautischen Hülfsmittel zu bedienen, welche auf einer Küstenfahrt mitgeführt werden können. Hätte der Schiffer Elsen eine Seekarte an Bord gehabt und diese rechtzeitig eingesehen, so würde er erkannt haben, daß es ein gewagtes Unternehmen war, an der Stelle in die blaue Balje zur Ebbezeit einzubiegen, an welcher er in dieselbe einzusegeln versucht hat; er würde dann bis zum Eintritt der Fluth gewartet haben und die Strandung wäre vermieden worden. Der Mangel an Sorgfalt, welchen der Schiffer hiernach bekundet hat, ist indessen milder, als es die Beschwerde verlangt, aus dem Grunde zu beurtheilen, weil zu der Strandung ein Umstand mitgewirkt hat, welcher dem Schiffer unbekannt war und deshalb von ihm nicht berücksichtigt werden konnte. Dieser Umstand steht mit der Strandungsstelle im Zusammenhang. Das Wrack der „Catharina" hat nicht an der von dem Seeamt angenommenen, durch den Strandvogt von Wangeroog angegebenen Stelle, sondern an dem in den „Nachrichten für Seefahrer", Jahrg. 1883, No. 37, S. 339, Ziffer 1352 bezeichneten Orte gelegen, wie in zweiter Instanz durch eine Auskunft des Chefs der Kaiserlichen Admiralität vom 30. December 1883 festgestellt worden ist. Die nächste Veranlassung zur Strandung hat darin gelegen, daß der Schiffer auf die in der Nähe dieses Orts befindliche Tonne B. I. zusegelte. Als die letztere an der Stelle, an welcher sie sich zur Zeit der Strandung befand, ausgelegt wurde, betrug die Wassertiefe an dem Punkt, welchen später das Wrack der „Catharina" eingenommen hat, 7 Meter. Der Schiffer mußte also voraussetzen, daß er hier eine ausreichende Wassertiefe für sein Fahrzeug vorfinden werde. Inzwischen waren aber, wie sich dies häufig wiederholt, in jener Gegend durch die Bewegungen des Meeres Veränderungen in der Gestaltung der Sände hervorgerufen worden, in Folge deren die Wassertiefe an der Stelle des Wracks sich auf 1,5 Meter verringert hatte. Diese Thatsache, welche nach der Strandung zu einer Verlegung der Tonne B. I. geführt hat („Nachrichten für Seefahrer", Jahrg. 1883, No. 37, S. 339, Ziffer 1353), konnte dem Schiffer auf seiner letzten Reise noch nicht bekannt sein. Hätte er sie gekannt, so würde ihn dies abgehalten haben, seinen Weg nach der Strandungsstelle zu nehmen. Hierin ist ein entlastender Umstand zu finden, welcher es nicht gerechtfertigt erscheinen läßt, das festgestellte Verschulden des Schiffers durch Entziehung der Gewerbebefugniß zu ahnden.

Die baaren Auslagen des Verfahrens bleiben außer Ansatz, weil die Beschwerde vom Reichscommissar eingelegt ist.

46. Spruch des Seeamts zu Emden vom 17. November 1883 und Entscheidung des Kaiserlichen Ober-Seeamts vom 9. Februar 1884, betreffend den Seeunfall der Kuffgaliote „Immanuel" von Großefehn.

Der Spruch des Seeamts lautet:

Der Unfall des Schiffes „Immanuel" von Großefehn ist auf das am 29. August 1883 Abends plötzlich aufgetretene stürmische Wetter zurückzuführen und dem Schiffer de Graaf die Befugniß zur ferneren Ausübung des Schiffergewerbes nicht zu entziehen.

Gründe. 1. Die zu Großefehn heimathberechtigte Kuffgaliote „Immanuel", Unterscheidungssignal KCWP, erbaut daselbst im Jahre 1859, vermessen zu einem Netto-Raumgehalt von 167,4 cbm = 59,09 britischen Register-Tons und seit Anfang dieses Jahres im Alleineigenthum ihres Führers des Schiffers Fokke H. de Graaf zu Neuefehn stehend, ist am 30. August 1883 an der jütischen Küste unweit Hirtshals gestrandet.

2. Der „Immanuel", welcher im Sommer 1882 zu Papenburg verzimmert, auch im Sommer 1883 vom Schiffbauer Middendorf in Leer nochmals wieder nachgesehen war, Classe aber nicht mehr hatte, befand sich damals mit seiner regelmäßigen Besatzung von 4 Personen auf der Reise von Drammen nach Leer und führte eine Ladung von 12575 Stück schmalen Brettern, wovon 1151 Stück als Decklast verstaut waren. Ballast war nicht im Schiffe; der Tiefgang desselben stellte sich mit der erwähnten Ladung auf 6½ bezw. 6¾ Fuß und betrug die Auswässerung etwa 3 bis 4 Fuß.

3. Nachdem der „Immanuel" am 14. August 1883 von Drammen abgesegelt, schlechten Wetters wegen jedoch wieder zurückgekehrt und dann am 20. August die Reise aufs neue wieder aufgenommen war, blieb auch in den folgenden Tagen das widrige Wetter vorherrschend. Uebrigens hielt sich dessen ungeachtet der „Immanuel" dicht und erlitt auch sonstige Beschädigungen nicht, als daß in der Nacht zum 30. August bei hartem Sturm aus NW der Klüver wegflog.

4. Am 28. August hatte der Schiffer Mittags 12 Uhr Hansholmen SzW per Compaß in einem muthmaßlichen Abstande von 6 Seemeilen gepeilt, darnach vom Lande abgelegt und trug am Mittag des 29. August als observirte Breite 57° 39′ Nord, als wirklich bekommene Breite aber 57° 45′ 2″ Nord und als bekommene Länge 8° 51′ 0″ in das Journal ein. Damals war das Wetter sowohl

nach dem Journal als auch nach dem von der deutschen Seewarte in Hamburg eingezogenen Witterungsberichte gut.

5. Der Schiffer nahm darauf, wie die Einsetzungen auf seiner von ihm eingelieferten Karte ergaben, einen südlichen Curs, setzte diesen aber, als am Abend des 29. August Sturm aus NW eintrat, östlich und bekam dann am Morgen des 30. August etwa um 5½ Uhr wiederum die jütische Küste in Sicht, welcher der „Immanuel" nun bei andauerndem nordwestlichen Sturm aller Anstrengungen ungeachtet mehr und mehr zutrieb. Der Schiffer mußte sich schließlich überzeugen, daß er sich von der Küste nicht freihalten konnte und wurde daher nach dem Strande zu abgehalten, wo das Schiff zwischen 10 und 11 Uhr Vormittags auflief und vollständig verloren gegangen ist, während die Besatzung, die sich in den Großwanten festband, etwa eine halbe Stunde später durch Hülfe vom Lande gerettet, übrigens aber auch Inventar und Ladung zum größten Theile geborgen wurden.

6. Seitens des Reichscommissars wird nun die Ursache des Verlustes des „Immanuel" in mangelhafter Navigirung des im Besitze eines Zeugnisses über Befähigung als Schiffer auf kleiner Fahrt befindlichen Schiffers de Graaf gesucht, ihm namentlich zum Vorwurf gemacht, daß er nicht schon am 28. August unter die norwegische Küste zu gelangen versucht, ihm ferner zur Last gelegt, daß er neben seiner leichten Holzladung nicht auch einigen Ballast eingenommen habe, endlich auch während der Nacht vom 29. bis 30. August — wie der Schiffer einräumt — vom Loth überhaupt kein Gebrauch gemacht sei und ist deshalb der Antrag gestellt, dem Schiffer de Graaf die Befugniß zur ferneren Ausübung seines Gewerbes zu entziehen.

7. Dieser Antrag war indessen abzulehnen und erscheint zunächst der erste dem Schiffer gemachte Vorwurf nach den Feststellungen unter 4 thatsächlich unbegründet, da diese ergeben, daß sich der Schiffer am Mittag des 29. August ungefähr in der Mitte des Fahrwassers zwischen der jütischen und norwegischen Küste befand, somit also seit Mittag des 28. August, als die jütische Küste in der geringen Entfernung von 6 Seemeilen in Sicht gewesen war, sich in Wirklichkeit wieder von derselben abgearbeitet hatte.

8. Am Mittag des 29. August war nun aber gutes Wetter und hatte der Schiffer daher keine Veranlassung, noch weiter nach der norwegischen Küste hinüberzugehen, vielmehr erschien es unter damaligen Verhältnissen durchaus gerechtfertigt, daß er auf Förderung seiner Reise Bedacht nahm und demgemäß seinen Curs wählte.

9. Freilich hat dieser Curs schließlich zum Verlust des Schiffes geführt, indessen hat dazu wesentlich der vom Schiffer nicht vorauszusehende Umstand mitgewirkt, daß am Abend des 29. August Sturm aus NW eintrat. Nachdem das geschehen, war es selbstverständlich nicht mehr möglich, sich der norwegischen Küste wieder zu nähern und blieb dem Schiffer nur übrig, den Versuch zu machen, sich mit dem von ihm eingeschlagenen östlichen Curse frei zu arbeiten, und wenn nun auch dieser Versuch mißlungen ist, so erscheint es doch bei den Tiefenverhältnissen unter der jütischen Küste, wie sie sich aus der vom Schiffer vorgelegten Karte ergeben, nicht blos zweifelhaft, ob sich der Schiffer durch Gebrauch des Lothes zeitiger über die drohende Gefahr habe unterrichten können, sondern auch, ob er selbst in diesem Falle bei dem schweren Wetter noch im Stande gewesen wäre, der drohenden Gefahr wirksam zu begegnen.

10. Es liegt darnach also auch nicht vor, daß der unterlassene Gebrauch des Lothes in ursachlichem Zusammenhange mit dem Verluste des Schiffes stehe und war dann endlich, was die unterlassene Mitnahme von Ballast anbetrifft, zu erwägen, daß solche durch hiesige Usancen nicht gefordert wird, abgesehen davon aber, der Schiffer auch während der von ihm während der Sommerzeit auszuführenden Reise ein derartig schweres Wetter, wie es thatsächlich eintrat, nicht vermuthen konnte und es somit auch für ihn an ausreichender Veranlassung zu außergewöhnlichen Vorsichtsmaßreln fehlte.

Die Entscheidung des Ober-Seeamts lautet:

daß der Spruch des Königlich preußischen Seeamts zu Emden vom 17. November 1883 zu bestätigen und die baaren Auslagen des Verfahrens außer Ansatz zu lassen.

Gründe. Der Beschwerde ist darin beizutreten, daß der Schiffer de Graaf vorsichtiger gehandelt haben würde, wenn er sich auf der letzten Reise des „Immanuel" des Loths bedient hätte. Dasselbe würde ihn in den Stand gesetzt haben, den jeweiligen Schiffsort genauer als geschehen zu bestimmen. Der Nachweis aber, daß der Gebrauch des Loths den „Immanuel" vor der Strandung bewahrt haben würde, ist nicht erbracht und konnte auch bei den unvorhergesehenen Einwirkungen, welche das ungünstige Wetter und insbesondere der am Abend des 29. August 1883 eingetretene Sturm auf die Fahrt des Schiffes geübt haben, nicht erbracht werden. Es fehlt mithin der ursachliche Zusammenhang zwischen der Unterlassung des Lothens und dem Seeunfall.

Die Beschwerde legt dem Schiffer ferner zur Last, daß der „Immanuel", während derselbe am 29. August von 8 Uhr Abends bis Mitternacht bei NWWind ungefähr NNO angelegen habe, von Mitternacht bis 4 Uhr Morgens am 30. August über Backbordbug, also WSW gelegt, dem Lande zugetrieben und erst um 4 Uhr wieder umgelegt worden sei. Die Beschwerde nimmt an, daß der Schiffer richtiger verfahren wäre, wenn er in der Zeit von Mitternacht bis 4 Uhr Morgens den vom Lande abgewandten Curs beibehalten hätte, weil dann noch „Chance vorhanden gewesen wäre, mit behaltenem Ostcurse längs dem Lande freizutreiben." Die Möglichkeit einer solchen Chance ist nicht in Abrede zu stellen; aber sie wäre jedenfalls eine geringe gewesen; die überwiegende Wahrscheinlichkeit spricht dafür, daß der „Immanel", wenn er in der von der Beschwerde angegebenen Weise navigirt worden wäre, zwar die Strandung an der Stelle der Jammerbucht, an welcher sie erfolgt ist, vermieden hätte, dann aber weiter östlich auf den Strand gerathen wäre. Bei dieser Sachlage kann dem Schiffer daraus, daß er so wie geschehen navigirt hat, ein schwer wiegender Vorwurf nicht gemacht werden; bei der außergewöhnlichen Ungunst der Witterung, von welcher seine Fahrt betroffen wurde, hätte er durch die Wahl eines anderen Curses der Strandung schwerlich entgehen können. Ein Mangel an den zur Ausübung des Schiffergewerbes erforderlichen Eigenschaften kann daher aus dem Verhalten des Schiffers nicht gefolgert werden.

Die baaren Auslagen des Verfahrens bleiben außer Ansatz, weil die Beschwerde vom Reichscommissar eingelegt ist.

Inhalt (Fortsetzung von Seite 2 des Umschlags).